최신 회계원리

이종태 저

교육과학사

머리말

회계학은 기업활동에 종사하는 사람, 또는 어떠한 형태로든 기업과 관련이 있는 사람에게 필요한 학문으로 그 중에서도 회계원리의 역할이 가장 크다고 할 수 있다. 회계원리란 말 그대로 회계의 기본원리로서 거래의 발생에서 재무제표의 작성에 이르는 일련의 과정에서 습득하여야 하는 원리를 말한다.

또한 회계원리는 회계학을 전공하고자 하는 학생들이 처음 접하는 과목으로 회계학에 대한 흥미는 회계원리에 의해 좌우된다고 할 수 있다. 회계원리가 이해되지 않으면 재무회계, 세무회계, 회계감사 등 회계학의 수준 높은 다음 단계로 이행할 수가 없다. 본서는 이러한 점을 염두에 두고 가능한 한 쉽게, 그리고 전체적인 흐름을 이해할 수 있도록 전개하려고 노력하였다.

본서는 모두 4부로 구성되어 있다.

제1부 회계의 기초에서는 회계의 의의 · 목적 · 영역에 대해 언급하고, 회계원리에서 알아야 할 기초적인 개념과 회계원리의 최종목적인 재무제표의 내용을 정리하였다.

제2부 회계의 순환과정에서는 거래가 발생되어 재무제표가 작성되기까지의 과정에 대해 처음에는 서비스업의 간단한 예에 의해 살펴보고, 다음으로 상품매매회사의 예를 들어 구체적인 회계의 순환과정을 설명하였다.

제3부 계정과목별 회계처리에서는 재무제표를 구성하고 있는 각 계정과목별로 그 회계처리 및 보고절차에 대해 살펴보았다. 제2부 회계의 순환과정에서는 재무제표의 작성까지의 전체적인 흐름을 대충 파악하는 반면, 제3부 계정과목별 회계처리에서는 재무제표 각 구성

요소의 상세하고 구체적인 회계처리를 이해하게 된다.

제4부 재무제표의 작성 및 활용에서는 제2부와 제3부에서 살펴본 내용을 종합하여 결산 정리분개의 내용을 정리하고, 종합예제로 회계의 순환과정에 대한 최종 복습을 하도록 구성하였다. 또한 재무제표를 이해하고 활용하기 위한 재무제표의 분석방법에 대해 다루었다.

본서는 저자가 십수 년간 회계원리를 강의하면서 느껴 온 교재의 어려움을 극복하려고 많은 노력을 기울였다. 서점에는 수많은 회계원리의 교재가 나와 있지만, 분량이나 내용면에서 너무 많은 것을 요구하고 있다는 것을 느꼈다. 따라서 가능한 한 분량을 축소하고 내용은 충실히 하려고 노력하였다.

분량의 축소에는 성공하였다고 보이지만, 내용면에서는 다음 단계인 중급회계의 어느 수준까지 회계원리에서 다루어야 하는지 명확하지 않아 한계가 있는 것으로 생각된다. 따라서 회계의 순환과정에서 꼭 필요한 결산정리분개와 관련되는 부분만 강조하려고 노력하였고, 현금흐름표와 관련되는 내용은 과감히 생략하였다.

모쪼록 본서를 통하여 회계학의 첫발을 내딛는 독자 여러분이 회계학을 쉽게 접근할 수 있기를 기대하며, 본서의 출간을 흔쾌히 허락해 준 교육과학사의 김동규 사장님, 이주표 부장님 이하 편집에 수고하신 직원 모두에게 감사의 말씀을 드린다.

앞으로 본서의 내용에 대한 많은 조언을 부탁드리며, 끊임없는 노력으로 독자 여러분에게 보답할 것을 다짐하는 바이다.

2017년 2월

저자 씀

차 례

제1부 회계의 기초

제3부 계정과목별 회계처리

제4부 재무제표의 작성 및 활용

제 1 부

회계의 기초

제1장 **회계의 의의 · 목적 · 영역**

제2장 **회계의 기초개념**

제3장 **재무제표**

제1부 회계의 기초에서는 회계의 의의, 목적, 영역에 대해 살펴보고, 회계를 이해하기 위한 기초개념으로서 거래의 이중성, 대차평형의 원리, 회계등식, 회계공준, 일반적으로 인정된 회계원칙의 내용에 대해 알아보고자 한다. 또한 회계원리의 최종목적인 재무제표의 내용과 그 구성요소에 대해 살펴보기로 한다.

1 장

회계의 의의 · 목적 · 영역

제1절 회계의 의의
제2절 회계의 목적
제3절 회계의 영역

1 장

회계의 의의 · 목적 · 영역

제1절 회계의 의의

우리가 생활을 유지하고 사회를 발전시키기 위해서는 재화나 용역의 생산 · 유통 · 소비 등과 같은 여러 가지 경제활동을 하게 된다.

이러한 경제활동은 개인이나 가계에 의해 이루어지기도 하고, 집단으로서 조직을 구성하여 이루어지기도 한다. 이를 경제주체라 하는데, 집단으로서 조직의 예로는 합명 · 합자 · 유한 · 주식회사와 같은 회사와 조합, 학교법인 · 종교법인과 같은 공익법인, 지방자치단체나 국가(정부) 등이 있다.

회계(accounting)는 이러한 경제주체가 행하는 경제활동을 금액으로 측정 · 기록 · 보고하는 행위를 말한다. 이와 같은 회계 행위를 통해 얻게 되는 정보를 회계정보(accounting information)라 하고, 회계정보를 측정 · 기록하여 보고하는 서류를 재무제표(financial statements)라 한다.

회계를 이와 같이 정의하게 되면, 회계는 경제주체에 따라 미시회계와 거시회계로 분류될 수 있다. 미시회계는 국민경제를 구성하는 각 경제주체별로 행해지는 회계로 다음과 같이 구분할 수 있다.

1. 가계(개인 또는 가정의 회계)
2. 기업회계(주식회사 등과 같은 기업의 회계)
3. 정부회계(국가, 지방자치단체 등과 같은 정부기관의 회계)
4. 비영리법인회계(학교법인, 종교법인 등과 같은 비영리법인의 회계)

거시회계는 나라 전체를 하나의 경제주체로 보는 회계로, 사회회계 또는 국민경제계산이라고도 한다. 이에는 국제수지회계, 국민소득회계 등이 있다. 일반적으로 회계는 미시회계를 의미하며, 거시회계는 경제학의 영역에 속한다고 할 수 있다.

미시회계 중 가계는 개인 또는 가정의 소비생활에 관한 회계로, 주로 금전의 수지계산이 목적이다. 가계부의 작성을 그 전형적인 예로 볼 수 있다.

기업회계는 기업의 종류([그림 1-1])에 따라 다양하나, 일반적으로 기업회계라 할 경우에는 사기업(영리기업)의 회계, 그 중에서도 특히 주식회사의 회계를 말한다. 본서에서는 이 주식회사의 회계를 대상으로 전개될 것이다.

이러한 기업회계에서는 금전의 수지뿐만 아니라 상품 · 토지 · 건물 등 모든 재산의 증감을 계산 · 기록하고, 이들 증감의 원인을 명확히 하여 손익을 계산하기 위한 회계가 이루어진다. 즉 기업회계에서의 주된 내용은 재산의 계산과 손익의 계산인 것이다. 따라서 기업회계에서는 재산의 상태를 나타내는 재무상태표, 손익을 나타내는 손익계산서가 가장 중요한 기본 재무제표로 작성되는 것이다.

이에 비해 정부회계나 비영리법인의 회계에서는 금전의 수지에 중점이 있게 된다. 이 외 재산의 보전이나 관리도 중시되지만, 기업회계와는 달리 영리기

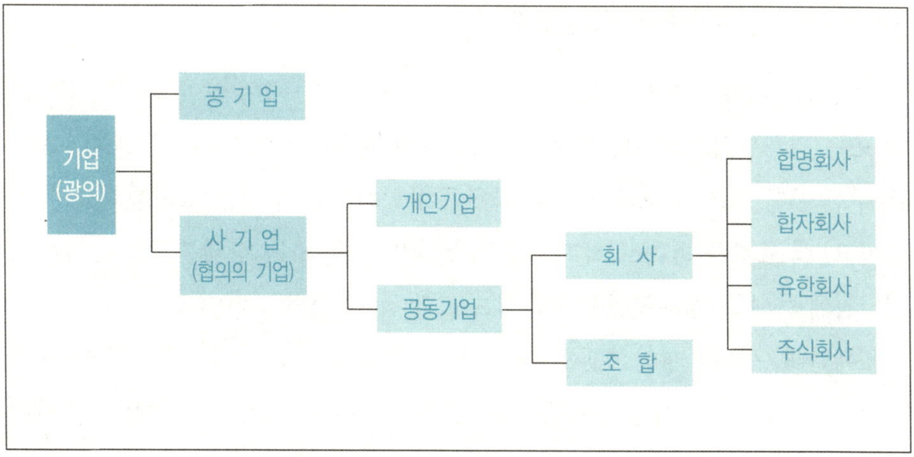

그림 1-1
기업의 종류

업의 회계가 아니므로 손익의 계산은 이루어지지 않는다. 그러나 [그림 1-1]에서의 공기업에서는 독립채산제를 채택하여 그 경영의 효율성 · 경제성을 명확히 하기 위하여 기업회계방식을 도입한 손익의 계산이 이루어지기도 한다.

본서의 대상이 되고 있는 기업회계에서 기업의 경제활동은 자금조달 활동으로 시작하여 투자, 생산, 판매, 분배 활동으로 이어져 계속기업으로서 이들 활동은 순환되는 것이다. 기업회계는 이러한 기업의 경제활동을 금액으로 측정 · 기록하여 재무제표라는 보고서를 통해 보고하는 행위를 말하는 것이다.

제2절 회계의 목적

회계의 목적은 회계가 지향하는 목표가 되는 것으로 회계는 ① 의사결정에 유용한 정보의 제공, ② 수탁책임의 해명, ③ 경제적 자원의 효율적 분배와 같은 목적을 달성하기 위하여 이루어진다.

1. 의사결정에 유용한 정보의 제공

어떠한 경제주체에 있어서도 그 경제활동을 하는 경우의 공통적인 행동원칙 또는 경제원칙으로 최소비용 · 최대효과의 원칙이 있다. 우리의 경제적 욕망은 무한하나, 이를 충당하기 위한 자원은 유한하므로 우리는 소비를 가능한 한 줄이고, 그 효과를 최대로 하지 않으면 안 된다. 즉, 모든 경제주체는 이러한 경제원칙에 의해 그 경제활동을 합리적으로 할 필요가 있는 것이다.

예컨대 우리의 개인생활에서는 노동의 제공 등에 의한 수입을 낭비하지 않고 가장 효과적으로 사용하지 않으면 안 되는 것이다. 또한 회사 등의 기업에서는 한정된 자금을 가장 효율적으로 이용할 수 있도록 노력하지 않으면 안 되는 것이다. 이는 국가나 지방자치단체의 경제활동에서도 마찬가지일 것이다.

회계는 이와 같은 경제활동의 합리화 수단으로서의 역할을 해야 한다. 다시 말하면, 회계는 각 경제주체의 합리적인 관리 · 운영을 위해, 나아가서는 주주 · 채권자와 같은 기업의 이해관계자에 의한 투자 등을 위해 각각의 정보이용자가 경제적 의사결정을 하는 데 유용한 정보를 제공하는 목적을 가지고 있는 것이다.

2. 수탁책임의 해명

회계는 영어로 "accounting"이다. 이는 본래 "account for", 즉 설명하다 또는 보고하다의 의미를 가지고 있다. 이는 회계가 재산의 관리 · 운용을 맡은 사람이 이를 맡긴 사람에 대해 그 관리 · 운용에 대한 보고를 하여 이에 대한 수탁책임(stewardship) 또는 회계책임(accountability)을 명확히 하기 위한 수단으로 발전해 왔다는 것을 의미한다.

이는 중세유럽의 장원이나 사원 등에서 재산의 관리를 맡은 사람이 영주 등에 대해 그 관리책임을 명확히 하기 위해 장부기록을 하고, 금전의 수지보고서나 재산의 명세표를 작성한 사실로도 입증된다.

이와 같은 수탁책임을 위한 회계는 오늘날까지 지속되고 있고, 오히려 그 중요성은 더욱 커지고 있다. 예컨대 주식회사에서는 경영자가 재산의 위탁자인 주주에 대해 그 관리 · 운영에 대한 수탁책임을 명확히 하기 위하여 정기적으로 보고서(재무제표)를 작성하고 있고, 이를 주주총회에 보고하여 그 승인을 받을 의무가 있게 되는 것이다. 또한 정부나 지방자치단체도 재산의 위탁자인 국민이나 주민에 대해 그 수탁책임을 명확히 하기 위하여 정기적으로 결산보고서를 작성하여 국회에서 승인을 받도록 요구되는 것이다.

이와 같이 회계는 재산의 관리 · 운영을 위탁받은 사람이 그 수탁책임을 명확히 하기 위한 수단으로서의 역할을 수행하는 목적을 가지고 있는 것이다.

3. 경제적 자원의 효율적 분배

모든 경제주체는 소비 · 생산 · 유통 등의 경제활동을 위해 경제적 자원을 이용하고 있다. 개인 또는 가정은 소득으로 얻은 수입(금전)을 의 · 식 · 주 등에 지출하는데, 그 지출은 가족의 각 구성원의 입장에서 보면 각자에 대한 일종의 경제적 자원의 분배이다. 즉 수입을 가족 전체의 공통비와 각 구성원들의 의 · 식 · 주 등에 대한 지출로 나누는 것이다. 따라서 가계부는 가정경제의 합리화뿐만 아니라 가족 전체에 대한 경제적 자원의 효율적 분배를 위해 작성되는 것이다.

이와 같은 경제적 자원의 효율적 분배에 대한 회계의 역할은 기업회계에서 더욱 전형적으로 나타난다. 기업회계에서는 종업원에 대한 급료, 채권자에 대한 이자, 주주에 대한 배당, 경영자에 대한 상여, 국가 · 지방자치단체에 대한 세금 등이 계산 · 기록되는데, 이들 항목은 종업원, 채권자, 주주, 경영자, 국가 · 지방자치단체 등에 경제적 자원의 분배에 관한 회계정보를 제공하고 있는 것이다.

이와 같이 회계는 각 경제주체의 경제적 자원의 분배에 관한 정보를 제공하여, 이들 이해관계자 간의 경제적 자원의 효율적 분배를 위한 역할을 수행하는 목적을 가지고 있는 것이다.

제3절 회계의 영역

회계학은 회계를 연구대상으로 하는 학문인데, 앞에서 언급한 바와 같이 본서에서는 주식회사의 회계를 연구대상으로 하고 있다. 주식회사의 회계는 정보이용자의 대상에 따라 크게 재무회계(financial accounting)와 관리회계(management accounting)의 두 영역으로 나누어지고, 이러한 회계정보의 객관적인 검증을 위한 회계감사(auditing)의 영역이 추가된다.

1. 재무회계

재무회계는 주주, 채권자, 정부 등 기업의 외부 이해관계자에 회계정보를 제공하는 것을 목적으로 하는 회계영역이다. 오늘날 재무회계가 회계학의 중요한 연구영역으로 된 것은 주식회사 제도의 발전에 따라 주주, 채권자 등의 이해관계자가 증대한 것과, 과세제도의 발전에 따라 토지나 부동산 등의 재산과세로부터 소득과세로 변화한 것이 주된 이유이다.

예컨대 주주는 이익의 배당을 받을 목적으로 주식회사에 출자를 하고 있고, 만약 그 회사가 많은 이익을 창출하게 되면 더 많은 배당을 받을 뿐만 아니라 주가의 상승에 따른 주식처분의 이익을 얻을 수 있다. 따라서 주주는 회사의 영업활동이 어떻게 진행되고 있고, 어떠한 업적을 이루고 있는지를 알기 위해 회계정보를 필요로 하는 것이다.

물론, 회사의 이해관계자는 주주뿐만 아니라 채권자, 정부, 종업원 등이 있기 때문에 이들에 필요한 회계정보를 제공하지 않으면 안 된다. 주주는 이익배당, 주식처분 등의 문제로, 채권자는 이자수령, 원금회수 등의 문제로, 국가 · 지방자치단체는 세금징수, 회사규제 등의 문제로, 종업원은 급여 · 상여 등의 보수문제로 회사와 이해관계를 가지고 있다. 또한 이들 상호 간의 이해관계도 있으므로 회사는 이들의 이해 조정을 위한 회계정보를 작성하여 보고할 필요가 있는 것이다.

이러한 재무회계의 영역으로서 우리나라의 대학에서 일반적으로 개설되어 있는 과목으로는 회계원리를 포함하여, 재무회계, 재무제표론 등이 있다.

2. 관리회계

관리회계는 기업의 경영자(내부 이해관계자)에 회계정보를 제공하는 것을 목적으로 하는 회계영역이다. 이는 경영자가 기업의 경영방침이나 경영계획을 수립하고, 이에 따른 경영활동의 결과를 분석 · 평가하기 위한 회계정보를 제공하는 것을 목적으로 하는 회계영역인 것이다.

이러한 관리회계는 장래의 계획을 설정하기 위한 의사결정회계와 그 계획의 수행을 평가하기 위한 업적관리회계로 구분될 수 있다. 그 주된 내용으로는 이익계획, 자금계획, 예산관리, 재고관리 등이 있다. 또한 관리회계에서는 재무제표의 분석을 주된 내용으로 하는 경영분석이 이루어지기도 하고, 제조업의 경우에는 실제원가계산, 평준화원가계산, 표준원가계산 등이 이루어지기도 한다.

이러한 관리회계의 영역으로서 우리나라의 대학에서 일반적으로 개설되어 있는 과목으로는 관리회계를 포함하여, 원가회계, 경영분석(재무제표분석), 예산통제 등이 있다.

3. 재무회계와 관리회계의 차이점

재무회계와 관리회계의 주된 차이점은 다음과 같다.

1. 재무회계에서는 경영자에 대한 과거의 업적평가(수탁책임의 해명)나 경영활동의 결과에 의한 이익처분(배당, 과세) 등의 문제를 중시하므로 이에 따른 회계정보는 과거지향적이며 요약된 정보이다. 이에 비해 관리회계에서는 경영자의 업적평가뿐만 아니라 장래의 경영계획(의사결정)이나 업적관리(통제) 등의 문제를 중시하므로 이에 따른 회계정보는 과거지향적인 정보뿐만 아니라 미래지향적인 정보도 포함하며, 또한 상세한 정보이다.

❷ 재무회계에서의 회계정보는 화폐적 정보인 것에 비해, 관리회계에서는 비화폐적 정보(정성적 정보)도 포함한다. 이는 관리회계에서는 여러 가지 경영의사결정을 위한 정보를 요구하고 있기 때문이다.

❸ 재무회계에서는 기업 외부의 이해관계자에게 기업의 경영성과나 재무상태를 진실하고 공정하게 나타내야 하므로 그 회계처리나 재무제표의 표시방법 등에 사회적인 규제가 따르게 된다. 이에 비해 관리회계에서는 기업 내부의 이해관계자에게 회계정보를 작성 · 전달하게 되므로 사회적인 규제가 따르지 않는다. 이에 따라 재무회계를 외부보고회계, 관리회계를 내부보고회계라 하기도 한다.

한편, 회계학을 공부하는데 있어서는 재무회계의 연구가 그 기초가 되기 때문에, 본서에서는 이하 재무회계의 내용을 중심으로 전개될 것이다.

4. 회계감사

재무회계와 관리회계는 각각 기업의 외부 또는 내부의 이해관계자에 필요한 정보를 제공하는 것을 목적으로 하고 있다. 그러나 그 회계정보가 오류나 허위, 부정 등의 이유로 진실한 정보가 아닌 경우에는 그 정보이용자는 잘못된 판단이나 의사결정을 하게 된다. 이에 회계상의 오류나 부정 등을 발견 또는 방지하여 회계정보의 진실성이나 신뢰성을 확보할 필요가 있는 것이다. 이러한 행위를 하는 것을 회계감사라 한다.

회계감사는 재무회계에 대한 감사와 관리회계에 대한 감사로 나뉜다. 재무회계는 외부보고회계로 사회적 규제를 받는 회계이므로 여러 가지 관련법규의 규제를 받는다. 이의 전형적인 예로는 관련법규에 의한 공인회계사 또는 감사법인에 의한 회계감사가 있다. 이러한 회계감사는 공인회계사 등 기업의 외부인(제3자)에 의한 감사이므로 외부감사라 한다. 이에 비해 관리회계에 대한 감사 또는 기업의 내부 관리목적의 감사는 회사의 감사 등 기업의 내부인에 의한 감사이므로 내부감사라 한다.

공인회계사나 감사법인은 회사가 공표한 재무제표나 회계장부를 조사하여 회사의 자산, 부채, 자본의 상태나 손익이 정확하게 계산 · 표시되어 있는지를 증명하는 것(감사증명업무)을 본업으로 하고 있다. 이러한 감사증명업무는 공인회계사나 감사법인에게만 허용되는 것이다. 이는 회사가 부정한 회계처리를 하거나 허위의 재무보고를 하는 것을 방지하기 위한 사회적 감시제도인 것이다.

연습문제 객관식

1-1 다음은 회계와 관련된 설명이다. 틀린 것은?

① 회계는 다양한 경제주체들의 경제활동을 금액으로 측정, 기록, 보고하는 행위이다.

② 회계의 대상이 되는 경제주체는 영리를 목적으로 하는 기업을 말한다.

③ 과거에는 회계의 기능을 기술적 측면만을 강조하였으나, 현대적 의미에서는 기술적 측면보다 정보의 전달측면을 더 강조한다.

④ 회계정보를 생산하여 전달하는 수단을 재무제표라고 한다.

⑤ 일반적인 재무제표에 반영되는 회계정보는 화폐적 정보만 제공된다.

1-2 회계를 그 경제주체에 따라 구분하면 미시회계와 거시회계로 분류할 수 있다. 미시회계에 해당되지 않는 것은?

① 가계　② 기업회계　③ 국민소득회계
④ 정부회계　⑤ 비영리회계

1-3 상법상에 규정하고 있는 회계의 대상이 되는 회사의 형태가 아닌 것은?

① 조합　② 합명회사　③ 합자회사
④ 유한회사　⑤ 주식회사

1-4 회계정보이용자는 내부정보이용자와 외부정보이용자로 구분된다. 다음 중 외부정보이용자가 아닌 것은?

① 투자자　② 채권자　③ 종업원
④ 경영자　⑤ 정부기관

1-5 회계의 분야를 정보이용자를 기준으로 하여 구분하면 다음 중 어떻게 구분할 수 있는가?

① 재무회계와 세무회계　② 재무회계와 관리회계　③ 세무회계와 관리회계
④ 관리회계와 회계감사　⑤ 재무회계와 정부회계

연습문제 객관식

1-6 회계의 목적으로 타당하지 않은 것은?

① 정보이용자들의 합리적 의사결정에 유용한 정보를 전달하는 것이다.

② 경영자의 수탁책임 이행 여부와 관련된 정보를 제공한다.

③ 특정 이해관계자에게 유리한 정보를 제공할 수 있는 근거를 제공한다.

④ 희소한 경제적 자원을 효율적으로 배분하도록 하는 역할을 한다.

⑤ 투자자들의 투자로 인한 미래 현금흐름에 대한 정보를 파악할 수 있게 한다.

1-7 재무회계와 관리회계의 차이점에 대한 설명으로 타당하지 않은 것은?

① 재무회계는 외부정보이용자를 위한 회계이며, 관리회계는 내부정보이용자를 중심으로 한 회계분야이다.

② 재무회계는 화폐적 정보를 제공하는 것을 목적으로 하며, 관리회계는 비화폐적 정보도 제공한다.

③ 재무회계는 경제실체의 활동과 관련된 일반적이고 공통된 정보를 제공하는 것을 목적으로 하지만, 관리회계는 특수한 의사결정에 필요한 정보를 제공하는 것을 중심으로 한다.

④ 재무회계를 통해 생산된 재무제표는 특수목적재무제표, 관리회계를 통한 재무제표를 일반목적재무제표라고 한다.

⑤ 재무회계는 규제적인 회계시스템 내에서 일정한 규칙 및 규정을 준수해야 하지만, 관리회계는 재무회계에 비해 상대적으로 규제 등이 약하다.

연습문제 주관식

1-1 회계란 무엇이며, 이를 행하는 경제주체에 따라 구분해 보시오.

1-2 넓은 의미로서의 회계학과 일상적으로 말하는 회계학(기업회계)은 어떤 점에서 다른지 설명하시오.

1-3 회계가 지향하는 목적에 대해 서술하시오.

1-4 수탁책임(stewardship)이란 무엇이며, 이를 위한 회계의 역할에 대해 설명하시오.

1-5 재무회계와 관리회계는 각각 어떤 목적에서 수행되는지를 설명하고, 그 주된 차이점에 대해 설명하시오.

1-6 여러분의 소속된 대학에서 개설된 회계학 교과목을 살펴보고, 각 교과목의 내용과 상호 관계에 대해 정리해 보시오.

2 장

회계의 기초개념

2 장

회계의 기초개념

제1절 거래의 이중성과 대차평형의 원리

부기(book-keeping)는 회계의 일면을 가리키는 것으로 회계보다 좁은 의미의 개념이다. 즉, 부기는 회계의 기술적 측면을 가리키나, 회계는 부기의 개념을 포함하면서 과학적 측면도 포괄하고 있다. 부기는 원래 "장부기입"의 약칭으로 거래를 일정한 원리에 따라 자산 · 부채 · 자본 · 수익 · 비용으로 기록 · 계산하며, 그 증감변화를 추적하는 것을 의미한다. 따라서 부기의 목적은 회계보고서인 재무제표의 작성과 보고 그 자체인 것이다.

이러한 부기는 경제활동을 금액으로 파악하는 방법의 차이에 따라 단식부기와 복식부기로 구분할 수 있다.

단식부기(single entry book-keeping)는 기업의 경제활동을 어떤 한쪽 측면에서만 파악하여 기록 · 계산하는 부기법을 말한다. 이때 기록 · 계산의 대상은 일정하지 않고 경우에 따라서는 현금 · 예금의 출납에 국한하고 있는가 하면, 때에 따라서는 이에 대응하는 채권 · 채무의 발생 · 소멸, 상품의 매입 · 매출을 추가하는 경우도 있다. 이와 같이 단식부기는 기록 · 계산의 대상을 명확하게 하고 있지 않을 뿐만 아니라 그 방법도 일정하지 않다.

단식부기와는 달리 복식부기(double entry book-keeping)는 모든 재산(자산 · 부채)은 자본이란 관점에서 출발하고 있기 때문에 기업의 모든 경제활동은 재산과 자본의 두 측면에 영향을 미치는 것으로 본다. 따라서 복식부기에 의하면 모든 거래를 일정한 원칙에 따라 차변(왼쪽)과 대변(오른쪽)에 이중적으로 기록하게 된다. 이와 같은 방법을 채택하게 되면 재무상태를 나타내는 재무상태표뿐만 아니라 손익의 발생 원인을 나타내는 손익계산서를 동시에 작성할 수 있고, 재무상태표와 손익계산서상의 손익은 동일한 금액이 된다.

이와 같이 복식부기에서는 모든 거래를 대차로 이중기록을 하게 되는데, 이를 거래의 이중성(dual effects of accounting events) 이라 한다. 거래의 이중성은 하나의 거래에 대해 두 가지 사항을 인식할 수 있다는 것으로, 거래가 발생하면 반드시 양쪽(차변과 대변)이 같은 금액으로 변동한다는 것을 의미한다. 즉, 차변에 자산이 증가하면 대변에 동액의 자산이 감소하거나 부채 또는 자본이 증가하여 항상 차변과 대변은 같은 금액으로 변동하고, 하나의 거래에 대해 이중적 인식이 가능하다는 것이다. 이러한 거래의 이중성은 분개를 하면서 표현되는데, 대차평형의 원리와 함께 복식부기가 수행될 수 있는 기초가 되는 것이다.

대차평형의 원리(principle of equilibrium)는 차변 합계와 대변 합계는 항상 동일한 금액으로서, 차변과 대변은 평형을 이룬다는 것이다. 이러한 대차평형의 원리가 성립하는 것은 거래의 이중성에 비추어 볼 때 자명한 것이다. 즉, 거래는 거래의 이중성에 따라 차변과 대변에 동일한 금액이 기입되므로, 차변과 대변의 합계도 항상 일치할 수밖에 없다는 것이다.

복식부기에서는 이 원리를 응용하여 전 계정의 차변 합계와 대변 합계를 계산한 후, 그것이 일치하는 지를 확인함으로써 그 기록 · 계산의 정부 여부를 자동적으로 검증할 수 있다. 만일 합계액이 틀리는 경우에는 그 기록이나 계산의 어딘가에 잘못이 있다는 것을 의미한다. 이를 복식부기의 자기검증기능(self-control function)이라 하는데, 복식부기의 중요한 특징 중의 하나이다.

거래의 이중성과 대차평형의 원리를 이용하여 거래의 8요소, 거래의 결합관계, 계정기입의 원칙이 설명될 수 있는데, 이에 대해서는 제4장에서 언급하기로 한다.

제2절 회계등식

복식부기에서는 거래가 발생하면 거래의 이중성에 따라 왼쪽인 차변과 오른쪽인 대변으로 나누어 기록하게 된다. 이러한 거래의 이중성은 회계등식에 의하여 그 유효성이 증명될 수 있다. 회계등식(accounting equation)은 재무제표(특히 재무상태표)의 기본 요소인 자산 · 부채 · 자본 간의 관계를 다음의 등식으로 나타낸 것이다.

자산 = 부채 + 자본

여기서 기업이 가지고 있는 가치 있는 자원을 자산(assets)이라 하며, 이 자산에 대한 권리(rights) 또는 청구권(claims)을 지분(equities)이라 한다. 지분은 채권자의 지분과 소유주의 지분으로 구분할 수 있다. 채권자의 지분은 그 기업의 채무를 나타내는 것으로 부채(liabilities)를 의미하며, 소유주의 지분은 자본(capital) 또는 소유주지분(owner' s equity)을 의미한다. 따라서 위의 회계등식은 다음과 같이 나타낼 수 있다.

자산 = 지분
자산 = 채권자지분 + 소유주지분

이와 같이 회계등식은 자산이 부채와 자본의 합계와 같거나 지분과 같다는 것을 의미하는데, 재무상태표에서 나온 등식이란 의미에서 재무상태표등식(statement of financial position equation)이라고도 한다. 회계등식에서 부채를 자본의 앞에 두는 이유는 소유주보다는 채권자가 자산의 청구에 우선권을 가지기 때문인데, 소유주만의 잔여청구권(residual claim)을 강조하기 위하여 부채를 등식의 왼편으로 이행시키면 다음과 같은 자본등식(capital equation)이 성립한다.

자산 – 부채 = 자본(또는 소유주지분)

회계등식은 보통 자산 · 부채 · 자본 간의 등식관계만을 표시하므로, 수익 · 비용은 등식관계로 표시되지 않는다. 그러나 수익은 자본의 증가분이고 비용은 자본의 감소분이므로, 수익 · 비용의 발생은 자본의 증감으로 나타낼 수 있다. 따라서 수익 · 비용을 포함하여 회계등식을 나타내면 다음과 같이 된다.

자산 = 부채 + 자본 + 수익 – 비용

위의 식에서 비용을 좌변으로 옮기면 다음과 같은 재무제표의 모든 구성요소를 포함한 회계등식이 성립한다.

자산 + 비용 = 부채 + 자본 + 수익

제3절 회계공준

오늘날 회계는 하나의 사회적 제도로 확립되어 기업의 여러 이해관계자에게 기업의 경제활동에 관한 유용한 정보를 제공하는 것을 목적으로 하고 있다. 이러한 목적을 충분히 달성하기 위해서는 정보의 수집 · 측정 · 전달이 일반적으로 인정된 원칙에 따라 행해지지 않으면 안 된다. 이러한 원칙을 회계원칙이라 한다.

이 회계원칙이 성립하기 위해서는 회계의 구조에 대한 몇 가지 기본적인 전제가 사회적으로 널리 인정된 가정으로 존재하지 않으면 안 된다. 기업회계에 있어 이러한 기본적인 전제 또는 가정을 회계공준(accounting postulates)이라 한다. 일반적으로 회계공준으로는 기업실체, 계속기업, 화폐평가의 세 가지를 들 수 있다.

1. 기업실체의 공준(postulate of business entity)

이는 기업은 소유주와는 별도의 독립적인 실체가 존재한다는 가정이다. 즉, 기업은 그 기업을 소유하고 있는 소유주와는 별도로 분리 · 독립된 주체로서의 기업 그 자체가 존재한다고 하는 가정 하에서 회계가 수행된다는 것이다.

이로써 기업의 자산은 소유주의 것이 아닌 기업 자체의 재산이며, 이러한 재산에 대한 채권자의 청구권도 기업 자체의 부채인 것으로 가정하는 것이다. 기업의 목표는 기업 자체의 순이익을 증대하기 위한 것이지, 소유주의 재산을 증식하기 위한 것이 아니라는 것이다. 따라서 기업의 회계보고 역시 기업 자체를 위한 것으로, 소유주만이 아닌 광범위한 이해관계자를 위한 것이 된다.

기업실체는 회계실체로 회계를 수행하는 주체가 되며, 기업실체의 단위로는 개인기업, 조합, 회사(합명 · 합자 · 유한 · 주식회사), 비영리기업 등이 있다. 이들은 각각 독립된 주체로서 있을 수 있으며, 여러 기업을 연결하여 작성하는 연결재무제표도 단일의 기업실체라는 관점에서 작성되는 것이다. 또한 하나의 기업 내에 여러 사업부가 있을 경우, 각 사업부별로 회계가 수행된다면 각 사업부가 각각의 실체가 되는 것이다.

2. 계속기업의 공준(postulate of going concern)

이는 기업은 영속적으로 존재하며, 그 기업의 경제활동도 영구히 계속될 것이라고 가정하는 공준이다. 기업 중에는 이미 청산 단계에 있는 것도 있지만, 대부분의 기업은 영원히 영업을 계속하는 것을 전제로 하지, 폐쇄될 것을 예상하여 영업을 하는 것은 아니다. 이러한 기업을 계속기업(going concern)이라 한다. 기업회계에서는 이러한 계속기업에 대해 일정 기간(1년 또는 6개월 등)별로 그 활동의 결과를 보고하게 된다. 이러한 일정기간을 회계기간이라 한다. 따라서 그 회계기간별 보고는 청산을 전제로 한 경우와는 근본적으로 다른 것이 된다.

기업의 성패는 기업이 폐쇄되고 난 뒤 완전히 파악될 수 있다. 이런 의미에서 회계기간별 계산은 중간적인 또는 임시적인 계산에 지나지 않는다. 그러나 오늘날의 기업에 대해 그 성립부터 폐쇄까지 전 기간을 계산 기간으로 하는 것은 현실적이지 못하다. 영원히 영업을 계속한다고 가정하는 계속기업에 있어서는 회계기간별 계산은 중간적인 임시 계산이 아니라 오히려 기본적인 계산방법이 되는 것이다. 이런 의미에서 회계기간별 계산은 그 전후의 회계기간과는 완전히 독립적으로 엄밀히 행할 필요가 있다.

오늘날 직면하는 많은 어려운 회계문제들은 이러한 기간계산으로부터 발생한다. 예컨대 원재료를 소비하더라도 이러한 소비에 의해 생산된 생산물이 판매될 때까지는 손익계산에서 비용으로 인식되지 않는다. 또한 재무상태표에서 자산으로 인식되는 원재료나 설비의 금액은 그 시점의 시가가 아닌 취득 시 지출한 금액으로 결정되게 된다. 이러한 문제들은 회계기간의 설정을 통해 처음으로 이해될 수 있는 것이다. 만약 이러한 회계기간별 계산을 하지 않는다면 기업회계는 아주 단순한 것이 되었을 것이다. 회계기간별 계산은 오늘날 회계의 기본적 특징 중의 하나인 것이다.

3. 화폐평가의 공준(postulate of monetary valuation)

이는 회계상 측정의 대상이 되는 자산 · 부채 · 자본 · 수익 · 비용 등은 모두 화폐라고 하는 공통된 척도에 의하여 화폐단위로 표시되지 않으면 안 된다고 가정하는 공준이다. 기업의 경제활동이나 기업에 투하된 자본은 화폐로 측정될 필요가 있다. 화폐는 각종 재화나 용역을 비교가능하게 하는 공통된 척도이다. 원재료의 소비, 기계의 감가상각, 임금 · 급료 등 모든 경제활동은 화폐로 표시할 수 있다. 복잡다단한 기업의 경제활동은 화폐로 표시함으로써 처음으로 통일적으로 파악할 수 있는 것이다.

그러나 통일적인 가치측정의 척도인 화폐의 가치에 대해서는 화폐가치 수준의 변화가 특별히 중요한 의미를 가지지 않는 한 일정하다고 가정한다. 어떤 시점의 화폐가치는 이와는 다른 시점의 화폐가치와는 일정하지 않다. 시기를 달리 하여 취득한 자산, 또는 이에 대한 지분은 서로 다른 화폐가치의 수준에서 평가되지만, 이들 금액은 기업회계에서 달리 구분하지 않고 기록하게 된다. 또한 수익이나 비용도 반드시 동일한 화폐가치 수준에서 대응되는 것은 아니다.

화폐에 의한 측정을 이론적으로 올바르게 하기 위해서는 그 측정결과를 화폐가치 수준의 변화에 따라 수정하지 않으면 안 된다. 그러나 기업회계에서 화폐가치 수준의 변화는 특별히 중요한 영향을 미치는 경우를 제외하고는 없다고 보는 것이 일반적이다. 이러한 화폐가치가 일정하다는 가정을 화폐가치일정의 공준(postulate of a uniform monetary standard) 또는 화폐단위안정의 공준(postulate of stability in the monetary unit)이라 한다.

기업회계에서 화폐가치의 수준을 일정하다고 가정하는 것은 화폐가치 수준의 변화를 고려하는 것이 계산기술상 아주 어렵다고 보는 일면도 있지만, 화폐가치 수준의 변화는 장기적으로는 몰라도 단기적으로는 크게 문제가 되지 않는다고 보기 때문이다. 그러나 화폐가치의 수준이 급격히 변화하든지 특별한 경우에는 계산기술상의 문제를 극복하여 어떠한 방법으로든지 화폐가치 수준의 변화를 나타내지 않으면 안 될 것이다.

제4절 일반적으로 인정된 회계원칙

오늘날 기업회계는 사회적 책임이 막중하기 때문에 기업회계가 준거해야 할 일반적으로 인정된 회계원칙(generally accepted accounting principles: GAAP)을 설정해야 할 필요가 있다. 이 GAAP는 모든 기업이 회계처리를 하는데 있어 지켜야 할 기준인 것이다. 다시 말하면 GAAP는 회계라는 사회적 활동을 하는 지침인 것이다. 따라서 이는 그 시대의 경제적 · 정치적 환경의 산물로서 그 환경이 변화함에 따라 변화하기 마련이며, 우리나라에서도 많은 변화가 있어왔고 앞으로도 계속 변화해 나갈 것이다.

일반적으로 GAAP라 하면 공식적인 회계기준제정기관에서 규정한 회계규정을 의미하는데, 공식적인 회계기준제정기관에서 규정한 것은 아니나 비공식적으로 인정될 수 있는 법률, 전문기관의 유권해석, 회계문헌, 외국의 규정, 회계관습 등도 GAAP에 포함시킬 수 있다. 전자를 협의의 GAAP라 하고, 후자를 광의의 GAAP라 한다. 광의의 GAAP의 예로는 상법, 세법, 금융감독위원회 등이 정한 회계규정 등을 들 수 있다.

우리나라에서는 1958년 처음으로 기업회계원칙을 제정하였는데, 이는 당시의 모든 제도가 그러하였듯이 일본의 기업회계원칙을 그대로 도입한 것이었다. 그러나 일본의 기업회계원칙도 미국의 영향을 받았으므로, 간접적으로는 미국의 제도를 도입한 것으로 볼 수 있다. 이는 이후 1976년과 1981년에 개정되고, 1981년에는 기업회계기준이란 명칭으로 새로이 제정되면서, 그 이전까지 우리나라의 기업회계를 지도해 왔던 기업회계원칙, 재무제표규칙, 상장법인 등의 회계처리에 관한 규정, 상장법인 등의 재무제표에 관한 규칙 등 제원칙 및 법규를 통합하여 기업회계기준으로 일원화하였다.

이 기업회계기준은 1984년 상법 개정에 따른 모순을 조정하기 위한 개정을 시작으로, 1985년, 1990년, 1992년, 1994년, 1996년, 1998년에 걸쳐 경제 환경의 변화에 따라 많은 개정이 이루어졌다. 이후 1999년 9월에 회계기준의 제정기관이 정부(금융감독위원회)에서 민간기구인 한국회계연구원(Korea Accounting Institute: KAI, 2005년부터는 한국회계기준원으로 명칭이 변경됨)으로 이관되면서 그 산하기관인 회계기준위원회(Korea Accounting Standards Board: KASB)에서 회계기준을 발표하고 있다.

미국도 1973년부터 민간기구인 재무회계기준심의회(Financial Accounting Standards Board : FASB)에서 회계기준을 제정하고 있으며, 이를 재무회계기준서(Statement of Financial Accounting Standards : SFAS)라 한다. 또한 회계기준의 국제적 통일을 목표로 국제회계기준위원회(International Accounting Standards Committee : IASC)가 1973년에 설립되었으며, 여기서 제정되는 회계기준을 국제회계기준(International Accounting Standards : IAS)이라 하였다. 그러나 2001년에는 국제회계기준위원회 대신에 국제회계기준심의회(International Accounting Standards Board : IASB)가 설립되고, 여기서 제정되는 회계기준의 명칭을 국제재무보고기준(International Financial Reporting Standards : IFRS)이라 하고 있다.

이후 세계 각국의 회계기준이 IFRS로 통합되면서 우리나라도 2007년 3월 15일 한국회계기준원과 국제회계기준도입준비단(정부 및 경제관련 단체 대표 등 관련자들로 구성)에서 국제회계기준 도입 로드맵을 발표하고 국제회계기준을 우리나라 기업회계기준으로 도입할 것을 선언하였다. 이에 따라 한국회계기준원에서는 2007년 12월부터 한국채택국제회계기준(K-IFRS)을 발표하게 되었고,

이는 2011년부터 모든 상장기업에 적용하도록 하였다.

한국채택국제회계기준은 주식회사의 외부감사에 관한 법률을 적용받는 기업 중 상장기업을 대상으로 하고 있으며, 비상장기업 중 주식회사의 외부감사에 관한 법률을 적용받는 기업은 일반기업회계기준을, 주식회사의 외부감사에 관한 법률을 적용받지 않는 기업은 중소기업회계기준을 적용한다. 또한 관계법령 등의 요구사항이나 우리나라의 고유한 거래나 기업환경 등의 차이를 반영하기 위하여 특수분야회계기준도 별도로 정하고 있다.

따라서 우리나라의 기업회계기준이라 하면, 한국채택국제회계기준, 일반기업회계기준, 중소기업회계기준, 특수분야회계기준 등으로 구성되며, 이들은 각각 기업회계기준서와 기업회계기준해석서 및 실무적용의 편의를 위한 실무지침으로 구성되어 있다.

이와 같이 GAAP의 내용은 다방면에 걸쳐 규정되어 있는데, 이하에서는 재무보고를 위한 개념체계의 구조와 국제회계기준의 특징을 포함하여 앞으로의 회계원리의 진행에 있어 꼭 알아두어야 할 몇 가지 기본적인 일반원칙에 대해 알아보기로 한다.

1. 재무보고를 위한 개념체계의 구조

재무보고를 위한 개념체계(conceptual framework for financial reporting)는 재무회계개념체계라고도 하는데, 일반적인 재무회계이론의 틀을 말하는 것으로, 외부정보이용자를 위한 재무제표의 작성 및 표시(재무보고)의 기초가 되는 개념을 정립한 것이다. 한국채택국제회계기준은 재무보고를 위한 개념체계를 근거로 제정한 핵심적인 원칙을 서술하는 방식을 채택하고 있다.

이러한 재무보고를 위한 개념체계의 구조는 다음과 같이 요약할 수 있다.

그림 2-1
재무보고를 위한 개념체계의 구조

일반목적 재무보고의 목적		유용성 (이용자의 경제적 의사결정에 유용한 정보제공)

↓

유용한 재무정보의 질적 특성	근본적 질적 특성	목적적합성, 충실한 표현
	보강적 질적 특성	비교가능성, 검증가능성, 적시성, 이해가능성

↓

재무보고의 기본가정	계속기업

↓

재무제표를 구성하는 요소의 정의, 인식 및 측정	재무제표의 요소	자산, 부채, 자본, 수익, 비용
	재무제표 요소의 인식과 측정	* 미래 경제적 효익의 발생가능성, 측정의 신뢰성 * 역사적 원가, 현행원가, 실현가능가치, 현재가치

↓

재무제표의 작성 및 제공

2. 국제회계기준의 특징

(1) 원칙 중심의 회계기준

IFRS는 원칙 중심의 회계기준(principle-based accounting standards)이다. 이는 기존의 규정 중심의 회계기준(rule-based accounting standards)과 달리 구체적인 회계지침을 가능한 한 제시하지 않고, 대신 재무보고를 위한 개념체계를 근거로 제정한 핵심적인 원칙을 서술하는 방식을 채택하고 있다. 따라서 재무제표의 구체적인 양식을 제공하지 않으며, 재무제표에 표시할 계정과목을 정형화하지 않고 선택가능한 대안을 제시하여 재무제표의 표시방법의 다양성을 인정하고, 주석으로 공시하는 사항을 대폭 확대하였다.

이러한 원칙 중심의 회계기준은 다음의 두 가지 특징이 있다. 첫째, 규정 중심의 회계기준에서는 규정을 일일이 제정하기 때문에 회계기준에 포함된 조항의 수가 많으나, 원칙 중심의 회계기준에서는 원칙만을 제시하기 때문에 회계기준에 포함된 조항의 수가 적다. 그 결과 측정의 원칙을 제시해야 하는 등의 이유로 주석에 공시할 사항이 많다. 따라서 IFRS에서는 공시요건이 강화되어 있다. 둘째, 원칙 중심의 회계기준에서는 형식보다는 실질에 충실하게 되므로, IFRS에서는 법적 형식과 경제적 실질이 상충될 때 형식에 대한 실질의 우선원칙이 적용된다.

(2) 연결재무제표 중심

IFRS는 연결재무제표(consolidated financial statement)를 기본재무제표로 작성하도록 하고 있다. IFRS는 모든 경제적 사건을 법적 형식이 아닌 경제적 실질에 따라 사실판단을 하고, 이에 따라 재무제표를 작성하도록 하고 있다. 따라서 법적으로 독립된 기업들이 서로 지배 · 종속관계를 형성하여 경제적으로 단일의 연결실체를 이루고 있을 때에는 연결실체단위(지배기업과 피지배기업의 집합체)로 연결재무제표를 작성한다. 연결재무제표는 연결실체 내의 내부거래인 채권 · 채무와 미실현손익 등을 제거하여 작성한다.

(3) 공정가치평가 중심

IFRS는 거래나 기타 사건의 측정기준으로 공정가치를 도입하였다. 공정가치(fair value)는 합리적인 판단력과 거래의사가 있는 독립된 당사자 사이의 거래에서 자산이 교환되거나 부채가 결제될 수 있는 금액을 의미한다.

IFRS는 자본시장의 투자자에게 기업의 재무상황과 내재가치에 대한 유용성이 더 높은 투자정보를 제공하는 것을 핵심으로 한다. 이를 위해 IFRS는 기업이 보유하는 모든 자산과 부채를 원칙적으로 공정가치로 측정하여 공시할 것을 요구하고 있다. 원가가 아닌 공정가치로 측정하는 것은 정보의 신뢰성보다 목적적합성을 중시하는 것이다.

3. 역사적 원가의 원칙(historical cost principle)

역사적 원가주의 또는 취득원가주의(acquisition cost principle)라고도 하는데, 취득 시점에 발생한 원가(costs)를 회계처리 · 회계보고의 기준으로 하는 원칙을 말한다. 이는 시가주의(current cost basis)와는 반대되는 개념으로 모든 회계사실을 인식 · 측정할 때 최초의 거래가 나타난 시점에서의 교환가격에 의하는 것을 말한다. 이 원칙에 의하면 모든 자산은 취득 시에 취득시점의 교환가격인 원가로 계상하고, 일단 원가로 계상된 금액은 그 후 해당 자산이 판매 · 처분될 때까지 회계장부에 원가로 계상하게 된다.

이러한 취득원가주의가 주장되는 이유는 원가는 객관적이고 그 측정이 용이하며 신뢰성이 있는 정보이기 때문이다. 그러나 취득원가주의에 대해서는 원가의 측정이 곤란한 경우(교환거래 등)가 있고, 현재의 가치(시가)를 나타내지 못한다는 비판이 있다. 취득원가주의에 따라 평가한 자산의 장부금액은 시간이 경과함에 따라 시가와의 괴리가 커지게 된다. 따라서 취득원가주의에 의한 자산의 평가는 시가에 의한 평가보다 목적적합성이 떨어진다고 볼 수 있다. 그럼에도 불구하고 취득원가주의가 주장되는 것은 목적적합성보다 신뢰성을 우선하는 회계의 전통 때문이다.

앞으로 언급이 되겠지만, 이러한 취득원가주의의 예외로서 유가증권 등의 금융상품과 같이 시가의 측정이 객관적이고 신뢰성이 있는 경우에는 시가에 따라 평가하는 경우도 있고, 기록된 자산의 원가 중에 시간의 경과에 따라 소비되었거나 그 시장가치가 현저히 하락한 경우에는 장부상의 금액을 시가에 따라 하향 조정하는 경우도 있다.

4. 수익실현의 원칙(revenue realization principle)

실현주의 또는 수익인식의 원칙이라고도 하는데, 수익은 실현된 시점에 인식되어야 한다는 원칙을 말한다. 일반적으로 수익은 수익의 획득과정이 완료되었거나 동시에 수익금액을 합리적으로 측정할 수 있을 때 실현되었다고 본다. 예를 들어 상품 판매에서 상품을 인도하면 그 인도시점이 실현시점이 되는 것이다.

실현주의에 의하면 수익은 실현되었을 때 인식되어야 한다. 수익인식에 있어 가장 일반적이고 보편적인 기준은 판매기준(sales basis) 또는 인도기준(delivery basis)이다. 판매기준은 판매된 시점, 즉 재화가 판매자로부터 구매자에게 법률적으로 그 소유권이 이전된 시기를 수익인식의 시점으로 보는 것이다.

수익인식의 기준으로서 비록 한정된 범위에서 인정되긴 하지만, 현금주의(cash basis)를 채택하는 경우도 있다. 현금주의는 회수기준(collection basis)이라고도 하는데, 판매금액을 현금으로 회수한 시점에 수익을 인식하는 기준이다. 이는 주로 장기할부판매의 경우에 적용되는데, 최종적으로 회수할 수 있는 금액을 합리적으로 결정할 수 없다든가 또는 판매와 관련된 막대한 비용이나 원가를 정확히 파악할 수 없어 판매기준을 채택하기 곤란한 경우에 적용될 수 있다.[1]

수익인식의 또 하나의 기준으로서 생산기준(production basis)이 있다. 이 기준에서는 완성품의 최종 인도일이 아닌 생산 진행의 정도에 따라 수익을 인식하게 된다. 장기공사계약의 경우에 공사진행도에 따라 수익을 인식하는 공사진행기준(percentage of completion basis)[2]이 그 한 예이다.

1) 한국채택국제회계기준에서는 할부판매의 경우 장기할부판매와 단기할부판매 모두 인도기준 또는 판매시점에서 수익을 인식하도록 하고 있다. 다만, 중소기업의 경우 회수기일도래기준도 가능하다.

2) 아파트 등 예약매출의 경우 K-GAAP에서는 진행기준으로 수익을 인식하였으나 K-IFRS에서는 완성인도기준으로 수익을 인식하도록 하고 있다.

5. 수익 · 비용 대응의 원칙 (principle of matching costs with revenues)

일정기간에 실현된 수익과 이 수익을 획득하기 위하여 발생한 비용을 비교하여 당기순이익을 산출하여야 한다는 원칙이다. 이는 어떤 경영활동의 결과로 나타나는 각각의 수익에 대하여, 이를 획득하는 데 소요된 비용을 대응시키는 것을 말하며, 구체적으로 비용은 수익이 기록되는 기간과 동일한 기간에 기록되어야 한다는 것이다.

대응의 형태에는 수익과의 직접적인 관련성을 확인할 수 있는 경우에 적용되는 직접대응(개별적 대응)과 그렇지 못한 경우에 적용되는 간접대응(기간적 대응)이 있다. 직접대응의 예로는 매출된 상품의 매출원가나 운송비 등을 들 수 있다. 그러나 관리직 사원의 급여, 본사 건물의 전기 · 수도료 등과 같은 일반관리비는 특정의 수익에 대응시키기 어려우므로 그 기간에 발생된 비용을 대응시키는 간접대응이 된다.

이와 같이 수익에 관련된 비용만을 대응시킨다는 이 원칙은 인과관계의 법칙에서 볼 때 당연한 것이다. 그러나 수익에 직접 대응시킬 수 없는 간접대응의 경우에는 당기순이익의 계산을 위한 임의적인 배분이 될 가능성이 많다. 또 어떤 비용이 얼마나 특정기간에 속하는지 불분명할 경우가 있어 비용의 기간배분에 관한 많은 문제를 발생시킬 소지가 있다.

6. 발생주의(accrual basis)

발생주의란 일정기간의 수익과 비용의 금액을 그 발생의 여부에 따라 결정하는 것을 말한다. 이는 현금의 수입이나 지출의 여부에 따라 수익과 비용을 결정하는 현금주의(cash basis)와는 대조되는 기준이다.

현금주의에 의하면 실질적으로 수익이 발생하고 현금을 수취할 권리가 있다

하더라도 현실적인 현금의 수입이 없으면 수익으로 인식하지 않는다. 마찬가지로 비용의 부담이 명백하다 하더라도 현실적인 현금의 지출이 없으면 비용으로 인식하지 않는다. 따라서 이 현금주의에 의하면 미실현손익이 발생할 여지는 없게 되나, 손익의 발생과 현금의 수지와는 일치하지 않게 되는 것이다.

이와 같은 현금주의는 중세 모험기업(venture)의 경우와 같이 1회의 투기적 거래만 있어왔던 시대에는 적용 가능하였다. 그러나 이미 언급한 바와 같이 계속기업의 공준에 의해 손익의 기간계산이 이루어지고, 신용거래의 발달, 고정자산의 다량 보유 등으로 인해 현금주의는 그 타당성을 잃게 된다. 예를 들어 외상거래와 같이 대금회수가 차기 이후에 이루어지는 경우에는 현금주의에 의하면 당기의 수익에서 이 부분이 누락되어 정확한 기간별 손익계산이 이루어지지 못하는 것이다.

이에 오늘날에는 현금의 수입이나 지출과는 관계없이 수익과 비용의 당기 발생 여부를 기준으로 당기의 수익과 비용을 확정하고 이에 따른 손익계산을 하는 발생주의를 채택하고 있다. 발생주의에 의하면 상품을 외상으로 판매하고 아직 현금을 회수하지 않은 것이 있어도 상품의 인도시점에 당기의 수익으로 인식하며, 당기에 귀속되는 보험료 등은 아직 그 대금을 지급하지 않았어도 당기의 비용으로 인식하게 되는 것이다.

연습문제 객관식

2-1 회계상 거래가 발생하면 재무제표의 차변과 대변에 동시에 영향을 미치게 되는데, 이러한 회계의 특성을 무엇이라고 하는가?

① 중요성　② 거래의 이중성
③ 신뢰성　④ 목적적합성

2-2 기업은 정관에 규정한 목적을 달성하기 충분한 기간까지 미래에도 계속적으로 정상적인 영업활동을 영위할 것이며 청산하지 않는 다는 것은 다음 회계의 기본가정 중 어느 것에 해당되는가?

① 기업실체의 가정　② 계속기업의 가정
③ 기간별보고의 가정　④ 화폐측정단위의 가정

2-3 다음 중 발생주의에 따른 회계처리로 볼 수 없는 것은?

① 상품의 외상 매출에 대해 매출시 수익을 인식하는 경우
② 수취채권의 대손을 추정하여 대손충당금을 설정하는 경우
③ 결산시 장부상의 현금잔액과 실제 현금잔액의 차이를 당기손익으로 처리하는 경우
④ 유형자산 및 무형자산에 대하여 취득원가를 상각하고 비용으로 계상하는 경우

2-4 회계의 기본가정에 대한 설명으로 틀린 것은?

① 기본가정은 기업실체의 환경과 관련된 것으로 환경적 가정 또는 회계공준이라고도 한다.
② 기업실체의 가정은 소유주의 재산과 기업의 재산은 구분된다는 것으로 회계처리의 범위를 규정하는 가정이다.
③ 계속기업의 가정은 기업이 목적하는 바를 이루기에 충분한 기간까지 청산하지 않고 계속적으로 존속한다는 것으로 역사적 원가주의의 근거가 된다.
④ 기간구분에 대한 가정은 회계정보의 신뢰성을 강조하는 측면에서 인위적으로 회계기간을 구분하여 동 기간에 대한 회계정보를 제공하는 것이다.

연습문제 주관식

2-1 거래의 이중성과 대차평형의 원리에 대해 설명하시오.

2-2 회계등식과 자본등식에 대해 설명하시오.

2-3 회계공준의 종류를 열거하고, 그 내용에 대해 간단히 언급하시오.

2-4 일반적으로 인정된 회계원칙에 대해 설명하고, 우리나라의 기업회계기준의 역사에 대해 간단히 언급하시오.

2-5 한국회계기준원(KAI)의 역할을 살펴보고, 최근까지 제정된 기업회계기준서의 내용과 향후 제정될 기업회계기준서의 내용에 대해 정리해 보시오.

2-6 역사적 원가의 원칙에 대해 설명하시오.

2-7 수익실현의 원칙에 대해 설명하시오.

2-8 수익 · 비용 대응의 원칙에 대해 설명하시오.

2-9 발생주의와 현금주의에 대해 설명하시오.

3 장

재무제표

3장
재무제표

재무제표(financial statements)란 기업의 경영활동을 측정 · 기록 · 분류 · 요약하여 작성한 회계보고서를 말한다. 여기서 회계보고서는 회계상 작성되는 모든 보고서를 포함한 광범위한 용어이므로 재무제표도 회계보고서의 일종이라 할 수 있다. 예컨대 관리회계에서도 많은 회계보고서가 작성되는데 이는 재무제표는 아닌 것이다.

재무제표는 기업의 경영활동을 나타낼 뿐만 아니라 기업의 여러 이해관계자에게 보고되어 이들의 경제적 의사결정을 위한 정보의 원천이 된다. 따라서 재무제표의 이용자가 어떠한 정보를 필요로 하느냐에 따라 작성되어야 할 재무제표의 종류가 결정되게 된다. 이러한 재무제표로는 재무상태표, 포괄손익계산서, 자본변동표, 현금흐름표, 주석 등이 있다.

제1절 재무상태표

1. 재무상태표의 의의

재무상태표(statement of financial position)는 말 그대로 일정시점의 기업의 재무상태, 즉 자산 · 부채 · 자본의 상태를 나타내는 회계보고서로, 한국채택국제회계기준이 도입되기 전까지 대차대조표(balance sheet)라 불리어 왔다. 이는 기업의 경제적 상태를 나타내는 것으로, 앞에서 설명한 회계등식(재무상태표등식)에 따라 왼쪽(차변)에는 기업의 경제적 자원(economic resources)인 자산을, 오른쪽(대변)에는 경제적 의무(economic obligations)인 부채와 잔여지분(residual interests)인 자본을 나타내게 된다.

이와 같이 재무상태표는 일정시점 현재 기업이 보유하고 있는 경제적 자원인 자산과 경제적 의무인 부채, 그리고 자본에 대한 정보를 제공하는 회계보고서로서 정보이용자들이 기업의 유동성, 재무적 탄력성, 수익성과 위험 등을 평가하는데 유용한 정보를 제공하게 된다.

재무상태표는 일정시점의 자산 · 부채 · 자본의 상태를 나타내므로 정태적 보고서이다. 따라서 재무상태표에는 일정시점을 나타내는 날짜가 표시되어야 한다. 일반적으로 재무상태표는 회계연도말(결산시점)에 작성되어 기말재무상태표가 되고, 이것은 다음 기로 이월되어 다음 기의 기초재무상태표가 된다. 그러나 모든 기업에서는 회계연도말을 포함하여 매분기말에 한 번씩은 반드시 재무상태표를 작성하여야 하며 필요에 따라서는 매월 작성하기도 한다.

2. 재무상태표의 구조와 양식

재무상태표는 자산 · 부채 · 자본의 세 가지 요소로 구성된다. [그림 3-1]은 재무상태표의 기본구조를 나타낸 것으로 자산 = 부채 + 자본이라는 회계등식이

그림 3-1
재무상태표의 기본구조

차 변	대 변
자 산	부 채
	자 본
자산총계	부채 및 자본총계

성립함을 보여주고 있다.

이와 같이 재무상태표에서는 회계등식에 따라 자산총액이 부채 및 자본총액과 일치하게 되는데, 경영활동에 따라 자산, 부채, 자본에 변화가 있다 하더라도 이러한 회계등식은 항상 성립하게 된다. 이를 간단한 예를 들어 살펴보기로 한다.

(주)대한은 회계연도초(1월 1일)에 타인으로부터 빌린 40만원과 자기 돈 60만원을 합한 현금 100만원으로 영업을 시작하였다고 하자. 타인으로부터 빌린 돈은 차입금이 되고, 자기 돈은 자본금이 된다. 그러면 이 시점의 재무상태표는 다음과 같이 될 것이다.

재무상태표

(주)대한 1월 1일 현재 (단위 : 원)

자 산	금 액	부채 및 자본	금 액
현 금	1,000,000	차 입 금 자 본 금	400,000 600,000
자산총계	1,000,000	부채 및 자본총계	1,000,000

1월 중에 원가 50만원의 상품을 현금으로 매입하여 현금 100만원에 판매하였다면 50만원의 이익이 발생하게 된다. 다른 거래가 없다고 가정하면 현금은 50만원 증가될 것이고, 순이익 50만원은 자기 돈인 자본금을 증가시키게 될 것이다. 그러면 1월말의 재무상태표는 다음과 같이 될 것이다.

재무상태표

(주)대한 1월 31일 현재 (단위 : 원)

자 산	금 액	부채 및 자본	금 액
현 금	1,500,000	차 입 금 자 본 금	400,000 1,100,000
자산총계	1,500,000	부채 및 자본총계	1,500,000

이와 같이 상품의 판매가 일어난 후에도 자산 = 부채 + 자본이라는 회계등식은 여전히 성립함을 알 수 있다. 어떠한 거래가 발생하더라도 이러한 회계등식은 성립하게 되고, 이에 따라 재무상태표가 작성되게 되는데, 이것이 재무상태표의 구조적 특징이 되는 것이다.

재무상태표의 양식으로는 계정식과 보고식이 있다. 계정식은 위의 간단한 예에서 살펴본 바와 같이 계정형식을 사용하여 왼쪽(차변)에 자산, 오른쪽(대변)에 부채와 자본으로 구분하여 표시하는 방법이다. 이에 비해 보고식은 자산, 부채, 자본을 위에서부터 순서대로 일렬로 연속 표시하는 방법이다. 계정식은 보고식에 비해 지면절약의 효과가 있고, 회계등식의 내용을 이해하는데 도움이 된다.

재무상태표에는 회사명과 작성연월일을 반드시 기재하여야 하고, 금액단위를 표시하여야 한다. 또한 재무상태표의 금액란은 당기말 금액과 전기말 금액을 비교할 수 있도록 비교식으로 표시하여야 한다. 한국채택국제회계기준에서는 재무상태표를 비롯한 모든 재무제표를 당기분과 전기분의 비교식으로 작성하도록 하고 있다.

또한 한국채택국제회계기준에서는 재무제표에 표시해야 할 항목의 순서나 형식을 규정하지 않고 있으며, 재무제표에 구분하여 표시하기 위해 계정과목의 성격이나 기능상 상이한 항목만을 예시하고 있을 뿐이다. 그리고 기업의 재무상태를 보다 명확히 이해하고 정보이용자에게 목적적합한 정보를 제공하기 위해서는 거래의 성격에 따라 계정과목의 순서 또는 유사한 계정과목의 통합 등 변경이 가능하다. 한국채택국제회계기준에서 재무상태표에 표시해야 할 최소한의 내용으로 예시하고 있는 것은 〈그림 3-2〉와 같다.

그림 3-2
재무상태표에 표시해야 할 최소한의 내용

자 산	자본 및 부채
· 유형자산 · 투자부동산 · 무형자산 · 금융자산 · 지분법투자자산 · 생물자산 · 재고자산 · 매출채권 및 기타 채권 · 현금 및 현금성자산 · 당기법인세 관련 자산 · 이연법인세자산 · 매각예정비유동자산	· 지배기업소유주 귀속 자본 · (자본에 표시된) 비지배지분 · 충당부채 · 금융부채 · 매입채무 및 기타 채무 · 당기법인세 관련 부채 · 이연법인세부채 · 매각예정자산집단에 포함된 부채

이에 따른 계정식 재무상태표의 양식을 중요한 항목만을 나타내어 예시하면 〈표 3-1〉과 같다.

표 3-1
재무상태표(계정식)

재무상태표

당기 20××년 ×월 ×일 현재
전기 20××년 ×월 ×일 현재

회사명 (단위 : 원)

과 목	금 액		과 목	금 액	
	당 기	전 기		당 기	전 기
유동자산	×××	×××	유동부채	×××	×××
당좌자산	×××	×××	비유동부채	×××	×××
재고자산	×××	×××	부채총계	×××	×××
비유동자산	×××	×××	자 본 금	×××	×××
투자자산	×××	×××	자본잉여금	×××	×××
유형자산	×××	×××	자본조정	×××	×××
무형자산	×××	×××	기타포괄손익누계액	×××	×××
기타비유동자산	×××	×××	이익잉여금	×××	×××
			자본총계	×××	×××
자산총계	×××	×××	부채 및 자본총계	×××	×××

3. 재무상태표의 구성요소

재무상태표의 구성요소는 자산 · 부채 · 자본이 되는데 본서의 제3부에서는 이의 순서대로 구체적인 회계처리를 전개하게 될 것이다. 그 전에 여기에서는 이들의 정의나 종류에 대해 간단히 살펴보기로 한다.

(1) 자산(assets)

자산이란 과거 거래나 사건의 결과로서 현재 기업이 보유하고 있고 통제가능한 미래의 경제적 효익을 창출할 것으로 기대되는 자원을 말한다. 여기서 경제적 효익이란 미래의 현금유입을 가져올 수 있는 잠재력으로 현금창출능력을 의미한다. 이러한 자산은 앞의 재무상태표 양식에서 살펴본 바와 같이 크게 유동자산과 비유동자산으로 구분되는데, 이의 구체적인 항목으로는 다음과 같은 것이 있다.

Ⅰ. 유동자산

현금 및 현금성자산 : 통화, 타인발행수표, 당좌예금, 보통예금, 취득당시 만기 3개월 이내의 채권 등

단기금융자산 : 단기예금, 당기손익인식금융자산, 단기대여금 및 유동자산으로 분류되는 기타포괄손익인식금융자산과 상각후원가측정금융자산 등

외상매출금 : 외상으로 상거래한 경우의 미회수대금

받을어음 : 상거래에서 발생한 어음상의 받을 금액

미수금 : 상거래 이외의 신용거래에서 발생한 미회수대금

선급금 : 미리 지급한 선금이나 계약금

재고자산 : 상품, 제품, 원재료, 제공품, 저장품, 반제품 등

Ⅱ. 비유동자산

투자자산 : 투자부동산, 장기금융자산, 관계기업투자주식, 장기대여금 등

유형자산 : 토지, 건물, 기계장치, 비품, 차량운반구, 선반, 건설중인 자산 등

무형자산 : 영업권, 산업재산권(특허권, 실용신안권, 디자인권, 상표권 등), 저작권, 프랜차이즈권 등

기타비유동자산 : 임차보증금, 이연법인세자산, 장기미수금 등

(2) 부채(liabilities)

부채란 과거 거래나 사건의 결과로서 현재 기업이 부담하고 있고 미래의 자원의 유출이나 사용이 예상되는 의무를 말한다. 즉, 부채는 기업이 미래의 어느 시점에 제3자에게 현금을 지급하거나 기타 재화나 용역을 제공해야 할 의무를 나타낸다. 부채도 크게 유동부채와 비유동부채로 구분되는데, 이의 구체적인 항목으로는 다음과 같은 것이 있다.

Ⅰ. 유동부채

단기차입금 : 상환기간 1년 이내의 차입금

외상매입금 : 외상으로 상거래한 경우의 미지급대금

지급어음 : 상거래에서 발생한 어음상의 지급할 금액

미지급금 : 상거래 이외의 신용거래에서 발생한 미지급대금

선수금 : 미리 받은 선금이나 계약금

Ⅱ. 비유동부채

장기차입부채 : 사채(채권시장에서 발행한 회사채), 장기차입금 등

충당부채 : 장기제품보증충당부채 등

기타비유동부채 : 임대보증금, 이연법인세부채 등

(3) 자본(owner's equity)

자본이란 자산에서 부채를 차감하고 남은 잔여지분 또는 순자산으로서 기업의 자산에 대한 소유주의 잔여청구권을 말한다. 자본을 순자산(net assets 또는 net worth)이라고 하는 이유는 자본은 자산에서 부채를 차감한 금액이기 때문이다. 또한 자본을 잔여지분(residual equity)이라고도 하는데, 그 이유는 자산에 대한 우선적 청구권을 가진 채권자에 대한 부채를 차감한 후의 금액이기 때문이다. 이러한 자본은 자본금, 자본잉여금, 자본조정, 기타포괄손익누계액, 이익잉여금으로 구분된다.

Ⅰ. 자본금 : **주주의 액면출자액**

Ⅱ. 자본잉여금 : **주식발행초과금 등 자본거래에 의한 잉여금**

Ⅲ. 자본조정 : **임시 자본항목(자기주식 등)**

Ⅳ. 기타포괄손익누계액 : **일부 평가손익항목(기타포괄손익인식금융자산평가손익 등)**

Ⅴ. 이익잉여금 : **당기순이익누적분에서 배당금누적분의 차감액**

4. 재무상태표의 작성 시 유의점

일정시점의 재무상태를 나타내는 재무상태표는 다음의 일정기간의 경영성과를 나타내는 포괄손익계산서와 함께 기업의 대표적인 재무제표 중의 하나이다. 이러한 재무상태표의 작성과 관련하여 유의하여야 할 점은 다음과 같다.

(1) 자산, 부채, 자본의 구분표시

재무상태표의 구성요소인 자산, 부채, 자본은 각각 다음과 같이 구분한다.

1. 자산은 유동자산과 비유동자산으로 구분한다. 유동자산은 당좌자산과 재고자산으로 구분하고, 비유동자산은 투자자산, 유형자산, 무형자산, 기타비유동자산으로 구분한다.
2. 부채는 유동부채와 비유동부채로 구분한다.
3. 자본은 자본금 · 자본잉여금 · 자본조정 · 기타포괄손익누계액 및 이익잉여금(또는 결손금)으로 구분한다.

자산, 부채, 자본 중 중요한 항목은 이와 같이 별도 항목으로 구분하여 표시한다. 그러나 중요하지 않은 항목은 성격 또는 기능이 유사한 항목에 통합하여 표시할 수 있으며, 통합할 적절한 항목이 없는 경우에는 기타항목으로 통합할 수 있다. 이 경우 세부 내용은 주석으로 기재한다.

(2) 자산, 부채, 자본의 총액표시

자산, 부채, 자본은 총액으로 기재함을 원칙으로 하고, 자산의 항목과 부채 또는 자본의 항목을 상계함으로써 그 전부 또는 일부를 재무상태표에서 제외하여서는 아니 된다. 예컨대 외상매출금이라는 자산과 외상매입금이라는 부채를 서로 상쇄하여 차액(순액)만을 재무상태표에 자산 또는 부채로 계상해서는 안 된다는 것이다.

(3) 1년 기준

자산과 부채는 1년을 기준으로 하여 유동자산 또는 비유동자산, 유동부채 또는 비유동부채로 구분하는 것을 원칙으로 한다. 유동자산이란 유동성이 높은 자산이라는 의미로 비교적 짧은 시간 내에 현금화 내지는 비용화 될 것으로 예상되는 자산을 말하고, 비유동자산은 비교적 많은 시간이 흐른 뒤에 현금화 내지는 비용화 될 것으로 예상되는 자산을 말한다. 유동부채 역시 상환기일이 단기간 내에 도래하는 부채를 말하고, 비유동부채는 장기간 지난 후에 상환기일이 도래하는 부채를 말한다. 이러한 유동과 비유동을 구분하는 기간의 기준이 1년이란 것이다.

(4) 유동성배열

재무상태표에 기재하는 자산과 부채의 항목배열은 유동성배열법에 의함을 원칙으로 한다. 유동성배열법이란 보다 짧은 시간 내에 현금화 내지는 비용화 되는 자산이나, 보다 짧은 기간 내에 상환기일이 도래하는 부채부터 먼저 기재하는 것을 말한다.

(5) 자본잉여금과 이익잉여금의 구분

자본거래에서 발생한 자본잉여금과 손익거래에서 발생한 이익잉여금은 혼동하여 표시하여서는 아니 된다. 잉여금에는 자본잉여금과 이익잉여금이 있는데, 자본잉여금은 주주의 출자금 성격이고, 이익잉여금은 영업활동에 의한 순이익으로 이 둘을 혼동하지 말고 명확히 구분해서 표시하여야 한다는 것이다.

(6) 미결산항목의 계상금지

가지급금 또는 가수금 등의 미결산 항목은 그 내용을 나타내는 적절한 과목으로 표시하고, 대조계정 등의 비망계정은 재무상태표에 자산 또는 부채 항목으로 표시하여서는 아니 된다. 수입이나 지출의 거래가 발생하였으나 결산시점까지 그 발생 원인을 알 수 없는 가지급금이나 가수금과 같은 애매한 항목은 재무상태표에 그대로 표시해서는 안 된다는 것이다. 이러한 항목은 그 구체적인 원인을 밝혀내서 재무상태표에 명료하게 표시하여야 한다.

제2절 포괄손익계산서

1. 포괄손익계산서의 의의

포괄손익계산서(statement of comprehensive income)는 일정기간의 기업의 경영성과를 나타내는 회계보고서이다. 여기서 경영성과란 경영실적을 의미하는 것으로 일정기간의 수익과 비용의 산정, 순이익의 결정이라는 세 가지 과정이 포괄된 것이다. 이와 같이 포괄손익계산서는 순이익에 이르기까지의 과정을 나타냄으로써 정보이용자에 기업의 장래 수익력을 판단할 수 있는 정보를 제공하게 된다.

이와 같이 포괄손익계산서는 일정기간 동안 기업의 경영성과에 대한 정보를 제공하는 회계보고서로서, 당해 회계기간의 경영성과를 나타낼 뿐만 아니라 기업의 미래현금흐름과 수익창출능력 등의 예측에 유용한 정보를 제공하게 된다.

포괄손익계산서는 일정기간의 경영성과를 나타내므로 동태적 보고서이다. 따라서 여기에 표시되는 모든 금액은 당기의 누적 금액으로 보고되고, 일정기간을 나타내는 기간 표시가 있어야 한다. 이에 비해 재무상태표는 일정시점의 재무상태를 나타내는 정태적 보고서이므로 모든 계정의 금액이 재무상태표일 현재의 잔액으로 보고되고, 일정시점을 나타내는 날짜만 표시되는 것이다. 포괄손익계산서도 재무상태표와 마찬가지로 회계연도말을 포함하여 매분기말에 한 번씩은 반드시 작성하여야 하며, 필요에 따라서는 매월 작성하기도 한다.

2. 당기순손익계산의 두 가지 방법

당기순손익의 계산방법에는 두 가지가 있다. 하나는 순자산접근법(순자산비교법)이고, 다른 하나는 거래접근법(수익비용비교법)이다.

(1) 순자산접근법

순자산접근법(net asset approach)[3]은 회계상의 당기순손익을 순자산(자본)의 증감액으로 보는 관점으로, 기초 및 기말의 순자산(자본)을 비교하여 재무상태표에서 당기순손익을 계산하는 방법이다. 즉, 당기순손익은 기중에 자본거래에 의한 추가적인 자본의 증감이 없다는 가정 하에서 기말의 자본등식에서 산출한 기말순자산(기말자본)과 기초의 자본등식에서 산출한 기초순자산(기초자본)과의 차익으로 계산한다는 것이다.

기말순자산(기말자본) − 기초순자산(기초자본) = 당기순손익

만약 기중에 자본거래에 의한 추가적인 자본의 증감이 있다면 이를 가감하여 다음과 같이 당기순손익을 산출하게 된다.

기말자본 − (기초자본 + 자본거래의 증가액 − 자본거래의 감소액) = 당기순손익

예제 3-1 다음의 물음에 답하시오.

1. 기초자본 100만원, 기말자본 200만원일 경우 당기순이익은?
2. 위 1에서 기중의 증자액이 50만원 있다면 당기순이익은?
3. 기초자산 500만원, 기초부채 300만원, 기말자산 700만원, 기말부채 400만원일 경우 당기순이익은?
4. 위 3에서 기중의 감자액이 50만원 있다면 당기순이익은?

3) 순자산접근법은 자본유지접근법이라고도 하며 기말에도 기초와 동일한 유족상태에서 사용가능한 부(wealth)로 자본거래를 제외한 순자산 변동액으로 순이익을 측정하나 순자산을 측정하는 방법에 따라 측정치가 달라진다는 단점이 있다.

[해답]

1. 당기순이익 = 기말자본(200만원) − 기초자본(100만원) = 100만원
2. 당기순이익 = 기말자본(200만원) − {기초자본(100만원) + 증자액(50만원)} = 50만원
3. 당기순이익 = 기말자본(기말자산 − 기말부채) − 기초자본(기초자산 − 기초부채)
   = 300만원(700만원 − 400만원) − 200만원(500만원 − 300만원)
   = 100만원
4. 당기순이익 = 기말자본(300만원) − {기초자본(200만원) − 감자액(50만원)}
   = 150만원

이러한 순자산접근법에 의하면 기말자본과 기초자본을 이용하여 손익을 간단히 구할 수 있다는 장점이 있지만, 손익이 구체적으로 어떠한 활동을 통해 발생되었는지 그 발생원천을 알 수 없다는 단점이 있다. 순자산접근법은 과거에는 재산법 또는 재산목록법이라고 하였으나, 최근에는 자산부채접근법(asset and liability approach)이라는 용어로 표현되고 있다.

(2) 거래접근법

거래접근법(transaction approach)은 회계상의 손익을 수익과 비용의 차액으로 보는 관점으로, 수익에서 비용을 차감하여 포괄손익계산서에서 당기순손익을 계산하는 방법이다. 즉 당기순손익은 일정기간 발생한 수익총액과 비용총액을 비교하여 계산한다는 것이다.

수익 − 비용 = 당기순손익

거래접근법에 의하면 일정기간 동안 발생한 수익과 비용의 비교로 순자산접근법에서는 알 수 없는 당기순손익의 발생내역 및 그 산출과정을 명확히 하는

장점이 있으나, 수익 · 비용의 대응으로 발생하는 임의적 배분 등의 문제가 있을 수 있다. 거래접근법은 과거에는 손익법 또는 유도법이라고 하였으나, 최근에는 수익비용접근법(revenue and expense approach)이라는 용어로 표현되고 있다.

이와 같이 당기순손익은 재무상태표에 의한 순자산접근법과 포괄손익계산서에 의한 거래접근법의 어느 방법에 의해서도 산출될 수 있으나, 두 방법에 의해 산출되는 당기순손익의 금액은 일치되어야 한다. 따라서 기중에 자본거래에 의한 추가적인 자본의 증감이 없다면 다음과 같은 식이 성립하게 된다.

기말자본 − 기초자본 = 수익 − 비용 = 당기순손익

순자산접근법에 의한 당기순손익과 거래접근법에 의한 당기순손익의 금액이 일치한다는 것은 회계원리의 이해에 있어 아주 중요한 의미를 가진다. 그런데 회계실무상으로는 먼저 거래접근법에 의해 당기순손익을 포괄손익계산서에서 산출하고, 다음에 재무상태표에서 포괄손익계산서상의 당기순손익이 재무상태표상의 당기순손익과 일치하는지를 확인함으로써 재무상태표상의 당기순손익이 제대로 계산되었는지 알 수 있다. 이에 대해서는 제2부의 결산과정에서 상세히 설명하기로 한다.

예제 3-2 다음 공란에 적당한 금액을 기입하시오.

구분	기말자산	기말부채	기말자본	기초자본	수 익	비 용	당기순이익
1	10,000		8,000	6,500	11,000		
2		3,000	6,000			7,000	1,000
3	15,000	5,000			16,000	17,000	
4	16,000			9,000	13,000	10,000	

[해답]

구분	기말자산	기말부채	기말자본	기초자본	수 익	비 용	당기순이익
1	10,000	**2,000**	8,000	6,500	11,000	**9,500**	**1,500**
2	**9,000**	3,000	6,000	**5,000**	**8,000**	7,000	1,000
3	15,000	5,000	**10,000**	**11,000**	16,000	17,000	**−1,000**
4	16,000	**4,000**	**12,000**	9,000	13,000	10,000	**3,000**

3. 포괄손익계산서의 구조와 양식

포괄손익계산서는 수익 · 비용 · 순이익의 세 가지 요소로 구성된다. [그림 3-3]는 포괄손익계산서의 기본구조를 나타낸 것으로 수익 − 비용 = 순이익의 등식이 성립함을 보여주고 있다. 여기서 비용이 수익보다 많을 경우에는 순손실이 발생하게 된다.

그림 3-3
포괄손익계산서의 기본구조

차 변	대 변
비 용	수 익
순이익	

포괄손익계산서는 회계등식과 직접적인 관련이 없이 작성되는데, 앞에서 살펴 본 거래접근법에 따라 수익에서 비용을 차감하여 당기순손익을 산출하게 된다. 그러나 기타포괄손익이 포함되어 있는 경우에는 이를 가감하여 다음과 같이 당기총포괄손익을 산출하게 된다.

(수익 − 비용)(= 당기순손익) ± 기타포괄손익 = 당기총포괄손익

포괄손익계산서의 양식도 재무상태표와 마찬가지로 계정식과 보고식이 있다. 계정식은 앞의 간단한 예에서 살펴본 바와 같이 계정형식을 사용하여 왼쪽(차변)에 비용, 오른쪽(대변)에 수익으로 구분하여 그 차액을 당기총포괄손익으로 표시하는 방법이다. 이에 비해 보고식은 수익을 먼저 열거하고 이어서 비용을 차감하면서 당기총포괄손익에 도달하는 과정을 나타내는 방법이다. 일반적으로 포괄손익계산서는 보고식으로 작성한다.

포괄손익계산서에는 회사명과 금액단위를 나타냄과 동시에 일정기간을 나타내는 기간표시가 있어야 한다. 또한 재무상태표와 마찬가지로 금액란은 당기금액과 전기 금액을 비교할 수 있도록 비교식으로 표시하여야 한다.

그런데 한국채택국제회계기준에서는 포괄손익계산서를 다음의 두 가지 방법 중 하나를 선택하여 표시할 수 있도록 하고 있다.

① 단일 포괄손익계산서

포괄손익계산서

수　　익	×××
비　　용	(×××)
당기순손익	×××
기타포괄손익	×××
총포괄손익	×××

② 두 개의 보고서(당기순손익과 총포괄손익을 분리하는 방법)

손익계산서

수　익	×××
비　용	(×××)
당기순손익	×××

포괄손익계산서

당기순손익	×××
기타포괄손익	×××
총포괄손익	×××

이 중에서 단일 포괄손익계산서의 양식(보고식)을 중요한 항목만을 나타내어 예시하면 〈표 3-2〉와 같다.

표 3-2
포괄손익계산서(보고식)

포괄손익계산서

당기 20××년 ×월 ×일부터 20××년 ×월 ×일까지
회사명　전기 20××년 ×월 ×일부터 20××년 ×월 ×일까지　(단위 : 백만원)

과　목	금　액	
	당　기	전　기
1. 매출액	900	800
2. 매출원가	(300)	(250)
3. **매출총이익**(1 - 2)	600	550
4. 판매비와 관리비	(200)	(200)
5. **영업이익**(3 - 4)	400	350
6. 영업외수익	100	150
7. 영업외비용	(200)	(250)
8. **법인세비용차감전순손익**(5 + 6 - 7)	300	250
9. 법인세비용	(50)	(50)
10. **당기순손익**(8 - 9)	250	200
11. 기타포괄손익	50	50
12. **총포괄손익**(10 ± 11)	300	250

예시된 보고식 포괄손익계산서의 양식에서 보는 바와 같이, 포괄손익계산서에는 다섯 가지의 손익 개념이 나타난다. 이 다섯 가지란 굵은 글씨로 표시된 매출총이익, 영업이익, 법인세비용차감전순손익, 당기순손익, 총포괄손익을 말한다. 이와 같이 포괄손익계산서의 손익을 몇 단계로 구분하여 순차적으로 기재한 것을 구분식 포괄손익계산서라 한다. 이와 같이 손익을 구분 표시하는 것은 각 손익마다 정보이용자에 유용한 정보를 제공하기 때문이다.

여기서 비용을 〈표 3-2〉와 같이 매출원가, 판매비와 관리비, 영업외비용 등으로 구분하는 것을 기능별 분류라 한다. 이와는 달리 비용을 기능별로 분류하지 않고 통합하여 표시하는 것을 성격별 분류라 한다. 한국채택국제회계기준에서는 이러한 비용의 기능별 또는 성격별 분류방법 중에서 신뢰성 있고 더욱 목적적합한 정보를 제공할 수 있는 방법을 선택하여 적용하도록 하고 있다.

표 3-3
비용의 성격별분류와 기능별분류의 비교

성격별비용법			기능별비용법	
수익		×	수익	×
기타 수익		×	매출원가	(×)
제품과 재공품의 변동	×		매출총이익	×
원재료와 소모품의 사용액	×		기타수익	×
종업원급여비용	×		물류원가	(×)
감가상각비외 가타 상각비	×		관리비용	(×)
기타 비용	×		기타 비용	(×)
총비용		(×)	법인세비용차감전순이익	×
법인세비용차감전순이익		×		

그런데 한국채택국제회계기준에서는 사용해야 할 포괄손익계산서의 양식이나 항목 및 배열순서 등을 정하지 않고, 다음과 같은 포괄손익계산서에 구분하여 표시하여야 할 최소한의 항목만을 규정하고 있다.

① 수익(매출)

② 금융원가(이자비용)

③ 법인세비용

④ 당기순손익

⑤ 기타포괄손익의 각 구성요소

⑥ 총포괄손익 등

따라서 예시된 포괄손익계산서와 달리 작성하더라도 상기 최소한의 항목들만 포함되면 되지만, 앞으로 본서에서는 〈표 3-2〉와 같이 손익을 다섯 단계로 구분한 포괄손익계산서의 양식을 사용하여 설명하도록 한다.

4. 포괄손익계산서의 구성요소

포괄손익계산서는 기본적으로 수익 · 비용 · 기타포괄손익의 세 가지 기본요소로 구성된다. 여기에서는 이들의 정의나 종류에 대해 간단히 살펴보기로 한다.

(1) 수익

수익(revenues)이란 기업이 일정기간 동안 고객에게 제공한 재화나 용역을 화폐액으로 표시한 것을 말한다. 이는 기업이 일정기간 동안 경영활동을 통해 벌어들인 자원의 총액을 말하며, 자산의 증가 또는 부채의 감소를 가져오면서 자본을 증가시키게 된다. 포괄손익계산서의 구분표시에서 수익으로는 매출액과 영업외 수익이 있다.

Ⅰ. 매출액 : 기업의 주된 영업활동에서 발생한 제품, 상품, 용역 등의 총매출액에서 매출할인, 매출환입, 매출에누리 등을 차감한 금액

II. 영업외수익 : 기업의 주된 영업활동이 아닌 활동으로부터 발생한 수익과 차익

이자수익 : 받을어음, 대여금, 채권 등에 대한 수입이자

배당금수익 : 주식에 대한 배당금수익

임대료 : 건물 임대 등에 대한 임대수익

당기손익인식금융자산평가이익 : 당기손익인식금융자산의 시가평가로 인한 이익

유형자산처분이익 : 토지, 건물 등 유형자산의 처분으로 인한 이익

(2) 비용

비용(expenses)이란 기업이 일정기간 동안 수익을 얻기 위하여 소비 또는 지출한 재화나 용역을 화폐액으로 표시한 것을 말한다. 이는 기업이 일정기간 동안의 경영활동과 관련하여 지출한 돈과 소멸한 자원의 총액을 말하며, 자산의 감소 또는 부채의 증가를 가져오면서 자본을 감소시키게 된다. 포괄손익계산서의 구분표시에서 비용으로는 매출원가, 판매비와 관리비, 영업외비용, 법인세비용이 있다.

I. 매출원가 : 제품, 상품 등의 매출액에 대응되는 원가로서 판매된 제품이나 상품 등에 대한 제조원가 또는 매입원가

II. 판매비와 관리비 : 제품, 상품, 용역 등의 판매활동과 기업의 일반관리활동에서 발생하는 비용으로서 매출원가에 속하지 아니하는 모든 영업비용

급여

복리후생비

접대비

광고선전비

대손상각비 : 매출채권의 회수불능액 추정에 의한 상각액

감가상각비 : 유형자산의 소멸 추정에 의한 상각액

Ⅲ. 영업외비용 : 기업의 주된 영업활동이 아닌 활동으로부터 발생한 비용과 차손

금융비용 : 지급어음, 차입금, 채권 등에서 발생한 지급이자

당기손익인식금융자산평가손실 : 당기손익인식금융자산의 시가평가로 인한 손실

유형자산처분손실 : 토지, 건물 등 유형자산의 처분으로 인한 손실

Ⅳ. 법인세비용

(3) 기타포괄손익

총포괄손익(comprehensive income)은 일정기간 동안 주주와의 자본거래를 제외한 모든 거래나 사건에서 발생한 순자산의 변동을 의미한다. 이러한 순자산의 변동 중 포괄손익계산서상의 당기순손익에 포함되지 않는 항목을 기타포괄손익이라 한다.

즉,

총포괄손익 = 당기순손익 ± 기타포괄손익

이러한 기타포괄손익으로는 재평가잉여금, 기타포괄손익인식금융자산평가손익, 외화재무제표환산손익, 파생금융상품평가손익 등이 있다.

5. 포괄손익계산서의 작성 시 유의점

일정기간의 경영성과를 나타내는 포괄손익계산서는 재무상태표와 함께 기업의 대표적인 재무제표 중의 하나이다. 이러한 포괄손익계산서의 작성과 관련하여 유의하여야 할 점은 다음과 같다.

(1) 수익 · 비용의 발생주의 및 수익의 실현주의

모든 수익과 비용은 그것이 발생한 기간에 정당하게 배분되도록 처리하여야 한다. 다만, 수익은 실현시기를 기준으로 계상하고 미실현수익은 당기순손익에는 포함되지 않고 기타포괄손익으로 계상한다. 이는 앞에서 설명한 바와 같이 비용은 발생주의에 따라, 수익은 실현주의에 따라 인식한다는 원칙으로 손익계산에 있어 중요한 의미를 가진다.

(2) 수익 · 비용의 대응표시

수익과 비용은 그 발생원천에 따라 명확하게 분류하고, 각 수익 항목과 이에 관련되는 비용 항목을 대응 표시하여야 한다. 이는 앞에서 설명한 계속기업의 공준에 의해 기간손익계산을 하게 된 결과 자명한 것으로 일정 기간에 발생된 수익과 비용을 대응시켜 손익계산을 한다는 원칙이다.

(3) 수익 · 비용의 총액표시

수익과 비용은 총액에 의하여 기재함을 원칙으로 하고, 수익 항목과 비용 항목을 직접 상계함으로써 그 전부 또는 일부를 포괄손익계산서에서 제외하여서는 아니 된다. 예컨대 은행예금으로부터의 수입이자와 은행차입금에 의한 지급이자를 서로 상계하여 그 차액만을 포괄손익계산서에 수익 또는 비용으로 계상해서는 안 된다는 것이다.

제3절 기타 재무제표

1. 자본변동표

자본변동표(statement of changes in owner' s equity)는 일정기간 동안 발생한

소유주지분, 즉 자본의 변동을 나타내는 재무보고서이다. 따라서 자본변동표에는 자본을 구성하는 자본금, 자본잉여금, 자본조정, 기타포괄손익누계액, 이익잉여금의 변동을 나타내게 된다. 자본변동표의 양식을 예시하면 〈표 3-4〉와 같다.

표 3-4
자본변동표

자본변동표

당기 20××년 ×월 ×일부터 20××년 ×월 ×일까지

회사명 전기 20××년 ×월 ×일부터 20××년 ×월 ×일까지 (단위 : 원)

구 분	자본금	자본 잉여금	자본 조정	기타포괄 손익누계액	이익 잉여금	총 계
20××. ×. ×(보고금액)	×××	×××	×××	×××	×××	×××
회계정책변경누적효과					(×××)	(×××)
전기오류수정					(×××)	(×××)
수정후 이익잉여금					×××	×××
연차배당					(×××)	(×××)
처분후 이익잉여금					×××	×××
중간배당					(×××)	(×××)
유상증자(감자)	×××	×××				×××
당기순이익(손실)					×××	×××
자기주식 취득			(×××)			(×××)
외화재무제표환산손익				(×××)		(×××)
20××. ×.	×××	×××	×××	×××	×××	×××
20××. ×. ×(보고금액)	×××	×××	×××	×××	×××	×××
회계정책변경누적효과					(×××)	(×××)
전기오류수정					(×××)	(×××)
수정후 이익잉여금					×××	×××
연차배당					(×××)	(×××)
처분후 이익잉여금					×××	×××
중간배당					(×××)	(×××)
유상증자(감자)	×××	×××				
당기순이익(손실)					×××	×××
자기주식 취득			(×××)			(×××)
기타포괄손익인식금융자산평가손익						
20××. ×. ×	×××	×××	×××	×××	×××	×××

2. 현금흐름표

현금흐름표(statement of cash flows)는 일정기간 동안 기업의 현금흐름, 즉 현금의 유입(원천)과 유출(사용)을 나타내는 회계보고서이다. 기업과 이해관계를 가지고 있는 정보이용자들은 기업에 관한 여러 가지 재무정보를 필요로 한다. 재무제표 중 재무상태표와 포괄손익계산서는 기업의 재무상태와 경영성과에 대한 중요한 정보를 제공하고 있으나, 기업활동에 있어 가장 중요한 현금흐름의 변동상황과 발생원인을 직접적이고 상세히 설명하지는 못한다. 현금흐름표는 이러한 현금흐름의 변동상황과 발생원인을 설명할 목적으로 작성된다.

현금흐름표는 기업의 활동을 크게 세 부문으로 나누어 각 부문별 현금의 유입과 유출을 나타내게 된다. 영업활동으로 인한 현금흐름에서는 기업의 주된 영업활동인 재화와 용역의 판매활동으로 인한 현금유입액과 원재료나 상품의 구입과 기타 영업비용에 대한 현금유출액을 나타낸다. 투자활동으로 인한 현금흐름에서는 유가증권, 유형자산 등의 처분 또는 대여금의 회수 등으로 인한 현금유입액과 유가증권, 유형자산 등의 취득 또는 자금의 대여 등으로 인한 현금유출액을 나타낸다. 재무활동으로 인한 현금흐름에서는 현금의 차입이나 유상증자로 인한 현금유입액과 차입금의 상환이나 배당금의 지급 등으로 인한 현금유출액을 나타낸다.

현행의 회계시스템에서는 현금흐름표는 모든 거래를 개별적으로 분석하여 작성하지 않고, 이미 작성된 재무상태표와 포괄손익계산서 및 기타의 추가적인 정보를 이용하여 작성한다. 현금흐름표의 작성방법으로는 T-계정이용법과 정산표이용법이 있다. T-계정이용법은 계정과목의 수가 많지 않고 거래의 빈도가 낮은 경우에 사용되는 방법이고, 정산표이용법은 계정과목의 수가 많거나 거래의 빈도가 높고 복잡한 경우에 사용한다. 실무에서는 주로 정산표이용법을 사용하고 있다. 이 중 영업활동으로 인한 현금흐름의 작성방법으로는 직접법과 간접법이 있는데 이러한 직접법과 간접법에 의한 현금흐름표의 양식을 예시하면 〈표 3-5〉, 〈표 3-6〉과 같다.

표 3-5
현금흐름표(직접법)

현금흐름표(직접법)

당기 20××년 ×월 ×일부터 20××년 ×월 ×일까지
회사명 전기 20××년 ×월 ×일부터 20××년 ×월 ×일까지 (단위 : 원)

과 목	금 액			
	당 기		전 기	
영업활동으로 인한 현금흐름		×××		×××
영업활동으로 인한 현금유입액	×××		×××	
영업활동으로 인한 현금유출액	×××		×××	
투자활동으로 인한 현금흐름		×××		×××
투자활동으로 인한 현금유입액	×××		×××	
투자활동으로 인한 현금유출액	×××		×××	
재무활동으로 인한 현금흐름		×××		×××
재무활동으로 인한 현금유입액	×××		×××	
재무활동으로 인한 현금유출액	×××		×××	
현금의 증가(감소)		×××		×××
기초현금		×××		×××
기말현금		×××		×××

표 3-6
현금흐름표(간접법)

현금흐름표(간접법)

당기 20××년 ×월 ×일부터 20××년 ×월 ×일까지
회사명 전기 20××년 ×월 ×일부터 20××년 ×월 ×일까지 (단위 : 원)

과 목	금 액			
	당 기		전 기	
영업활동으로 인한 현금흐름		×××		×××
당기순이익	×××		×××	
현금의 유출이 없는 비용 등의 가산	×××		×××	
현금의 유입이 없는 수익 등의 차감	×××		×××	
영업활동으로 인한 자산, 부채의 변동	×××		×××	
투자활동으로 인한 현금흐름		×××		×××
투자활동으로 인한 현금유입액	×××		×××	
투자활동으로 인한 현금유출액	×××		×××	
재무활동으로 인한 현금흐름		×××		×××
재무활동으로 인한 현금유입액	×××		×××	
재무활동으로 인한 현금유출액	×××		×××	
현금의 증가(감소)		×××		×××
기초현금		×××		×××
기말현금		×××		×××

3. 주석

주석(footnotes)은 재무제표 본문의 정보에 추가하여 재무제표의 전반적인 이해를 위하여 필요한 정보를 제공하는 것으로 다음의 사항을 포함한다.

① 재무제표의 작성근거와 기업이 사용한 구체적인 회계정책에 대한 정보
② 한국채택국제회계기준에서 요구하는 정보이지만 재무제표 어느 곳에도 표시되지 않은 정보
③ 재무제표 어느 곳에도 표시되지 않지만 재무제표를 이해하는데 목적적 합한 정보

주석은 재무제표 이용자가 재무제표를 이해하고 다른 기업의 재무제표와 비교하는데 도움을 줄 수 있도록 일반적으로 다음의 순서로 표시한다.

① 한국채택국제회계기준을 준수하였다는 사실
② 적용한 유의적인 회계정책의 요약
③ 재무상태표, 포괄손익계산서, 별개의 손익계산서(표시하는 경우), 자본변동표 및 현금흐름표에 표시된 항목에 대한 보충정보. 재무제표의 배열 및 각 재무제표에 표시된 개별 항목의 순서에 따라 표시한다.
④ 다음을 포함한 기타 공시
　㉠ 우발채무와 재무제표에서 인식하지 아니한 계약상 약정사항
　㉡ 비재무적 공시항목, 예를 들어 기업의 재무위험관리목적과 정책

이러한 주석은 재무제표 이용자의 이해와 편의를 도모하기 위하여 다음과 같은 방법으로 체계적으로 작성하여야 한다.

① 재무제표상의 개별항목에 대한 주석정보는 해당 개별항목에 기호를 붙이고 별지에 동일한 기호를 표시하여 그 내용을 설명한다.
② 하나의 주석이 재무제표상의 둘 이상의 개별항목과 관련된 경우에는 해당 개별항목 모두에 주석의 기호를 표시하고, 하나의 주석에 포함된 정보가 다른 주석과 관련된 경우에도 주석 모두에 관련된 주석의 기호를 표시한다.

4. 이익잉여금처분계산서

이익잉여금처분계산서(또는 결손금처리계산서)는 이익잉여금의 처분사항(또는 결손금의 처리사항)을 나타내는 표이다. 이익잉여금이란 영업활동이나 재무활동 등 기업의 이익창출활동에 의해 획득된 이익으로서 기업 외부로 유출되

지 않고 기업 내부에 유보되어 있는 금액을 말한다. 이런 의미에서 이를 유보이익(retained earnings)이라고도 한다.

이익잉여금처분계산서에서는 전기로부터 이월된 이익잉여금과 당기에 발생한 이익이 어떻게 처분되었는지를 나타낸 뒤, 다음 회계기간으로 이월될 이익잉여금의 금액을 확정하게 된다. 따라서 이익잉여금처분계산서는 미처분이익잉여금, 임의적립금 등의 이입액, 이익잉여금처분액, 차기이월미처분이익잉여금으로 구분하여 표시한다. 이익잉여금처분계산서의 양식을 예시하면 〈표 3-7〉과 같다.

표 3-7
이익잉여금처분계산서

이익잉여금처분계산서

당 기	20××년 ×월 ×일부터 20××년 ×월 ×일까지	전 기	20××년 ×월 ×일부터 20××년 ×월 ×일까지
처분예정일	20××년 ×월 ×일	처분확정일	20××년 ×월 ×일

회사명 (단위 : 원)

과 목	금 액			
	당 기		전 기	
I. 미처분이익잉여금		×××		×××
1. 전기이월미처분이익잉여금	×××		×××	
2. 회계정책변경누적효과	×××		×××	
3. 전기오류수정	×××		×××	
4. 당기순이익	×××		×××	
II. 임의적립금 등의 이입액		×××		×××
1. 사업확장적립금	×××		×××	
2. 배당평균적립금	×××		×××	
합 계		×××		×××
III. 이익잉여금처분액		×××		×××
1. 이익준비금	×××		×××	
2. 기타법정적립금	×××		×××	
3. 배 당 금	×××		×××	
4. 감채적립금	×××		×××	
IV. 차기이월미처분이익잉여금		×××		×××

한국채택국제회계기준에서 이러한 이익잉여금처분계산서(또는 결손금처리계산서)는 상법 등에서 그 작성을 요구하는 경우에 재무상태표의 이익잉여금에 대한 보충정보로서 주석으로 공시하도록 하고 있다.

연습문제 객관식

3-1 다음 중 한국채택국제회계기준에서 규정하고 있는 기본적인 재무제표가 아닌 것은?

① 재무상태표 ② 포괄손익계산서 ③ 이익잉여금처분계산서 ④ 현금흐름표

3-2 다음의 재무상태표와 포괄손익계산서의 작성기준에 대한 설명 중 틀린 것은?

① 자산과 부채는 유동성배열법에 따르며, 유동성이 높은 것부터 배열할 수 있다.

② 잉여금은 발생원천에 따라 자본잉여금과 이익잉여금으로 구분하여 표시한다.

③ 포괄손익계산서에 수익은 원칙적으로 실현주의에 따라 인식한다.

④ 포괄손익계산서에 비용은 관련된 수익을 인식하였을 때만 비용으로 인식한다.

3-3 다음 중 재무상태표에 나타나지 않는 계정과목은?

① 자기주식처분이익 ② 주식발행초과금 ③ 선급비용 ④ 유형자산처분손실

3-4 다음 계정과목 중 그 분류가 다른 것은?

① 미지급배당금 ② 매출 ③ 받을어음 ④ 자본잉여금

3-5 현행 한국채택국제회계기준에서 재무제표의 작성과 표시에 관한 설명으로 틀린 것은?

① 국제회계기준을 준수하여 재무제표를 작성한 경우, 공정하게 표시된 것으로 간주한다.

② 재무제표의 구성요소는 원칙적으로 유사 또는 관련된 항목은 상계가능하다.

③ 재무제표 본문에는 구성요소의 중요성에 따라 통합 또는 구분표시가 가능하다.

④ 경영자는 재무제표 작성에 있어 계속기업으로 존속가능성을 평가하고 발생주의 기준에 따라서 작성한다.

3-6 다음 중 비용을 현금으로 지급하였으나 그 효과가 미래에 미치는 경우 사용하는 계정과목은?

① 가지급금 ② 선급비용 ③ 미결산 ④ 미수수익

3-7 다음 중 현금지급이 실제로 이루어졌으나 계정과목이나 금액이 확정되지 않아 사용하는 계정과목은?

① 가지급금 ② 선급비용 ③ 미결산 ④ 미수수익

연습문제 주관식

3-1 재무제표의 종류에 대해 설명하시오.

3-2 재무상태표와 포괄손익계산서의 의의에 대해 설명하시오.

3-3 재무상태표와 포괄손익계산서의 구조와 양식에 대해 설명하시오.

3-4 재무상태표의 구성요소인 자산, 부채, 자본에 대해 설명하시오.

3-5 포괄손익계산서의 구성요소인 수익과 비용에 대해 설명하시오.

3-6 당기순손익계산의 두 가지 방법에 대해 설명하시오.

3-7 재무상태표와 포괄손익계산서의 작성 시 유의점에 대해 설명하시오.

3-8 자본변동표에 대해 설명하시오.

3-9 현금흐름표에 대해 설명하시오.

3-10 주석에 대해 설명하시오.

3-11 다음 자료에 의하여 재무상태표를 작성하시오(A사, 20××년 12월 31일 현재).

현 금	₩100,000	유가증권	₩200,000	매출채권	₩300,000
재고자산	150,000	건 물	500,000	비 품	250,000
단기차입금	200,000	매입채무	300,000	미지급법인세	100,000
자 본 금	500,000	자본잉여금	100,000	이익잉여금	?

연습문제 주관식

3-12 다음 자료에 의하여 재무상태표를 작성하시오(B사, 20××년 12월 31일 현재).

현　　금	₩200,000	건　　물	₩600,000	장기차입금	₩500,000
외상매입금	200,000	비　　품	300,000	자 본 금	800,000
미지급금	100,000	대 여 금	150,000	받을어음	250,000
미 수 금	200,000	외상매출금	300,000	지급어음	150,000
이익잉여금	?				

3-13 (주)대한의 기말 재무상태가 다음과 같을 경우 기초의 자본금과 부채총액을 구하시오.

현　　금	₩50,000	지급어음	₩200,000	단기차입금	₩150,000
상　　품	450,000	받을어음	130,000	외상매입금	120,000
건　　물	500,000	외상매출금	150,000	장기차입금	300,000
토　　지	200,000	유가증권	160,000	당기순이익	100,000
자 본 금	각자 계산				

기초 자산총액 : ₩1,200,000

기중 증자액 : ₩200,000

3-14 다음 공란에 적당한 금액을 기입하시오.

구분	기말자산	기말부채	기말자본	기초자본	수 익	비 용	당기순이익
1	32,000			18,000	26,000	20,000	
2	20,000	10,000			8,000	10,000	
3		6,000	9,000			5,000	2,000
4	10,000		7,000	5,000	9,000		

연습문제 주관식

3-15 다음 자료에 의하여 포괄손익계산서를 작성하시오(A사, 20××년도).

매 출 액	₩900,000	보 험 료	₩20,000	임 대 료	₩30,000
급 여	150,000	광고선전비	30,000	감가상각비	100,000
매출원가	500,000	이자수익	200,000	이자비용	50,000
임 차 료	50,000	법인세비용	100,000	당기순이익	?

3-16 B사는 20××년 3월 1일 ₩1,000,000을 출자하여 영업을 개시하였다. 3월 31일 현재의 재무상태와 3월 한 달 동안의 수익과 비용은 다음과 같다. 건물과 비품은 3월 31일 취득하였다. 이 자료에 의하여 3월 31일 현재의 재무상태표와 3월의 포괄손익계산서를 작성하시오.

현 금	₩50,000	매 출 액	₩900,000	단기차입금	₩150,000
상 품	450,000	이자수익	20,000	이자비용	140,000
건 물	500,000	외상매출금	150,000	장기차입금	300,000
토 지	200,000	유가증권	160,000	지급어음	100,000
보 험 료	20,000	임 대 료	40,000	급 여	150,000
광고선전비	30,000	받을어음	130,000	외상매입금	120,000
임 차 료	50,000	비 품	100,000	매출원가	?

제2부

회계의 순환과정

회계의 순환과정(accounting cycle)이란 회계거래가 발생되어 재무제표가 작성되기까지의 일련의 과정을 말한다. 이러한 과정은 계속기업의 공준에 따라 매기 순환적으로 반복되게 된다. 회계의 순환과정은 크게 두 부분으로 구분되는데, 하나는 회계기간 중에 이루어지는 거래의 기록과정이고, 또 하나는 회계기간 말에 이루어지는 결산과정이다. 회계의 순환과정을 요약하면 다음과 같다.

회계의 순환과정

회계기간 중의 거래의 기록과정	분 개 ↓ 전 기
회계기간 말의 결산과정	시 산 표 ↓ 결산정리분개 ↓ 계정의 마감 ↓ 재무제표

4 장

거래의 기록

4 장

거래의 기록

제1절 거 래

1. 회계상의 거래

회계정보의 제공을 위해서는 무엇보다도 기업에서 발생되는 여러 경영활동 중에 장부에 기록해야 할 대상을 식별(identification)하는 것이 중요하다. 즉, 거래가 발생하면 어떤 거래를 장부에 기록하고 어떤 거래를 기록하지 말아야 할 것인가를 제일 먼저 결정하여야 하는 것이다.

회계상의 거래가 되기 위해서는 기업의 자산 · 부채 · 자본, 즉 재무상태에 변동을 가져오면서 동시에 그 변동의 크기를 금액으로 측정할 수 있어야 한다. 재무상태표의 요소는 자산 · 부채 · 자본이고, 재무상태표는 일정시점의 재무상태를 나타내므로, 회계상의 거래는 이들의 변동과 관련하여 나타나는 것이다. 그런데 포괄손익계산서의 요소인 수익과 비용의 발생도 궁극적으로는 자본의 변동을 가져오므로, 회계상의 거래에는 이들의 발생도 포함되어 있는 것이다.

따라서 자산 · 부채 · 자본에 변동을 가져오지 않거나 그 변동의 크기를 금액으로 측정할 수 없는 경우에는 장부에 기록할 필요가 없다. 일상생활에서 우리가 거래라고 하는 것은 대부분 회계상으로도 거래가 된다. 예컨대 현금을 주고받거나 상품을 매매하는 것은 일상생활에서도 거래라고 하며, 자산의 변동을 가져왔으므로 회계상으로도 거래가 된다.

그러나 상품의 주문, 토지 · 건물의 임대차계약 등은 일상생활에서는 거래라 하지만, 자산 · 부채 · 자본의 변동이 일어나지 않았으므로 회계상의 거래는 아니다. 반대로 상품이 화재나 도난을 당한 경우라든가 또는 건물 · 기계의 사용에 의한 가치의 감소 등은 일상생활에서는 거래라 하지 않지만, 자산의 감소를 가져왔으므로 회계상으로는 거래가 된다. 또한 현금을 분실하였거나 천재지변에 의한 재산의 피해가 있은 경우에도 일생생활에서는 거래가 아니지만 회계상으로는 거래이다.

2. 거래요소의 결합관계

이와 같이 회계상의 거래는 자산의 증가와 감소, 부채의 증가와 감소, 자본의 증가와 감소, 수익과 비용의 발생이라는 8가지 요소에 의해 이들이 서로 결합된 형태로 나타난다. 이를 거래의 8요소라 한다.

이들 거래요소들은 서로 결합하여 2개 이상의 대립된 형태로 나타나는데, 대립하는 양쪽은 서로 원인이 되고 결과가 되면서 양쪽에 같은 금액으로 변동한다. 앞에서 언급한 바와 같이 이를 거래의 이중성이라 한다.

예컨대 상품 ₩50,000을 현금으로 매입하였다고 하자. 그러면 상품이라는 자산이 ₩50,000 증가하고, 현금이라는 자산이 ₩50,000 감소하게 된다. 즉 이는 자산의 증가라는 거래요소와 자산의 감소라는 거래요소가 결합하여 나타난 것이다.

이러한 거래의 8요소의 결합관계를 그림으로 나타내면 다음과 같다.

〈거래의 8요소〉

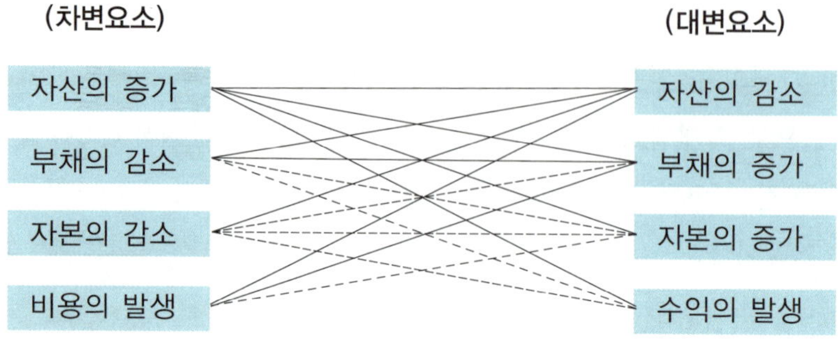

주 : 점선은 자주 발생하지 않는 거래임

여기서 거래는 위 그림의 차변요소와 대변요소가 결합하여 발생하지, 차변요소끼리 또는 대변요소끼리는 절대 결합하지 않는다. 예컨대 자산의 증가와 부채나 자본의 감소가 동시에 발생한다든지, 수익의 발생이 자산의 감소나 부채의 증가를 일으키는 경우는 없다는 것이다. 또한 거래는 양쪽의 한 요소끼리 결합할 수도 있고, 한쪽의 한 요소와 다른 쪽의 두 요소 또는 그 이상의 요소가 결합할 수도 있다. 회계에서의 모든 거래는 이와 같은 대립관계로 분해할 수 있다.

제2절 분 개

분개(journalizing)란 거래를 왼쪽(차변)과 오른쪽(대변)으로 나누어 장부에 기입하는 것이다. 분개를 하기 위해서는 계정과목과 금액을 결정하고, 계정의 차변에 기입할 것인가 또는 대변에 기입할 것인가를 결정하여야 한다.

분개는 회계측정이라고도 할 수 있는 것으로, 회계의 순환과정에서 맨 처음 단계이다. 분개가 이루어지면 원장기입인 전기가 이루어지고, 시산표가 작성되며, 최종적으로 재무제표가 작성되게 된다. 만약 분개가 잘못 이루어지면 그 다음 과정은 모두 잘못되어 최종적인 재무제표도 잘못 작성되게 되는 것이다. 따라서 분개는 적절한 계정과목과 금액으로 정확히 이루어져야 한다.

회계원리의 학습에서 분개는 아주 중요한 의미를 가진다. 이는 하루아침에 해결되는 것이 아니고, 기업의 모든 경제활동이 이루어지면 분개를 어떻게 할 것인가를 항상 염두에 두면서 차근차근 풀어나가야 할 것이다. 특히 제3부 계정과목별 회계처리에서는 분개를 어떻게 할 것인가에 초점을 맞춰 학습이 이루어져야 할 것이다.

오늘날에는 거의 대부분의 기업에서 전산화된 회계시스템이 운용되기 때문에, 거래를 올바른 계정과목으로 정확히 분개하는 것이 매우 중요하다. 왜냐하면 분개된 자료를 입력한 후에는 대부분의 회계처리과정이 전산시스템에 의해 자동적으로 처리되기 때문에 최초의 입력자료가 정확하지 않으면 최후의 출력자료에 오류가 발생되기 때문이다.

또한 분개 이후 재무제표의 작성까지는 전산시스템에 의해 기계적으로 이루어지지만, 분개만은 인간이 하여야 하고, 특히 회계전문가의 손에 의해 이루어지기 때문에 회계원리의 학습에서 분개의 중요성은 아무리 강조해도 지나침이 없을 것이다.

분개는 거래를 계정에 기입하기 전의 준비단계로서 어느 계정을 차변에 두고, 어느 계정을 대변에 두어야 할 것인지를 결정하여야 한다. 이는 거래의 8요소의 결합관계에서 본 바와 같은 원칙에 따라 이루어져야 한다. 이를 분개의 원칙이라 한다.

분개의 원칙

차 변	대 변
자산의 증가	자산의 감소
부채의 감소	부채의 증가
자본의 감소	자본의 증가
비용의 발생	비용의 소멸(감소)
수익의 소멸(감소)	수익의 발생

이제 서비스업에 대한 간단한 거래의 예를 들어 분개를 연습해 보기로 한다. 서비스업에는 상품이 존재하지 않기 때문에 매출원가의 산정이라는 어려운 과정이 필요 없다. 따라서 회계처리가 그만큼 단순하다고 할 수 있다. 상기업에 대한 회계처리는 다음에 다루기로 한다. 여기서 분개의 좌측을 차변(debtor, debit, Dr.)이라 하고, 우측을 대변(creditor, credit, Cr.)이라 하는데, 약자로 차변은 (차), 대변은 (대)로 표시하기로 한다.

예제 4-1 (주)한국서비스의 1월 한 달 동안의 거래를 분개하시오.

1월 1일 현금 ₩1,000,000을 출자하여 개업하다.
2일 현금 ₩500,000을 지급하고 건물을 취득하다.
3일 비품을 ₩200,000에 현금으로 매입하다.
5일 용역을 제공하고 현금 ₩300,000을 받다.
10일 은행으로부터 현금 ₩500,000을 단기간 차입하다.
13일 광고선전비 ₩100,000이 발생하였으나 대금은 나중에 지급하기로 하다.
15일 용역을 제공하고 대가 ₩500,000은 나중에 받기로 하다.
20일 현금 ₩200,000을 단기간 대여하다.
25일 급여 ₩200,000과 전기료 ₩50,000을 현금으로 지급하다.
28일 대여금에 대한 이자 ₩20,000을 현금으로 받다.

30일 용역을 제공하고 미회수한 대금 중 ₩200,000을 현금으로 받다.

31일 은행으로부터 차입한 금액 중 ₩300,000을 현금으로 상환하고, 이자 ₩30,000을 현금으로 지급하다.

[해답]

1월 1일	(차)	현 금	1,000,000	(대)	자 본 금	1,000,000
2일	(차)	건 물	500,000	(대)	현 금	500,000
3일	(차)	비 품	200,000	(대)	현 금	200,000
5일	(차)	현 금	300,000	(대)	매 출	300,000
10일	(차)	현 금	500,000	(대)	단기차입금	500,000
13일	(차)	광고선전비	100,000	(대)	미지급비용	100,000
15일	(차)	외상매출금	500,000	(대)	매 출	500,000
20일	(차)	단기대여금	200,000	(대)	현 금	200,000
25일	(차)	급 여	200,000	(대)	현 금	250,000
		전 기 료	50,000			
28일	(차)	현 금	20,000	(대)	이자수익	20,000
30일	(차)	현 금	200,000	(대)	외상매출금	200,000
31일	(차)	단기차입금	300,000	(대)	현 금	330,000
		이자비용	30,000			

여기서 분개를 하기 위해서는 계정과목의 명칭을 결정하여야 한다. 이러한 계정과목은 회계 전문용어로서 회계원리를 처음 공부하는 입장에서는 어려움이 있을 줄 안다. 그러나 계정을 적절히 나타낼 수 있는 기술적인 용어를 이해하면 기본적인 계정과목의 명칭은 쉽게 습득할 수 있을 것이다.

분개를 하게 되면 분개장(journal)에 기록해야 하는데, 위 예제의 거래에 따라 분개장을 작성하면 다음과 같다. 여기에는 거래의 발생순서에 따라 거래의 발생일자, 계정과목, 차변 및 대변의 금액을 기입하고, 거래내용을 간략히 기술한다. 원면은 원장의 계정번호를 말하는 것으로, 분개장의 기록과 원장의 기록을 대조해야 할 때를 대비하여 분개장에 원장의 계정번호를 기록한다. 원장에 대해서는 절을 바꾸어 설명하기로 한다.

분 개 장

(주)한국서비스 1

일 자	적 요	원 면	차 변	대 변
1월 1일	(현　　금)	1	1,000,000	
	(자 본 금)	8		1,000,000
	현금을 출자하여 개업			
2일	(건　　물)	4	500,000	
	(현　　금)	1		500,000
	건물 취득			
3일	(비　　품)	5	200,000	
	(현　　금)	1		200,000
	비품 취득			
5일	(현　　금)	1	300,000	
	(매　　출)	9		300,000
	용역 제공			
10일	(현　　금)	1	500,000	
	(단기차입금)	6		500,000
	은행으로부터 단기차입			
13일	(광고선전비)	13	100,000	
	(미지급비용)	7		100,000
	광고선전비 외상			
15일	(외상매출금)	2	500,000	
	(매　　출)	9		500,000
	외상으로 용역 제공			
20일	(단기대여금)	3	200,000	
	(현　　금)	1		200,000
	현금을 단기간 대여			
25일	제　좌			
	(급　　여)	11	200,000	
	(전 기 료)	12	50,000	
	(현　　금)	1		250,000
	급여와 전기료 지급			
28일	(현　　금)	1	20,000	
	(이자수익)	10		20,000
	대여금 이자 수입			
30일	(현　　금)	1	200,000	
	(외상매출금)	2		200,000
	외상매출금 회수			

분 개 장

(주)한국서비스 1

일 자	적 요	원 면	차 변	대 변
31일	제 좌			
	(단기차입금)	6	300,000	
	(이자비용)	14	30,000	
	(현 금)	1		330,000
	차입금 상환과 이자 지급			
			4,100,000	4,100,000

제3절 전 기

분개장에 기입된 거래는 계정과목별로 원장에 옮겨 적게 된다. 이와 같이 거래를 분개장으로부터 원장으로 옮겨 적는 것을 전기(posting)라 한다. 원장은 계정과목별로 계정을 설정하여 작성되는데, 기업의 모든 계정을 포함한 장부를 총계정원장(general ledger: G/L)이라 한다.

이러한 계정에는 재무상태표계정인 자산계정, 부채계정, 자본계정과 포괄손익계산서계정인 수익계정, 비용계정이 있는데, 제3부에서는 이들 순서대로 각 계정의 회계처리에 대해 구체적으로 살펴볼 것이다.

분개장에서 원장으로의 전기 요령은 다음과 같다.

1. 분개장의 차변과 대변에 분개된 계정을 원장에서 찾는다.
2. 분개장의 차변 분개내용을 해당 계정의 차변에 옮겨 적는다. 예를 들어 '(차) 현금 1,000,000'이라는 분개내용을 전기하려면 현금계정의 차변에 금액 ₩1,000,000과 대변에 분개된 상대방 계정과목을 함께 기록한다. 즉

대변에 분개된 계정과목이 자본금이었다면 현금계정의 차변에 '자본금 1,000,000'으로 기록한다.

❸ 분개장의 대변 분개 내용을 해당 계정의 대변에 옮겨 적는다. 예를 들어 '(대) 자본금 1,000,000'이라는 분개내용을 전기하려면 자본금계정의 대변에 금액 ₩1,000,000과 차변에 분개된 상대방 계정과목을 함께 기록한다. 즉 차변에 분개된 계정과목이 현금이었다면 자본금계정의 대변에 '현금 1,000,000'으로 기록한다.

이상의 전기 요령에 따라 앞의 1월 1일자 분개된 내용을 계정에 전기하면 다음과 같다.

(1월 1일 분개 내용)

(차) 현 금 1,000,000 (대) 자 본 금 1,000,000

(전기)

현 금	
1/1 자본금 1,000,000	

자 본 금	
	1/1 현 금 1,000,000

그런데 앞의 1월 25일자의 거래와 같이 상대방 계정과목이 둘 이상이 될 때에는 다음과 같이 제좌(miscellaneous accounts)로 표시한다.

(1월 25일 분개 내용)

(차) 급 여 200,000 (대) 현 금 250,000
전 기 료 50,000

(전기)

급 여	
1/25 현 금 200,000	

현 금	
	1/25 제 좌 250,000

전 기 료

1/25 현 금 50,000	

계정의 형식에는 표준식(standard form)과 잔액식(balance form)이 있는데, 일반적으로는 표준식이 쓰인다. 표준식은 지면을 양쪽으로 나누어 왼쪽은 차변, 오른쪽은 대변으로 구분하는 것이다. 잔액식은 지면의 처음에 차변, 두 번째에 대변, 세 번째에 잔액의 난을 설치하는 것이다.

그런데 거래를 실제로 장부에 기입하는 것이 아니라 기장연습을 한다든지 부기의 원리를 설명하기 위해서는 위의 예에서 보는 약식 계정을 사용하는데, 이를 T-계정(T-account)이라 한다. 표준식 계정을 이용하여 앞의 분개된 내용을 각 계정에 전기하면 다음과 같다.

총계정원장

현 금 1

일자		적 요	분면	차 변	일자		적 요	분면	대 변
1	1	자본금	1	1,000,000	1	2	건 물	1	500,000
	5	매 출	1	300,000		3	비 품	1	200,000
	10	단기차입금	1	500,000		20	단기대여금	1	200,000
	28	이자수익	1	20,000		25	제 좌	1	250,000
	30	외상매출금	1	200,000		31	제 좌	1	330,000

외상매출금 2

일자		적 요	분면	차 변	일자		적 요	분면	대 변
1	15	매 출	1	500,000	1	30	현 금	1	200,000

단기대여금 3

일자		적 요	분면	차 변	일자		적 요	분면	대 변
1	20	현 금	1	200,000					

건 물 4

일자		적 요	분면	차 변	일자		적 요	분면	대 변
1	2	현 금	1	500,000					

비 품 5

일자		적 요	분면	차 변	일자		적 요	분면	대 변
1	3	현 금	1	200,000					

단기차입금 6

일자		적 요	분면	차 변	일자		적 요	분면	대 변
1	31	현 금	1	300,000	1	10	현 금	1	500,000

미지급비용 7

일자		적 요	분면	차 변	일자		적 요	분면	대 변
					1	13	광고선전비	1	100,000

자 본 금 8

일자		적 요	분면	차 변	일자		적 요	분면	대 변
					1	1	현 금	1	1,000,000

매 출 9

일자		적 요	분면	차 변	일자		적 요	분면	대 변
					1	5	현 금	1	300,000
						15	외상매출금	1	500,000

이자수익 10

일자		적 요	분면	차 변	일자		적 요	분면	대 변
					1	28	현 금	1	20,000

급 여 11

일자		적 요	분면	차 변	일자		적 요	분면	대 변
1	25	현 금	1	200,000					

전기료 12

일자		적 요	분면	차 변	일자		적 요	분면	대 변
1	25	현 금	1	50,000					

광고선전비 13

일자		적 요	분면	차 변	일자		적 요	분면	대 변
1	13	미지급비용	1	100,000					

이자비용 14

일자		적 요	분면	차 변	일자		적 요	분면	대 변
1	31	현 금	1	30,000					

연습문제 객관식

다음 거래 중 회계상 거래에 해당되면 O, 회계상 거래가 아니면 X를 표시하시오.

4-1 사무실 임차계약을 체결하고 임차료는 매월말에 지급하기로 약정하였다.

4-2 상품 ₩500,000을 매입하여 인도받았는데 대금을 지급하지 않았다.

4-3 월 급여 ₩300,000을 주기로 약정하고 종업원을 채용하였다.

4-4 은행에서 현금 ₩1,000,000을 차입하였다. 이자는 1년 후에 지급한다.

4-5 고객으로부터 ₩200,000 상당의 복사용역 주문을 받았다.

4-6 영업활동을 하면서 ₩50,000의 소모품을 소비하였다.

4-7 보험료 1년분 ₩250,000을 전액 현금으로 미리 지급하였다.

4-8 ₩600,000의 상품을 매입하기 위하여 주문서를 우편으로 보냈다.

4-9 이번 달의 사무실 전기료가 ₩50,000이라는 통지서를 받았다.

4-10 월말이 되어 종업원 급여를 줘야 하는데 자금부족으로 지급하지 못하다.

연습문제 주관식

4-1 회계의 순환과정에 대해 설명하시오.

4-2 회계상의 거래에 대해 설명하시오.

4-3 거래요소의 결합관계에 대해 설명하시오.

4-4 분개와 계정기입의 원칙에 대해 설명하시오.

4-5 다음 중 회계상의 거래에 해당하지 않는 것은?

(1) 점포를 집세 월 ₩100,000에 계약하고 빌리다.
(2) 월말에 집세 ₩100,000을 지급하다.
(3) 월급 ₩100,000을 주기로 하고 종업원을 채용하다.
(4) 상품 ₩100,000의 주문을 받다.
(5) 상품을 ₩100,000에 매입하고, 대금을 월말에 주기로 하다.
(6) 화재로 ₩100,000의 건물이 소실되다.
(7) 회사의 현금 ₩100,000을 도난당하다.
(8) 거래처가 파산하여 외상대금 ₩100,000을 받을 수 없게 되다.
(9) 종업원에게 출장여비 ₩100,000을 현금으로 지급하다.
(10) 기업주가 현금 ₩100,000을 증자하다.

4-6 다음 거래의 결합관계(자산의 증가 · 감소 등)를 표시하시오.

(1) 현금 ₩1,000,000을 출자하여 영업을 개시하다.
(2) 건물을 ₩500,000에 현금으로 구입하다.
(3) 비품을 ₩300,000에 현금으로 구입하다.
(4) 개업 광고를 하고 현금₩100,000을 지출하다.
(5) 현금 ₩300,000을 은행으로부터 단기간 차입하다.
(6) 청소용역을 제공하고 대금 ₩500,000은 외상으로 하다.
(7) 종업원 급여 ₩100,000을 현금으로 지급하다.

연습문제 주관식

(8) 단기차입금 중 ₩200,000을 이자 ₩10,000과 함께 현금으로 지급하다.
(9) 종업원의 출장여비 ₩10,000을 현금으로 지급하다.
(10) 청소용역 외상대금 중 ₩200,000을 현금으로 회수하다.

4-7 문제 6의 거래를 분개하고 각 계정에 전기하시오.

4-8 다음 거래를 분개하고 각 계정에 전기하시오.

(1) 현금 ₩400,000과 건물 ₩500,000을 출자하여 회계자문회사를 설립하다.
(2) 건물을 보험에 가입하고 보험료 ₩100,000을 현금으로 지급하다.
(3) 광고선전비 ₩50,000을 자기앞수표로 지급하다.
(4) 회계자문료 ₩200,000을 상대방이 발행한 당좌수표로 받다.
(5) 현금 ₩100,000을 타인에게 단기간 대여하다.
(6) 단기대여금 ₩100,000과 이자 ₩10,000을 현금으로 받다.
(7) 회계자문료 ₩300,000을 외상으로 하다.
(8) 위 외상대금 중 ₩200,000을 현금으로 회수하다.
(9) 현금 ₩100,000을 은행에 예입하다.
(10) 추가로 현금 ₩200,000을 출자하다.

4-9 다음 거래의 분개에 대한 오류를 수정하시오.

(1) 상품을 ₩100,000에 매출하고, 대금은 상대방 발행의 당좌수표를 받다.

(차)	당좌예금	100,000	(대)	매 출	100,000

(2) 비품을 ₩100,000에 처분하고 대금은 외상으로 하다.

(차)	외상매출금	100,000	(대)	비 품	100,000

(3) 비품을 ₩100,000에 구입하고 대금은 외상으로 하다.

(차)	비 품	100,000	(대)	외상매입금	100,000

(4) 상품을 ₩100,000에 외상으로 판매하다.

(차)	미 수 금	100,000	(대)	매 출	100,000

연습문제 주관식

(5) 상품을 ₩100,000에 외상으로 매입하다.

(차) 매 입 100,000 (대) 미지급금 100,000

(6) 현금 ₩100,000을 빌려주고 어음으로 받다.

(차) 받을어음 100,000 (대) 현 금 100,000

(7) 현금 ₩100,000을 빌리고 어음을 발행해 주다.

(차) 현 금 100,000 (대) 지급어음 100,000

(8) 상품 매입대금의 일부인 ₩100,000을 현금으로 미리 지급하다.

(차) 선급비용 100,000 (대) 현 금 100,000

(9) 상품 매출대금의 일부인 ₩100,000을 현금으로 미리 받다.

(차) 현 금 100,000 (대) 선수수익 100,000

(10) 1년분 보험료 ₩100,000을 현금으로 미리 지급하다.

(차) 보 험 료 100,000 (대) 현 금 100,000

4-10 다음은 거래의 결과를 계정에 전기한 것이다. 이를 토대로 일자별로 분개를 하고, 거래를 추정하시오.

현 금

1/1	500,000	1/5	70,000
		10	300,000

당좌예금

1/10	300,000	1/19	50,000
		21	20,000

외상매출금

1/7	200,000		

매 출

		1/7	200,000

외상매입금

1/21	20,000	1/5	30,000

매 입

1/5	100,000		

연습문제 주관식

급 여	
1/19 30,000	

임차료	
1/19 20,000	

자본금	
	1/1 500,000

5 장

결산 및 재무제표의 작성

제1절 결산의 의의와 절차
제2절 시산표
제3절 결산정리분개
제4절 계정의 마감
제5절 재무제표의 작성

5 장

결산 및 재무제표의 작성

제1절 결산의 의의와 절차

모든 거래는 분개를 통하여 계정에 기록되어 계산되나, 이 기록은 일정 기간마다 계산 · 정리하여 그 기간의 손익을 산정하고, 일정시점의 재무상태와 경영성과를 명확히 할 필요가 있다. 이와 같은 회계절차를 결산(closing)이라 한다. 이미 언급한 바와 같이, 일정시점의 재무상태를 나타내는 재무제표를 재무상태표, 일정기간의 경영성과를 나타내는 재무제표를 포괄손익계산서라 하는데, 이들은 복식부기의 최종 목표이며, 모두 결산에 의해 작성된다.

결산을 행하는 날을 결산일(closing day)이라 하며, 결산일의 다음 날부터 다음의 결산일까지의 기간을 회계연도 또는 회계기간(accounting period)이라 한다. 우리나라의 상법에서는 상인에 대해서 매년 1회 이상 정기적으로 결산을 할 것을 요구하고 있으므로 적어도 1년에 1회 이상의 결산을 할 필요가 있다.

결산의 절차는 결산하는 순서로, 보통 다음과 같은 순서로 결산이 이루어진다.

1. 시산표의 작성
2. 결산정리분개(정산표의 작성)
3. 계정의 마감(이월시산표의 작성)
4. 재무제표의 작성

제2절 시산표

1. 시산표의 의의

앞에서 배운 바와 같이 기중에 발생한 거래는 분개장에 기입된 후 원장에 전기된다. 모든 거래가 올바르게 분개되고 전기가 정확히 이루어지면 거래의 이중성과 대차평형의 원리에 따라 모든 계정의 차변 합계액은 대변 합계액과 일치하여야 한다. 또 각 계정의 잔액만을 집계하여도 그러하다. 이를 확인하기 위해 원장의 모든 계정의 차・대변의 합계액 또는 잔액을 한 곳에 모은 표를 시산표(trial balance: T/B)라 한다.

만일 차변 합계액과 대변 합계액이 일치하지 않는다면, 이는 분개와 전기 중 적어도 하나 이상에 잘못이 있음을 의미한다. 따라서 차변 합계액과 대변 합계액을 구하여 그 일치 여부를 확인해 보면 회계기록상의 오류가 있었는지를 즉시 알 수 있다. 이를 앞에서 언급한 바와 같이 복식부기의 자기검증기능이라 한다.

또한 시산표는 이러한 계정기록의 정확성을 검증하는 외에, 모든 계정들의 잔액을 한 눈에 파악할 수 있어 재무제표의 개략적인 윤곽을 사전에 그려볼 수 있다는 장점이 있다. 즉, 시산표를 작성하면 모든 계정의 잔액이 한 곳에 나타나기 때문에 재무제표를 작성하는 과정이 단순해지고, 재무제표의 작성단계에서 발생하는 오류를 줄일 수 있다는 것이다.

2. 시산표의 종류

시산표는 모든 계정의 금액을 집계하여 작성되는데, 집계방법에 따라 합계시산표, 잔액시산표, 합계잔액시산표로 구분된다.

(1) 합계시산표(trial balance of total)

이는 총계정원장 각 계정의 차변 합계액과 대변 합계액을 모아서 작성한다. 그 총합계액은 분개장의 합계액과 일치하므로 분개장에서 원장에의 전기상의 오류나 탈루를 발견하는 기능을 가지며, 한 기간의 거래총액을 알 수 있는 장점을 가진다. 그러나 기업재무의 현재 상태를 알 수 없다는 단점이 있다.

(2) 잔액시산표(trial balance of balance)

이는 총계정원장 각 계정의 잔액만을 모아서 작성한다. 이도 역시 분개장에서 원장에의 전기의 정확성 여부를 검증하며, 재무제표를 작성하는데 필요한 자료를 제공하는 기능을 가진다.

(3) 합계잔액시산표(trial balance of total and balance)

이는 합계시산표와 잔액시산표를 결합한 것으로 양자의 장점을 모두 가지고 있다.

이러한 시산표를 작성할 때 계정과목은 일반적으로 자산, 부채, 자본, 수익, 비용의 순서로 열거하게 되는데, 특히 잔액시산표의 경우에는 자산과 비용은 차변에, 부채와 자본 및 수익은 대변에 잔액이 남게 되는 것에 유의하여야 한다.

제4장의 〈예제 4-1〉의 거래에 따라 합계시산표, 잔액시산표, 합계잔액시산표를 작성하면 다음과 같다.

표 5-1
합계시산표

합계시산표

(주)한국서비스 20××년 1월 31일 (단위 : 원)

차 변	원면	계정과목	대 변
2,020,000	1	현 금	1,480,000
500,000	2	외상매출금	200,000
200,000	3	단기대여금	
500,000	4	건 물	
200,000	5	비 품	
300,000	6	단기차입금	500,000
	7	미지급비용	100,000
	8	자 본 금	1,000,000
	9	매 출	800,000
	10	이 자 수 익	20,000
200,000	11	급 여	
50,000	12	전 기 료	
100,000	13	광고선전비	
30,000	14	이 자 비 용	
4,100,000			4,100,000

표 5-2
잔액시산표

잔액시산표

(주)한국서비스 20××년 1월 31일 (단위 : 원)

차 변	원면	계정과목	대 변
540,000	1	현 금	
300,000	2	외상매출금	
200,000	3	단기대여금	
500,000	4	건 물	
200,000	5	비 품	
	6	단기차입금	200,000
	7	미지급비용	100,000
	8	자 본 금	1,000,000
	9	매 출	800,000
	10	이 자 수 익	20,000
200,000	11	급 여	
50,000	12	전 기 료	
100,000	13	광고선전비	
30,000	14	이 자 비 용	
2,120,000			2,120,000

표 5-3
합계잔액시산표

합계잔액시산표

(주)한국서비스 20××년 1월 31일 (단위 : 원)

차변		원면	계정과목	대변	
잔액	합계			합계	잔액
540,000	2,020,000	1	현 금	1,480,000	
300,000	500,000	2	외상매출금	200,000	
200,000	200,000	3	단기대여금		
500,000	500,000	4	건 물		
200,000	200,000	5	비 품		
	300,000	6	단기차입금	500,000	200,000
		7	미지급비용	100,000	100,000
		8	자 본 금	1,000,000	1,000,000
		9	매 출	800,000	800,000
		10	이 자 수 익	20,000	20,000
200,000	200,000	11	급 여		
50,000	50,000	12	전 기 료		
100,000	100,000	13	광고선전비		
30,000	30,000	14	이 자 비 용		
2,120,000	4,100,000			4,100,000	2,120,000

기타 시산표를 그 작성시점에 따라 분류하면 다음과 같다.

1. 일계표(daily trial balance): 매일 작성한다.
2. 월계표(monthly trial balance): 매월 작성한다.
3. 수정후시산표(adjusted trial balance): 각 계정의 결산정리기입 후 그 잔액으로 작성하는 잔액시산표를 말하는데, 재무제표의 작성을 보다 용이하게 한다.
4. 이월시산표(post-closing trial balance): 결산이 끝난 후 재무상태표 계정인 자산 · 부채 · 자본 각 계정의 차기이월액으로 작성하는데, 재무상태표 작성의 기초자료가 된다.

3. 시산표 오류의 발견방법

합계시산표나 잔액시산표의 차변과 대변의 합계액이 일치하지 않을 때에는 분개장의 분개로부터 시산표를 작성할 때까지의 절차를 거슬러 올라가 다음과 같이 그 불일치의 원인을 밝혀내야 한다.

1. 시산표의 차변 합계액과 대변 합계액의 계산에 틀림이 없는지를 검산한다.
2. 총계정원장의 각 계정의 합계액 또는 잔액을 시산표에 틀림없이 이기하였는지를 조사한다.
3. 총계정원장 각 계정의 합계액과 잔액의 계산에 틀림이 없는지를 검산한다.
4. 분개장으로부터 총계정원장에의 전기에 잘못이 없는지를 조사한다.
5. 분개 자체에 오류가 없는지를 검토한다.

차변에 전기하여야 할 것을 대변에 전기하였다든지, 차변 또는 대변의 어느 한 쪽만이 전기된 경우, 그리고 대차의 어느 한 쪽의 금액계산을 잘못한 경우에는 이와 같은 방법으로 시산표에서 그 오류를 발견할 수 있다.

그러나 시산표의 차변과 대변 합계액이 일치하였다 하더라도 다음과 같은 경우에는 시산표만으로 그 오류를 발견하기 힘들다. 이를 시산표의 한계라 한다.

1. 거래 전체의 분개가 누락되거나 전기가 탈락된 경우(예: 분개장의 분개기입이 잘못되어 있는데도 대차평형이 된다든가 어떤 거래의 분개기입을 모두 빠뜨린 경우)
2. 다른 계정과목에 전기한 경우(예: 현금계정 차변에 전기하여야 할 것을 당좌예금계정 차변에 전기한 경우)
3. 차변, 대변에 다 같이 틀린 동일 금액으로 분개하거나 전기한 경우(예: 거래발생 금액이 ₩35,000인 것을 ₩53,000으로 분개하거나 전기한 경우)
4. 오류가 우연히 상계된 경우(예: 차변에 누락된 일정 금액이 대변에도 동일한 금액이 누락되었든가 계산상의 착오가 있은 경우)

제3절 결산정리분개

1. 잔액시산표를 이용한 재무제표의 작성

앞에서 본 바와 같이 잔액시산표는 각 계정의 잔액을 집계한 것으로, 기말의 자산 · 부채 · 자본 · 수익 · 비용을 나타낸 것이다. 이를 차변에 잔액이 있는 계정과 대변에 잔액이 있는 계정으로 나누어 보면 다음과 같은 식이 성립한다.

자산 + 비용 = 부채 + 자본 + 수익

이를 시산표등식(trial balance formula)이라고 한다.

기말에 잔액시산표를 작성하면 위 식의 자산 · 부채 · 자본은 기말잔액을, 수익 · 비용은 기중에 발생한 총액을 나타낸다. 따라서 이들이 모든 거래의 사실을 반영하고 있다면, 잔액시산표의 수익 · 비용을 집계하여 포괄손익계산서를, 자산 · 부채 · 자본을 집계하여 재무상태표를 작성할 수 있다. 이를 일목요연하게 하나의 표로 나타낸 것이 정산표(work sheet)이다.

(주)한국서비스의 예로 정산표를 작성하면 〈표 5-4〉와 같다.

표 5-4
정산표

정 산 표

(주)한국서비스 20××년 1월 31일 (단위 : 원)

계정과목	잔액시산표		포괄손익계산서		재무상태표	
	차 변	대 변	차 변	대 변	차 변	대 변
현 금	540,000				540,000	
외상매출금	300,000				300,000	
단기대여금	200,000				200,000	
건 물	500,000				500,000	
비 품	200,000				200,000	
단기차입금		200,000				200,000
미지급비용		100,000				100,000
자 본 금		1,000,000				1,000,000
매 출		800,000		800,000		
이 자 수 익		20,000		20,000		
급 여	200,000		200,000			
전 기 료	50,000		50,000			
광고선전비	100,000		100,000			
이 자 비 용	30,000		30,000			
당기순이익			440,000			440,000
합 계	2,120,000	2,120,000	820,000	820,000	1,740,000	1,740,000

이 표에서 보는 바와 같이, 잔액시산표의 수익 · 비용을 집계한 것이 포괄손익계산서이고, 자산 · 부채 · 자본을 집계한 것이 재무상태표이다. 그런데 포괄손익계산서 란과 재무상태표 란의 차변합계액과 대변합계액은 차액이 발생하는데, 이는 같은 금액으로 표의 마지막에 당기순이익으로 기록된다. 그 이유는 다음과 같다.

앞에서 당기순손익계산의 두 가지 방법으로 순자산접근법과 거래접근법을 설명한 바 있다. 전자는 기초 및 기말 자본을 비교하여 당기순손익을 계산하는 방법이고, 후자는 수익에서 비용을 차감하여 당기순손익을 계산하는 방법이다.

이와 같이 당기순손익은 순자산접근법과 거래접근법의 어느 방법에 의해서도 산출될 수 있으나, 두 방법에 의해 산출되는 당기순손익의 금액은 일치되어야 한다.

즉, 정산표에서 포괄손익계산서 란과 재무상태표 란의 차변합계액과 대변합계액의 차액은 당기순손익으로서 서로 일치하여야 한다는 것이다. 일치하는 이유는 잔액시산표가 전술한 다음의 관계로 이루어졌다는 점에서 찾을 수 있다.

자산 + 비용 = 부채 + 자본 + 수익

이 식을 이항하면 다음의 식이 성립한다.

자산 − 부채 − 자본 = 수익 − 비용

여기서 자산과 부채는 기말자산과 기말부채를 의미하며, 자본은 기초자본에 기중의 자본거래에 의한 자본의 증감을 가감한 것을 의미한다. 따라서 기중에 자본거래에 의한 자본의 증감이 없다면 이 식은 다음과 같이 나타낼 수 있다.

(기말자산 − 기말부채) − 기초자본 = 수익 − 비용
즉, 기말자본 − 기초자본 = 수익 − 비용

여기서 좌변은 순자산접근법에 의한 손익을, 우변은 거래접근법에 의한 손익을 의미하며, 이들이 일치된다는 것을 보여주고 있다. 이러한 내용을 정산표의 작성 과정에서 확인할 수 있는 것이다.

이와 같이 정산표에서 포괄손익계산서 란과 재무상태표 란의 차변합계액과 대변합계액의 차액은 당기순손익으로 일치하게 되는데, 당기순이익(위의 예에서 ₩440,000)이 발생하면 이를 포괄손익계산서 란에는 차변에, 재무상태표 란

에는 대변에 기입하여 대차합계를 일치시켜야 한다. 반대로 당기순손실이 발생하면 포괄손익계산서 란에는 대변에, 재무상태표 란에는 차변에 기록될 것이다.

당기순손익의 금액이 포괄손익계산서와 재무상태표에서 서로 일치한다는 사실은 복식부기의 구조에서 아주 중요한 의미를 가지며, 정산표의 작성 과정에서 마지막으로 확인하여야 할 사항이다. 즉 그 금액이 일치한다면 정산표의 작성이 제대로 되었다고 볼 수 있는 것이다.

2. 결산정리분개

결산정리(year-end adjustments)란 계정의 기말잔액을 결산시점에서 수정하는 것을 말하며, 기말정리 또는 기말수정이라 한다. 결산정리사항이 없으면 앞에서 본 바와 같이 잔액시산표로서 최종적인 재무제표를 작성할 수 있다. 그러나 결산정리사항이 있으면 결산정리분개를 통하여 잔액시산표상의 기말 계정잔액을 수정한 후에 재무제표를 작성하여야 한다.

결산정리가 필요한 이유는 일상적인 거래가 집계된 원장의 계정잔액 중에는 정확한 기업의 재무상태와 경영성과를 반영하지 않는 것이 있을 수 있고, 일상적인 거래는 아니지만 결산 시점에 인식할 거래로서 추가적인 수정분개가 필요하기 때문이다.

결산정리사항의 예로는 ① 상품계정의 수정, ② 유형자산계정의 감가수정, ③ 채권계정의 수정, ④ 자산계정의 평가수정, ⑤ 수익 · 비용계정의 수정 등이 있다. 이들에 대해서는 제3부 계정과목별 회계처리의 해당분야에서 상세히 다루게 되는데, 여기서는 ⑤ 수익 · 비용계정의 수정에 대해서만 살펴보기로 한다.

수익 · 비용계정의 수정은 발생주의를 채택하기 때문에 필요한 절차라 할 수 있다. 즉 결산정리를 하기 전에 현금주의에 의해 회계처리하여 왔다면 이를 발생주의로 수정하는 절차인 것이다.

발생주의란 현금의 수입 · 지출과는 관계없이 수익 · 비용이 실제로 발생한 시점을 중심으로 거래를 파악하는 것이다. 따라서 이미 현금으로 받은 수익이라 하더라도 당기의 수익에 속하지 않는 것은 수익에서 제외하고, 아직 현금을 받지 않은 것이지만 당기의 수익에 속하는 것은 수익에 가산하는 것이다.

마찬가지로 이미 현금으로 지급한 비용이라 하더라도 당기의 비용에 속하지 않는 것은 비용에서 제외하고, 아직 현금으로 지급되지 않은 것이지만 당기의 비용에 속하는 것은 비용에 가산하는 것이다.

이들에 대한 결산정리는 손익의 이연과 손익의 예상(발생)으로 구분할 수 있다. 전자는 손익의 발생보다 현금의 수지가 선행된 경우이고, 후자는 현금의 수지보다 손익의 발생이 선행된 경우이다.

(1) 손익의 이연

① 비용의 이연(선급비용의 계상)

당기에 이미 현금을 지급하여 비용으로 계상하였는데, 이 비용 중에 차기의 비용으로 인식하여야 할 부분이 포함되어 있는 경우가 있다. 이 때에는 차기에 속하는 비용을 당기의 비용에서 차감하고, 미리 지급한 선급분을 자산으로 계상하여야 하는데, 이를 비용의 이연이라 한다. 자산으로 계상하는 선급분을 선급비용(prepaid expense)이라고 하는데, 이에는 선급보험료, 선급임차료, 선급이자 등이 있다.

예컨대 9월 1일에 향후 1년분의 이자비용 ₩12,000을 지급하고 다음과 같이 분개하였다고 하자.

(차) 이자비용 12,000 (대) 현 금 12,000

회계기간이 1월 1일부터 12월 31일까지의 1년이라면, 9월 1일 지급한 ₩12,000 중 당기의 이자비용에 해당하는 것은 ₩4,000뿐이고, 나머지 ₩8,000은 차기의 이자비용을 미리 지급한 것으로, 12월 31일 시점에서는 선급이자로 자산이 된다. 따라서 이를 수정하는 결산정리분개가 다음과 같이 이루어져야 한다.

(차) 선급이자 8,000 (대) 이자비용 8,000

② 수익의 이연(선수수익의 계상)

당기에 이미 현금을 수령하고 수익으로 계상하였는데, 이 수익 중에 차기의 수익으로 인식하여야 할 부분이 포함되어 있는 경우가 있다. 이 때에는 차기에 속하는 수익을 당기의 수익에서 차감하고, 미리 받은 선수분을 부채로 계상하여야 하는데, 이를 수익의 이연이라 한다. 부채로 계상하는 선수분을 선수수익(unearned revenue)이라고 하는데, 이에는 선수임대료, 선수이자 등이 있다.

예컨대 9월 1일에 향후 1년분의 이자수익 ₩12,000을 수령하고 다음과 같이 분개하였다고 하자.

(차) 현 금 12,000 (대) 이자수익 12,000

회계기간이 1월 1일부터 12월 31일까지의 1년이라면, 9월 1일 수령한 ₩12,000 중 당기의 이자수익에 해당하는 것은 ₩4,000뿐이고, 나머지 ₩8,000은 차기의 이자수익을 미리 수령한 것으로, 12월 31일 시점에서는 선수이자로 부채가 된다. 따라서 이를 수정하는 결산정리분개가 다음과 같이 이루어져야 한다.

(차) 이자수익 8,000 (대) 선수이자 8,000

(2) 손익의 예상

① 비용의 예상(미지급비용의 계상)

당기에 속하는 비용으로서 아직 지급되지 않은 부분이 있는 경우에 해당한다. 이 때에는 이를 당기의 비용에 가산하는 동시에 아직 지급되지 않은 부분을 부채로서 인식하여야 한다. 이를 비용의 예상이라 하는데, 발생주의에 따라 비용을 계상하고 아직 지급되지 않은 부분을 미지급비용(accrued expense)으로 부채로 계상하는 것이다. 미지급비용으로는 미지급급여, 미지급임차료, 미지급이자 등이 있다.

예컨대 9월 1일에 은행으로부터 ₩120,000(이자율 10%)을 1년간 차입하고, 이자는 원금 상환일에 지급하기로 하였다고 하자. 회계기간이 1월 1일부터 12월 31일까지의 1년이라면, 당기의 이자비용에 속하는 ₩4,000을 당기의 비용으로 계상하고, 동시에 미지급비용인 부채로 계상하는 다음과 같은 결산정리분개가 이루어져야 한다.

(차)	이자비용	4,000	(대)	미지급이자	4,000

② 수익의 예상(미수수익의 계상)

당기에 속하는 수익으로서 아직 수령되지 않은 부분이 있는 경우에 해당한다. 이 때에는 이를 당기의 수익에 가산하는 동시에 아직 수령되지 않은 부분을 자산으로서 인식하여야 한다. 이를 수익의 예상이라 하는데, 발생주의에 따라 수익을 계상하고, 아직 수령되지 않은 부분을 미수수익(accrued revenue)으로 자산으로 계상하는 것이다. 미수수익으로는 미수수수료, 미수임대료, 미수이자 등이 있다.

예컨대 9월 1일에 타인에게 ₩120,000(이자율 10%)을 1년간 대여하고, 이자는 원금 상환일에 수령하기로 하였다고 하자. 회계기간이 1월 1일부터 12월 31일까지의 1년이라면, 당기의 이자수익에 속하는 ₩4,000을 당기의 수익으로 계상하고, 동시에 미수수익인 자산으로 계상하는 다음과 같은 결산정리분개가 이루어져야 한다.

(차)	미수이자	4,000	(대)	이자수익	4,000

결산정리사항이 있으면 이와 같은 결산정리분개를 해야 하고, 기중의 거래와 마찬가지로 총계정원장에 전기하여야 한다. 결산정리사항이 전기된 후 계정의 잔액을 시산표에 집합시키면 이는 수정후시산표가 된다. 최종적인 재무제표는 이 수정후시산표를 통해 이루어지는 것이다. 이러한 과정을 앞의 정산표를 이용하여 설명하기로 한다.

(주)한국서비스의 예에서 다음과 같은 결산정리사항이 있다고 하자.

1. 기말 현재 지급되지 않은 급여가 ₩100,000 있다.
2. 이자비용 중에 ₩20,000은 차기의 비용에 해당한다.
3. 기말 현재 아직 받지 않은 이자수익 ₩10,000이 있다.

〈결산정리분개〉

①	(차)	급　　여	100,000	(대)	미지급급여	100,000
②	(차)	선급이자	20,000	(대)	이자비용	20,000
③	(차)	미수이자	10,000	(대)	이자수익	10,000

〈전 기〉

급 여 11

일자		적 요	분면	차 변	일자		적 요	분면	대 변
1	25	현 금	1	200,000					
	31	미지급급여	2	100,000					

미지급급여 15

일자		적 요	분면	차 변	일자		적 요	분면	대 변
					1	31	급 여	2	100,0000

선급이자 16

일자		적 요	분면	차 변	일자		적 요	분면	대 변
1	31	이자비용	2	20,000					

이자비용 14

일자		적 요	분면	차 변	일자		적 요	분면	대 변
1	31	현 금	1	30,000	1	31	선급이자	2	20,000

미수이자 17

일자		적 요	분면	차 변	일자		적 요	분면	대 변
1	31	이자수익	2	10,000					

이자수익 10

일자		적 요	분면	차 변	일자		적 요	분면	대 변
					1	28	현 금	1	20,000
						31	미수이자	2	10,000

이를 반영하여 정산표를 작성하면 다음과 같다.

표 5-5
정산표

정 산 표

(주)한국서비스 　　　　20××년 1월 31일 　　　　(단위 : 천원)

계정과목	잔액시산표		결산정리분개		수정후시산표		포괄손익계산서		재무상태표	
	차변	대변	차변	대변	차변	대변	차변	대변	차변	대변
현금	540				540				540	
외상매출금	300				300				300	
단기대여금	200				200				200	
건물	500				500				500	
비품	200				200				200	
단기차입금		200				200				200
미지급비용		100				100				100
자본금		1,000				1,000				1,000
매출		800				800		800		
이자수익		20		10		30		30		
급여	200		100		300		300			
전기료	50				50		50			
광고선전비	100				100		100			
이자비용	30			20	10		10			
계	2,120	2,120								
미지급급여				100		100				100
선급이자			20		20				20	
미수이자			10		10				10	
당기순이익							370			370
합계			130	130	2,230	2,230	830	830	1,770	1,770

이 정산표의 작성과정을 설명하면 다음과 같다.

1. 잔액시산표의 계정과목과 금액을 정산표의 왼쪽 란에 옮겨 적고, 차변과 대변의 합계금액을 기록한다.
2. 결산정리사항에 대해 결산정리분개를 하여 결산정리분개 란에 기입한다. 결산정리분개에서 잔액시산표에는 없는 새로운 계정이 있는 경우에

는 계정과목 란의 하단에 추가로 기록한다.

③ 잔액시산표 란의 금액과 결산정리분개 란의 금액을 합하여 수정후시산표 란에 기록한다. 이 경우 각 계정에서 같은 편의 금액은 서로 합하고, 반대 편의 금액은 큰 금액에서 작은 금액을 차감하여 큰 금액의 란에 기록한다.

④ 수정후시산표의 금액을 수익 · 비용계정은 포괄손익계산서 란에, 자산 · 부채 · 자본계정은 재무상태표 란에 옮겨 적는다.

⑤ 포괄손익계산서 란과 재무상태표 란의 차변과 대변 합계액의 차이금액을 계산하여 각각 당기순이익으로 기록한다. 이 때 당기순이익의 금액이 일치하는지를 확인하여야 한다.

⑥ 최종적으로 각 란의 합계를 계산하여 기록한다.

이러한 정산표는 반드시 작성하여야 하는 재무보고서는 아니다. 단지 재무제표의 작성에 필요한 사항을 한 곳에 모아 결산정리 및 당기순이익의 계산을 용이하게 하기 위한 보조양식으로 연습장에 불과하다.

기업 실무에서는 보통 결산을 할 때 원장으로부터 시산표를 작성하고 다음에 재무제표를 작성하는데, 결산정리분개는 원장에 직접 하거나 수정전시산표를 정리하여 수정후시산표를 바로 작성함으로써 정산표의 작성을 생략하는 경우가 많다. 그러나 정산표의 작성이 제대로 된다면 결산절차를 완전히 이해하고 있다고 볼 수 있기 때문에 학교교육에서는 많이 강조되고 있다.

정산표는 란의 수에 따라 6위식, 8위식, 10위식 등으로 구분된다. 〈표 5-4〉는 6위식 정산표이고, 〈표 5-5〉는 10위식 정산표이다. 10위식 정산표에서 수정후시산표 란을 생략하면 8위식 정산표가 된다. 수정후시산표를 두지 않더라도 잔액시산표와 결산정리분개만으로 포괄손익계산서와 재무상태표의 작성이 용이하기 때문에 보통 8위식 정산표가 많이 사용된다.

제4절 계정의 마감

정산표를 작성하게 되면 재무제표(포괄손익계산서, 재무상태표)의 윤곽을 대충 알 수 있는데, 이를 기업회계기준에서 정한 양식에 맞게 옮겨 적으면 재무제표의 작성이 끝나게 된다. 그 전에 지금까지 기록된 계정들을 마감하는 절차가 필요하다. 계정의 마감은 다음 회계기간의 거래들을 새로 기록하기 위하여 지금까지 기록해 온 계정들의 마무리를 하는 과정인데, 포괄손익계산서 계정의 마감과 재무상태표 계정의 마감으로 나누어 볼 수 있다.

1. 포괄손익계산서 계정의 마감

포괄손익계산서 계정인 수익과 비용계정은 당기의 경영성과를 파악하기 위하여 기록한 것이므로, 당기가 끝나게 되면 그 임무수행을 완수하게 된다. 따라서 이들은 모두 손익계정(집합손익계정: income summary account)이라는 별도 계정으로 옮겨 잔액을 없애주게 된다. 손익계정의 차액은 당기순손익을 나타내므로, 이는 재무상태표의 자본계정인 이익잉여금계정으로 대체하게 된다.

이처럼 수익과 비용계정은 회계기간의 종료와 함께 소멸하기 때문에 임시계정(temporary account) 또는 명목계정(nominal account)이라 한다. 수익과 비용계정의 잔액을 손익계정으로 옮기거나 손익계정의 차액을 이익잉여금계정에 옮길 때에는 분개를 해야 하는데, 이러한 분개를 마감분개라 한다.

(1) 수익 · 비용계정의 마감

수익계정은 잔액이 대변에 남아 있으므로 차변에 해당 수익계정으로 분개하여 잔액을 ₩0으로 만들고, 대변에 손익으로 분개한다. 반대로 비용계정은 잔액이 차변에 남아 있으므로 대변에 해당 비용 계정으로 분개하여 잔액을 ₩0으로 만들고 차변에 손익으로 분개한다.

〈표 5-5〉의 정산표의 내용에 따라 수익 · 비용계정을 마감하는 과정(마감분개와 전기)을 나타내면 다음과 같다.

〈마감분개〉

① 수익계정마감

(차)	매 출	800,000	(대)	손 익	830,000
	이자수익	30,000			

② 비용계정미감

(차)	손 익	460,000	(대)	급 여	300,000
				전 기 료	50,000
				광고선전비	100,000
				이자비용	10,000

〈전 기〉

매 출 9

일	자	적 요	분면	차 변	일	자	적 요	분면	대 변
1	31	손 익	2	800,000	1	5	현 금	1	300,000
						15	외상매출금	1	500,000
				800,000					800,000

이자수익 10

일	자	적 요	분면	차 변	일	자	적 요	분면	대 변
1	31	손 익	2	30,000	1	28	현 금	1	20,000
						31	미수이자	2	10,000
				30,000					30,000

급 여 11

일자		적 요	분면	차 변	일자		적 요	분면	대 변
1	25	현 금	1	200,000	1	31	손 익	2	300,000
	31	미지급급여	2	100,000					
				300,000					300,000

전 기 료 12

일자		적 요	분면	차 변	일자		적 요	분면	대 변
1	25	현 금	1	50,000	1	31	손 익	2	50,000
				50,000					50,000

광고선전비 13

일자		적 요	분면	차 변	일자		적 요	분면	대 변
1	13	미지급비용	1	100,000	1	31	손 익	2	100,000
				100,000					100,000

이자비용 14

일자		적 요	분면	차 변	일자		적 요	분면	대 변
1	31	현 금	1	30,000	1	31	선급이자	2	20,000
						31	손 익	2	10,000
				30,000					30,000

손 익 18

일자		적 요	분면	차 변	일자		적 요	분면	대 변
1	31	급 여	2	300,000	1	31	매 출	2	800,000
	31	전 기 료	2	50,000		31	이자수익	2	30,000
	31	광고선전비	2	100,000					
	31	이자비용	2	10,000					

(2) 손익계정의 마감

손익계정에는 모든 수익계정과 비용계정이 집합되므로 여기서 당기순이익을 산출할 수 있다. 손익계정의 잔액이 차변에 있으면 당기순손실을, 대변에 있으면 당기순이익을 나타낸다. 이러한 손익계정의 잔액(당기순손익)은 재무상태표 계정인 자본(이익잉여금)계정으로 대체됨으로써 손익계정은 마감된다.

손익계정의 잔액이 재무상태표 계정인 이익잉여금계정으로 대체된다는 것은, 앞의 정산표에서 포괄손익계산서 란과 재무상태표 란의 차변합계액과 대변합계액의 차액이 당기순손익으로 일치하게 되는 내용과 동일한 의미를 가진다.

손익계정의 잔액을 이익잉여금계정으로 대체하는 마감분개는 다음과 같다.

〈당기순이익이 있을 경우〉

(차) 손　　익　　×××　(대) (미처분)이익잉여금　×××

〈당기순손실이 있을 경우〉

(차) (미처분)이익잉여금　×××　(대) 손　　익　　×××

앞의 예에서는 손익계정의 대변 잔액이 ₩370,000이므로 다음과 같은 마감분개를 하고 전기를 하여야 한다.

〈손익계정의 마감분개〉

(차) 손　　익　　370,000　(대) (미처분)이익잉여금　370,000

〈전　기〉

손　　익　　18

일자		적 요	분면	차 변	일자		적 요	분면	대 변
1	31	급　　여	2	300,000	1	31	매　　출	2	800,000
	31	전 기 료	2	50,000		31	이자수익	2	30,000
	31	광고선전비	2	100,000					
	31	이자비용	2	10,000					
	31	이익잉여금	2	370,000					
				830,000					830,000

이익잉여금 19

일자		적 요	분면	차 변	일자		적 요	분면	대 변
					1	31	손 익	2	370,000

이로써 모든 수익 · 비용계정과 손익계정은 마감되고, 잔액은 ₩0이 됨으로써 당기의 경영성과를 나타내는 임무를 완수하게 된다. 차기에는 새로운 장부에 의해 차기에 발생하는 수익과 비용들을 기록하면서 기말이 되면 이러한 과정을 순환하게 되는 것이다.

그런데 계정을 마감할 때 포괄손익계산서 계정을 먼저 마감하고 다음에 재무상태표 계정을 마감하는 이유는 포괄손익계산서 계정의 마감에 따라 재무상태표 계정인 이익잉여금계정이 영향을 받기 때문이다.

2. 재무상태표 계정의 마감

재무상태표에 기록되는 자산 · 부채 · 자본계정은 포괄손익계산서 계정과는 달리 마감 후에도 소멸하지 않고, 잔액이 차기로 이월되어 계속 존속하게 된다. 이런 이유로 재무상태표 계정을 영구계정(permanent account) 또는 실질계정(real account)이라 한다.

재무상태표 계정 중에 자산은 차변에, 부채와 자본은 대변에 잔액이 남게 된다. 이들 잔액은 다음 연도에 이월되어 다시 영업활동을 위해 사용된다. 따라서 이들 잔액을 차기로 이월시켜야 하는데, 이를 재무상태표 계정의 마감이라 한다.

재무상태표 계정을 마감하기 위해서는 별도의 분개를 하지 않고, 자산 · 부채 · 자본의 해당 계정에서 직접 이루어진다. 우선 자산 · 부채 · 자본계정의 잔액을 금액이 적은 편에 차기이월이라 기입한다. 이로써 차변과 대변의 합계금액은 일치되어 합계액을 기입함으로써 계정을 마감한다. 다음에 차기의 첫 날짜에 전기이월이라 기입하는데, 차기이월의 반대편에 차기이월과 같은 금액을 기입한다.

〈표 5-5〉의 정산표의 내용에 따라 재무상태표 계정을 마감하는 과정을 나타내면 다음과 같다.

현 금 1

일자		적 요	분면	차 변	일자		적 요	분면	대 변
1	1	자 본 금	1	1,000,000	1	2	건 물	1	500,000
	5	매 출	1	300,000		3	비 품	1	200,000
	10	단기차입금	1	500,000		20	단기대여금	1	200,000
	28	이자수익	1	20,000		25	제 좌	1	250,000
	30	외상매출금	1	200,000		31	제 좌	1	330,000
						31	**차기이월**	✓	**540,000**
				2,020,000					2,020,000
2	1	전기이월	✓	540,000					

외상매출금 2

일자		적 요	분면	차 변	일자		적 요	분면	대 변
1	15	매 출	1	500,000	1	30	현 금	1	200,000
						31	**차기이월**	✓	**300,000**
				500,000					500,000
2	1	전기이월	✓	300,000					

단기대여금 3

일자		적 요	분면	차 변	일자		적 요	분면	대 변
1	20	현 금	1	200,000	1	31	**차기이월**	✓	**200,000**
				200,000					200,000
2	1	전기이월	✓	200,000					

건 물 4

일자		적 요	분면	차 변	일자		적 요	분면	대 변
1	2	현 금	1	500,000	1	31	**차기이월**	✓	**500,000**
				500,000					500,000
2	1	전기이월	✓	500,000					

비 품 5

일자		적 요	분면	차 변	일자		적 요	분면	대 변
1	3	현 금	1	200,000	1	31	**차기이월**	✓	**200,000**
				200,000					200,000
2	1	전기이월	✓	200,000					

단기차입금 6

일자		적 요	분면	차 변	일자		적 요	분면	대 변
1	31	현 금	1	300,000	1	10	현 금	1	500,000
	31	**차기이월**	✓	**200,000**					
				500,000					500,000
					2	1	전기이월	✓	200,000

미지급비용 7

일자		적 요	분면	차 변	일자		적 요	분면	대 변
1	31	**차기이월**	✓	**100,000**	1	13	광고선전비	1	100,000
				100,000					100,000
					2	1	전기이월	✓	100,000

자 본 금 8

일자		적 요	분면	차 변	일자		적 요	분면	대 변
1	31	**차기이월**	✓	**1,000,000**	1	1	현 금	1	1,000,000
				1,000,000					1,000,000
					2	1	전기이월	✓	1,000,000

미지급급여 15

일자		적 요	분면	차 변	일자		적 요	분면	대 변
1	31	**차기이월**	✓	**100,000**	1	31	급 여	1	100,000
				100,000					100,000
					2	1	전기이월	✓	100,000

선급이자 16

일자		적 요	분면	차 변	일자		적 요	분면	대 변
1	31	이자비용	1	20,000	1	31	**차기이월**	✓	**20,000**
				20,000					20,000
2	1	전기이월	✓	20,000					

미수이자 17

일자		적 요	분면	차 변	일자		적 요	분면	대 변
1	31	이자수익	2	10,000	1	31	**차기이월**	✓	**10,000**
				10,000					10,000
2	1	전기이월	✓	10,000					

이익잉여금 19

일자		적 요	분면	차 변	일자		적 요	분면	대 변
1	31	**차기이월**	✓	**370,000**	1	31	손 익	2	370,000
				370,000					370,000
					2	1	전기이월	✓	370,000

3. 이월시산표의 작성

마감분개를 하고 포괄손익계산서 계정과 재무상태표 계정이 마감되면, 각 계정의 차기이월 금액만을 모아 잔액시산표를 작성한다. 이를 이월시산표(post-closing trial balance)라 한다. 이는 회계의 순환과정에서 가장 마지막으로 작성되는 시산표이다.

이월시산표에는 자산 · 부채 · 자본계정만이 기록되고, 수익 · 비용계정은 나타나지 않는데, 이는 앞의 계정의 마감과정에서 충분히 이해할 수 있을 것이다. 즉 수익 · 비용계정의 잔액은 모두 손익계정에 대체되고, 손익계정의 잔액은 당기순손익으로 이익잉여금계정에 대체되어 모두 소멸하기 때문이다.

이월시산표는 재무상태표와 동일한 것이라고 할 수 있으므로 작성되지 않는 경우가 많고, 그 작성은 선택적이다. 그러나 이월시산표는 수익 · 비용계정이 적절하게 손익계정에 대체되었는가, 즉 마감분개가 적절히 이루어졌는가를 검토하기 위하여 작성되는 것으로, 당기순손익이 이익잉여금계정에 대체되어 이월시산표를 작성한다면 대차평형의 원리에 따라 대차가 일치하여야 할 것이다.

(주)한국서비스의 예로 이월시산표를 작성하면 다음과 같다.

표 5-6
이월시산표

이월시산표

(주)한국서비스 20××년 1월 31일 (단위 : 원)

차 변	원면	계정과목	대 변
540,000	1	현 금	
300,000	2	외상매출금	
200,000	3	단기대여금	
20,000	16	선 급 이 자	
10,000	17	미 수 이 자	
500,000	4	건 물	
200,000	5	비 품	
	6	단기차입금	200,000
	15	미지급급여	100,000
	7	미지급비용	100,000
	8	자 본 금	1,000,000
	19	이익잉여금	370,000
1,770,000			1,770,000

제5절 재무제표의 작성

정산표가 작성되고 계정이 마감되면 이를 근거로 재무상태표, 포괄손익계산서 등의 재무제표를 작성할 수 있다. 앞에서 언급한 바와 같이 한국채택국제회계기준에서 정하고 있는 재무제표는 재무상태표, 포괄손익계산서, 자본변동표, 현금흐름표 등으로 구성되어 있다. 그 중에서도 여기서는 재무상태표와 포괄손익계산서의 작성 예에 대해서만 간단히 살펴보기로 한다.

재무상태표는 자산 · 부채 · 자본에 속하는 계정의 기말잔액(차기이월액)을 집계하여 작성하고, 포괄손익계산서는 수익 · 비용에 속하는 계정과 손익계정을 자료로 하여 작성한다. 앞에서 설명한 바와 같이, 재무상태표는 일정시점의 재무상태를, 포괄손익계산서는 일정기간의 경영성과를 나타내는 역할을 하고 있다.

정산표를 바탕으로 포괄손익계산서와 재무상태표를 작성할 때에는 정산표상의 계정과목 배열 순서가 기업회계기준에서 정하고 있는 것과 차이가 있을 수 있기 때문에 이를 바로 잡아 기재하여야 한다. 특히 포괄손익계산서는 이익을 구분하여 나타내는 구분식 포괄손익계산서의 양식에 맞도록 작성되어야 할 것이다.

(주)한국서비스의 재무상태표(계정식)와 포괄손익계산서(보고식)를 작성해 보면 다음과 같다.

표 5-7
재무상태표(계정식)

재무상태표

(주)한국서비스 | 20××년 1월 31일 현재 | (단위 : 원)

과 목	금 액	과 목	금 액
현 금	540,000	단기차입금	200,000
외상매출금	300,000	미지급급여	100,000
단기대여금	200,000	미지급비용	100,000
선 급 이 자	20,000	부 채 총 계	400,000
미 수 이 자	10,000	자 본 금	1,000,000
건 물	500,000	이익잉여금	370,000
비 품	200,000	자 본 총 계	1,370,000
자 산 총 계	1,770,000	부채 및 자본총계	1,770,000

표 5-8
포괄손익계산서(보고식)

포괄손익계산서

(주)한국서비스 | 20××년 1월 1일부터 1월 31일까지 | (단위 : 원)

과 목	금 액	
1. 매 출 액		800,000
2. 판매비와 관리비		
급 여	300,000	
전 기 료	50,000	
광고선전비	100,000	(450,000)
3. 영업이익		350,000
4. 영업외수익		
이자수익	30,000	30,000
5. 영업외비용		
이자비용	10,000	(10,000)
6. 당기순이익		370,000

이상으로 우리는 제4장과 제5장에서 (주)한국서비스의 예를 들어 발생한 거래를 기록 · 계산 · 분류 · 요약하여 재무제표로 작성하기까지의 일련의 과정을 살펴보았다. 일정기간을 두고 볼 때, 거래가 발생하면서 시작된 복식부기는 기말에 재무제표를 작성하는 것으로 끝이 난다. 이와 같은 과정은 기업이 존속하는

한 영원히 반복되어 나타나는데, 이를 회계의 순환과정이라 하는 것이다.

앞의 (주)한국서비스의 예는 설명의 편의를 위해 거래 규모가 작고 한정된 내용으로 전개되었기 때문에 최종적으로 작성된 재무상태표와 포괄손익계산서도 간단하게 표시되었다. 그러나 앞으로 제3부 계정과목별 회계처리의 내용이 끝나고 나면, 더 복잡하고 완벽한 재무제표의 작성을 복습하게 될 것이다.

연습문제 객관식

5-1 다음의 절차 중 결산절차가 아닌 것으로 묶은 것은?

(가) 분개장의 작성	(나) 원장에의 전기	(다) 잔액시산표의 작성
(라) 정산표의 작성	(마) 계정의 마감	(바) 재무제표의 작성

① (가), (나) ② (나), (라) ③ (가), (나), (라) ④ (나), (다), (마)

5-2 다음의 결산절차를 순서대로 나열한 것은?

(가) 결산정리분개	(나) 재무제표의 작성
(다) 계정의 마감	(라) 잔액시산표의 작성

① (나)-(가)-(다)-(라) ② (라)-(가)-(다)-(나)
③ (다)-(라)-(나)-(가) ④ (가)-(라)-(나)-(다)

5-3 총계정원장의 기록이 정확한지의 여부를 파악하는 검증기능을 갖는 것은?
① 분개장 ② 총계정원장 ③ 시산표 ④ 정산표

5-4 장부의 마감과정에서 다음 연도로 이월시키는 영구계정에 해당하지 않는 것은?
① 매출채권 ② 선급비용 ③ 이자수익 ④ 매입채무

5-5 다음 중 집합손익계정으로 집합되는 계정은?
① 매출채권 ② 감가상각비 ③ 매입채무 ④ 자본금

5-6 A사(결산일 12월 31일)는 20x1년 9월 1일에 화재보험료 1년분 ₩12,000을 현금으로 지출하고 이를 모두 비용(보험료)으로 처리하였다. 이와 관련하여 20x1년 결산일에 해야 할 결산정리분개는?
① (차) 선급보험료 40,000 (대) 보 험 료 40,000
② (차) 선급보험료 80,000 (대) 보 험 료 80,000

연습문제 객관식

③ (차) 보 험 료 40,000 (대) 선급보험료 40,000

④ (차) 보 험 료 80,000 (대) 선급보험료 80,000

5-7 A사(결산일 12월 31일)는 20x1년 5월 1일에 회사건물을 임대해 주면서 1년분 임대료 ₩12,000을 현금으로 수령하고 이를 모두 수익(임대료)으로 처리하였다. 이와 관련하여 20x1년 결산일에 해야 할 결산정리분개는?

① (차) 선수임대료 40,000 (대) 임 대 료 40,000

② (차) 선수임대료 80,000 (대) 임 대 료 80,000

③ (차) 임 대 료 40,000 (대) 선수임대료 40,000

④ (차) 임 대 료 80,000 (대) 선수임대료 80,000

5-8 A사(결산일 12월 31일)는 20x1년 4월 1일 은행에 1년 만기 정기예금으로 현금 ₩1,000,000을 예치하였으며, 이자는 연 6% 이자율로 20x2년 3월 31일에 수령하기로 하였다. 이와 관련하여 20x1년 결산일에 해야 할 결산정리분개는?

① (차) 미수이자 15,000 (대) 이자수익 15,000

② (차) 미수이자 45,000 (대) 이자수익 45,000

③ (차) 이자수익 15,000 (대) 미수이자 15,000

④ (차) 이자수익 45,000 (대) 미수이자 45,000

5-9 A사(결산일 12월 31일)는 20x1년 10월 1일에 은행으로부터 ₩1,000,000을 1년간 차입하였다. 차입금 이자율은 연 6%이며, 이자는 원금상환일에 일시에 지급하기로 하였다. 이와 관련하여 20x1년 결산일에 해야 할 결산정리분개는?

① (차) 이자비용 15,000 (대) 미지급이자 15,000

② (차) 이자비용 45,000 (대) 미지급이자 45,000

③ (차) 미지급이자 15,000 (대) 이자비용 15,000

④ (차) 미지급이자 45,000 (대) 이자비용 45,000

연습문제 주관식

5-1 결산의 의의와 절차에 대해 설명하시오.

5-2 결산정리분개에 대해 설명하시오.

5-3 다음의 계정잔액으로 잔액시산표를 작성하시오. 단, 자본금은 각자 계산하시오.

현 금	₩25,000	당좌예금	₩45,000	매출채권	₩50,000
상 품	80,000	비 품	100,000	건 물	150,000
미지급금	40,000	차 입 금	70,000	자 본 금	?
이자수익	30,000	매 출	130,000	급 여	60,000
보 험 료	20,000	잡 비	15,000	이자비용	10,000

5-4 5-3의 계정잔액으로 6위식 정산표를 작성하시오.

연습문제 주관식

5-5 다음 정산표의 ( )속에 적당한 금액을 기입하시오.

정 산 표

(단위 : 원)

계정과목	잔액시산표		포괄손익계산서		재무상태표	
	차 변	대 변	차 변	대 변	차 변	대 변
현 금	54,000				( )	
외상매출금	250,000				250,000	
단기대여금	100,000				100,000	
상 품	( )				( )	
건 물	300,000				300,000	
비 품	200,000				200,000	
외상매입금		150,000				150,000
단기차입금		200,000				200,000
자 본 금		( )				( )
매 출		600,000		( )		
이 자 수 익		20,000		20,000		
급 여	100,000		100,000			
전 기 료	30,000		30,000			
집 세	15,000		15,000			
이 자 비 용	25,000		25,000			
당기순이익			( )			( )
합 계	( )	( )	( )	( )	1,000,000	1,000,000

연습문제 주관식

5-6 다음의 잔액시산표를 보고 틀린 곳을 수정하여 정확한 잔액시산표를 작성하시오.

잔액시산표

(단위 : 원)

차 변	계정과목	대 변
540,000	현 금	
600,000	외상매출금	
350,000	단기차입금	
150,000	선 수 금	
250,000	미 지 급 금	
500,000	건 물	
200,000	비 품	
200,000	급 여	
50,000	전 기 료	
100,000	광고선전비	
20,000	이 자 수 익	
	단기대여금	200,000
	미 수 금	150,000
	선 급 금	100,000
	자 본 금	1,000,000
	매 출	900,000
	이 자 비 용	30,000
2,960,000		2,380,000

5-7 다음의 결산정리사항에 대한 결산정리분개를 하시오.

(1) 기말 현재 이자 미수액 ₩100,000

(2) 기말 현재 보험료 선급액 ₩200,000(보험료 지출시 전액 보험료계정으로 기록하였음)

(3) 기말 현재 임대료 선수액 ₩300,000(임대료 수입시 전액 임대료계정으로 기록하였음)

(4) 기말 현재 급여 미지급액 ₩400,000

연습문제 주관식

5-8 다음의 대체분개를 하시오.

(1) 이자수익계정의 잔액 ₩10,000을 손익계정에 대체하다.

(2) 급여계정의 잔액 ₩20,000을 손익계정에 대체하다.

(3) 당기순이익 ₩30,000을 이익잉여금계정에 대체하다.

(4) 당기순손실 ₩40,000을 이익잉여금계정에 대체하다.

5-9 다음 정산표상의 잔액시산표와 결산정리사항으로 결산정리분개를 하고, 정산표(8위식)를 완성한 후, 재무상태표(계정식)와 포괄손익계산서(보고식)를 작성하시오.

정 산 표

(단위 : 천원)

계정과목	잔액시산표		결산정리분개		포괄손익계산서		재무상태표	
	차변	대변	차변	대변	차변	대변	차변	대변
현 금	150							
외상매출금	200							
단기대여금	100							
건 물	500							
비 품	300							
단기차입금		150						
미 지 급 금		100						
자 본 금		700						
매 출		600						
이 자 수 익		20						
임 대 료		50						
급 여	200							
전 기 료	40							
보 험 료	100							
이 자 비 용	30							
계	1,620	1,620						
당기순이익								
합 계								

연습문제 주관식

〈결산정리사항〉

(1) 급여 미지급액 ₩100,000

(2) 보험료 선급액 ₩30,000

(3) 이자 미수액 ₩10,000

(4) 임대료 선수액 ₩20,000

5-10 (주)한국의 총계정원장의 계정잔액과 결산정리사항은 다음과 같다. 이를 바탕으로 결산정리분개를 하고, 정산표(8위식)를 작성한 후, 재무상태표(계정식)와 포괄손익계산서(보고식)를 작성하시오.

〈계정잔액〉

현 금	₩30,000	유가증권	₩20,000	외상매출금	₩10,000
받을어음	15,000	단기대여금	10,000	상 품	40,000
건 물	400,000	감가상각누계액	30,000	비 품	250,000
외상매입금	20,000	지급어음	45,000	단기차입금	25,000
자 본 금	400,000	이익잉여금	30,000	매 출	300,000
이자수익	30,000	임 대 료	20,000	급 여	100,000
보 험 료	10,000	이자비용	15,000		

〈결산정리사항〉

(1) 급여 선급액 ₩30,000

(2) 보험료 미지급액 ₩20,000

(3) 이자 선수액 ₩10,000

(4) 임대료 미수액 ₩15,000

(5) 매출채권에 대한 대손상각비 ₩5,000

(6) 건물에 대한 감가상각비 ₩40,000

6 장

상품매매회사의 회계순환과정

제1절 상품매매거래의 분개
제2절 상품매매회사의 회계순환과정

6 장

상품매매회사의 회계순환과정

제1절 상품매매거래의 분개

1. 상품매매회사의 특성

제4장과 제5장에서는 상품을 매매하는 기업이 아니라 서비스를 제공하는 기업을 대상으로 회계의 순환과정을 설명하였다. 서비스를 제공하는 기업을 대상으로 설명한 이유는 상품매매를 주업으로 하는 기업의 경우에는 상품의 매입 및 매출과 관련하여 다소 특이하고 복잡한 회계처리가 필요하기 때문이다.

상품매매회사는 이미 제조된 상품을 매입하여 여기에 마진을 가산하여 판매하는 활동을 영위한다. 상품매매회사의 예로는 종합상사, 백화점과 같이 규모가 큰 회사로부터 도매상이나 영세규모의 소매상에 이르기까지 그 종류가 다양하다. 이러한 상품매매회사에서는 매입한 상품 가운데 기말 현재 아직 판매되지 않고 남아 있는 재고자산이 존재하기 때문에 서비스업의 경우보다 회계처리의 내용이 복잡하게 된다.

예컨대 단가 ₩100의 상품을 100개 매입하였다고 하자. 그러면 매입금액은 ₩10,000이 된다. 이 중 80개를 단가 ₩150에 판매하였다면 매출금액은 ₩12,000이 된다. 그러면 이익 금액이 얼마일까? 매출금액 총액과 매입금액 총액을 단순히 차감한 ₩2,000이 이익이 아니라는 것이다. 매입한 100개 중 80개만 판매되고 나머지 20개는 재고자산으로 남아 있기 때문에 80개의 원가인 ₩8,000과 매출금액 ₩12,000을 대응시킨 ₩4,000이 이익이라는 것이다.

만약 상품계정을 순수한 자산계정으로 보아 처리하는 경우에는 상품을 매입한 때 원가로써 상품계정의 차변에 기입하고, 판매한 때에는 원가로써 동 계정의 대변에 기입한다. 그리고 상품매출액과 원가와의 차액인 매출이익은 상품계정과는 별도로 상품매출이익계정을 설정하여 처리한다. 이 때의 회계처리는 다음과 같이 될 것이다.

매입시 :	(차) 상 품	×××	(대)	현 금	×××
매출시 :	(차) 현 금	×××	(대)	상 품	×××
				상품매출이익	×××

이 경우 상품계정의 잔액은 항상 차변에 나타나고, 이는 판매되지 않고 남아 있는 기말상품재고액이 된다. 이러한 회계처리를 하게 되면 상품매출이익계정의 수치에 의해 언제라도 상품매매로부터 나타난 이익을 평가할 수 있는 장점이 있다. 그러나 이 방법은 다음과 같은 단점이 있다.

1. 상품을 판매할 때마다 매출원가와 상품매출이익을 계산하기 힘든 경우가 많다. 물론 상품의 단위당 가격이 높고 거래가 빈번하지 않는 상품이나 귀금속 등은 이 방법으로 처리할 수 있으나 백화점 등과 같이 상품의 종류가 많고 거래가 빈번한 경우에는 상품을 매출할 때마다 일일이 상품매출이익을 계산한다는 것은 불가능할 것이다.
2. 매출액을 상품계정과 상품매출이익계정으로 구분하여 기입하기 때문에 매출액의 총액을 알 수가 없다.

이와 같은 이유로 일반적으로는 상품을 판매하였을 때 상품계정의 대변에 원가로 기입하지 않고 매가로 기입하고 상품매출이익은 기말결산시 상품재고액을 조사한 후 일괄적으로 계산하는 방법을 택하게 된다. 여기서 기말상품재고액을 결정해야 하는 문제가 발생하는데, 이를 위해서는 기말재고수량과 단가를 파악하여야 할 것이다.

기말상품재고액 = 기말재고수량 × 단가[4)]

우선 기말재고수량을 파악하는 방법으로는 평소의 장부기록에 의해 장부에서 기말재고수량을 파악하는 계속기록법과, 기말에 창고에 가서 실물을 직접 확인함으로써 기말재고수량을 파악하는 실지재고조사법이 있다. 계속기록법과 실지재고조사법 중 어느 방법으로 기말재고수량을 파악하는가에 따라 기중의 상품매매에 대한 분개가 달라진다.

2. 계속기록법(perpetual inventory method)

계속기록법은 상품의 매입 또는 매출이 있을 때마다 계속해서 장부에 기록함으로써 기말재고수량을 파악하는 방법이다. 이 방법에 따르면, 상품의 기초재고액을 자산계정인 상품계정에 기록하는 동시에, 상품의 매입이 있을 때마다 이를 자산의 증가로 보아 상품계정의 차변에 분개한다. 예컨대 상품 ₩100,000을 현금으로 매입한 경우의 분개는 다음과 같다.

〈계속기록법에서의 매입 분개〉

(차) 상　품　100,000　(대) 현　금　100,000

한편, 상품을 매출하면 수익계정인 매출을 인식하는 동시에 상품의 취득원가만큼 상품계정을 감소시키면서 비용계정인 매출원가를 인식하게 된다. 즉 대변에 매출이라는 수익의 발생을 분개한 뒤, 차변에 매출원가라는 비용의 발생과 대변에 상품이라는 자산의 감소를 동시에 분개한다. 예컨대 앞의 상품 전부를 ₩150,000에 현금으로 매출한 경우의 분개는 다음과 같다.

4) 여기서는 기말재고수량의 파악 방법만 다루고, 기말재고상품의 단가 결정에 대해서는 제 9장에서 상세히 살펴보기로 한다.

〈계속기록법에서의 매출 분개〉

(차)	현　　금	150,000	(대)	매　　출	150,000
	매출원가	100,000		상　　품	100,000

계속기록법을 사용하면 상품계정의 차변에는 기초상품의 원가 및 당기 중에 매입한 상품의 원가가 기록되고, 대변에는 매출된 상품의 원가가 기록되기 때문에 상품계정의 차변잔액은 특정시점에서 회사가 실제로 보유하고 있는 상품재고액이 된다. 즉 상품계정은 다음과 같은 구조가 되는 것이다.

상　품(계속기록법)

차변	대변
기초상품의 원가(= 기초상품재고액)	당기매출상품의 원가(= 매출원가)
당기매입상품의 원가(= 당기상품매입액)	기말상품의 원가(= 기말상품재고액)

또한 계속기록법에서는 매출원가계정이 존재하기 때문에 기말에 이 계정의 차변합계를 구하여 당기의 매출원가를 즉시 파악할 수 있다. 즉 계속기록법에서는 다음과 같이 매출원가가 먼저 결정되고 기말상품재고액은 사후에 도출되는 것이다.

기초상품재고액 + 당기상품매입액 − 매출원가 = 기말상품재고액

3. 실지재고조사법(physical inventory method)

실지재고조사법은 기말에 실지재고조사를 실시하여 보유하고 있는 기말재고수량을 파악하는 방법이다. 이 방법에 따르면, 상품의 기초재고액은 자산계정인 상품계정에 기록하고, 이후 회계기간 중의 상품의 매입과 매출거래는 상품계정에 기록하지 않는다. 즉 상품의 매입은 자산의 증가로 보지 않고 비용의 발생

으로 보아 매입계정의 차변에 분개한다. 예컨대 상품 ₩100,000을 현금으로 매입한 경우의 분개는 다음과 같다.

〈실지재고조사법에서의 매입 분개〉

(차) 매　　입　　100,000　　(대) 현　　금　　100,000

한편, 상품을 매출하면 대변에 매출이라는 수익의 발생만을 분개하며, 매출원가라는 비용의 발생은 분개하지 않는다. 예컨대 앞의 상품 전부를 ₩150,000에 현금으로 매출한 경우의 분개는 다음과 같다.

〈실지재고조사법에서의 매출 분개〉

(차) 현　　금　　150,000　　(대) 매　　출　　150,000

계속기록법을 사용한 경우에는 기중에 상품을 매출할 때마다 매출원가를 인식하지만, 실지재고조사법을 사용한 경우에는 기중에 매출원가를 인식하지 않기 때문에 추후 기말 결산시점에 매출원가를 인식하여야 한다. 즉 실지재고조사법에서는 다음과 같이 기말상품재고액이 먼저 결정되고 매출원가가 사후에 도출되는 것이다.

기초상품재고액 + 당기상품매입액 − 기말상품재고액 = 매출원가

실지재고조사법에 의한 매출원가의 측정 과정에 대해서는 다음 절에서 살펴보기로 한다.

실지재고조사법을 사용하면 상품매매거래와 관련된 계정으로 기초재고액으로 기록된 상품 계정, 당기 중에 매입한 상품의 원가를 기록한 매입계정, 판매가격으로 기록된 매출계정의 세 계정이 존재하게 된다. 이와 같이 실지재고조사법에 의하면 상품매매거래가 상품, 매입, 매출이라는 세 계정으로 분할되는데, 이를 3분법이라 한다. 다만, 실지재고조사법은 재고조사 방법을 의미하는 것이

고, 3분법은 상품계정의 분할 방법이라는 개념상의 차이가 있을 뿐이다.

계속기록법은 특정 시점에서 상품계정의 잔액과 그 때까지 발생한 매출원가를 항상 파악할 수 있는 반면, 판매할 때마다 판매하는 상품의 매출원가를 인식해야 하는 번거로움이 있다. 반면에 실지재고조사법은 판매할 때마다 판매하는 상품의 매출원가를 인식할 필요는 없지만, 특정 시점에서 실제로 재고조사를 실시하지 않는 한 재고수량을 파악할 수 없고, 그 시점까지 매출원가를 알 수 없는 단점이 있다.

따라서 기업에서는 계속기록법과 실지재고조사법의 두 방법을 병용하는 경우가 많다. 예컨대 장부상 계속기록법을 채택하면서 기말에 실지재고조사를 실시하여 실지재고조사법을 병용하는 경우가 많다. 또한 회계처리는 실지재고조사법으로 하면서, 기중에는 계속기록법에 의하여 재고자산의 수량 변동만을 장부에 기록하고, 기말에는 장부상 남은 재고수량에 재고자산의 평가방법에 의해 결정된 단가를 적용하여 기말상품재고액을 산출하는 방법을 사용하기도 한다.

다만, 계속기록법에 의하면 기말 결산정리분개가 필요 없지만, 실지재고조사법에 의하면 기말 결산정리분개가 필요하기 때문에 이하에서는 실지재고조사법을 사용하는 경우를 예로 들어 상품매매회사의 회계순환과정을 살펴보기로 한다.

제2절 상품매매회사의 회계순환과정

다음의 예제로 분개에서 재무제표의 작성에 이르는 상품매매회사의 회계순환과정을 살펴보기로 한다.

예제 6-1

1. (주)경성상회의 20××년 1월 1일 현재 기초 재무상태표는 다음과 같다.

재무상태표

(주)경성상회 20××년 1월 1일 현재 (단위 : 원)

과 목	금 액	과 목	금 액
현 금	300,000	외상매입금	300,000
외상매출금	500,000	단기차입금	500,000
상 품	200,000	부채총계	800,000
토 지	400,000	자 본 금	1,000,000
건 물	600,000	이익잉여금	200,000
		자본총계	1,200,000
자 산 총 계	2,000,000	부채 및 자본총계	2,000,000

2. 1월 중 발생한 거래는 다음과 같다.

   (1) 상품을 ₩500,000에 현금으로 매입하다.

   (2) 상품을 ₩800,000에 외상으로 매입하다.

   (3) 상품을 ₩900,000에 현금으로 판매하다.

   (4) 상품을 ₩700,000에 외상으로 판매하다.

3. 1월 31일 실지재고조사에 의한 기말상품재고액이 ₩300,000이다.

4. 위의 자료를 바탕으로 분개, 전기한 후 잔액시산표를 작성하고, 결산정리분개를 한 후 재무제표(재무상태표와 포괄손익계산서)를 작성하시오.

1. 분개

실지재고조사법에 따라 1월 중 발생한 거래를 분개하면 다음과 같다.

(1)	(차)	매 입	500,000	(대)	현 금	500,000
(2)	(차)	매 입	800,000	(대)	외상매입금	800,000

(3) (차) 현　금 900,000 (대) 매　출 900,000

(4) (차) 외상매출금 700,000 (대) 매　출 700,000

2. 전기

상품매매회사의 분개를 전기하는 과정도 서비스업의 경우와 동일하다. 〈예제 6-1〉에서의 기초 재무상태표에는 전기이월액이 남아 있으므로, 이를 우선 해당 계정에 기록한 후, 1월 중의 거래를 전기한다. 이를 T-계정으로 나타내면 다음과 같다(단위: 천원).

현　금			
전기이월	300	(1) 매　입	500
(3) 매　출	900		

외상매출금			
전기이월	500		
(4) 매　출	700		

상　품			
전기이월	200		

토　지			
전기이월	400		

건　물			
전기이월	600		

외상매입금			
		전기이월	300
		(2) 매　입	800

단기차입금			
		전기이월	500

자 본 금			
		전기이월	1,000

이익잉여금			
		전기이월	200

매　입			
(1) 현　금	500		
(2) 외상매입금	800		

매　출			
		(3) 현　금	900
		(4) 외상매출금	700

3. 잔액시산표의 작성

전기된 각 계정의 잔액으로 잔액시산표를 작성하면 다음과 같다.

잔액시산표

(주)경성상회　　20××년 1월 31일　　(단위 : 원)

차 변	계정과목	대 변
700,000	현 금	
1,200,000	외상매출금	
200,000	상 품	
400,000	토 지	
600,000	건 물	
	외상매입금	1,100,000
	단기차입금	500,000
	자 본 금	1,000,000
	이익잉여금	200,000
	매 출	1,600,000
1,300,000	매 입	
4,400,000		4,400,000

4. 결산정리분개

이미 언급한 바와 같이 계속기록법에 의하면 특정 기간의 매출원가를 장부상에서 항상 파악할 수 있으므로 기말 결산정리분개가 필요 없지만, 실지재고조사법을 사용하는 경우에는 이를 파악할 수 없기 때문에 기말 결산정리분개가 필요하다.

실지재고조사법에 의하면 기초재고액으로 기록된 상품계정, 당기 중에 매입한 상품의 원가를 기록한 매입계정, 그리고 판매가격으로 기록된 매출계정이 존재한다. 따라서 다음과 같은 결산정리분개가 필요한 것이다.

첫째, 기초재고액으로 기록된 상품계정을 기말재고액으로 바꾸어야 할 것이다.

둘째, 매입과 매출계정만으로 매출원가를 알 수 없기 때문에 이를 파악하기 위한 결산정리분개가 필요할 것이다.

이를 위해 우선 실지재고조사법에서는 기말의 실지재고조사에 의해 기말상품재고액이 결정된 뒤, 다음과 같은 방법으로 매출원가가 도출된다는 것을 유념할 필요가 있다.

기초상품재고액 + 당기상품매입액 − 기말상품재고액 = 매출원가

이는 다음과 같이 설명할 수 있다. 우선 기초상품재고액과 당기상품매입액을 더하면 판매가능 상품의 원가가 된다.

기초상품재고액 + 당기상품매입액 = 판매가능 상품의 원가

판매가능 상품의 원가에서 판매하고 남은 기말상품재고액(원가)을 차감하면 이는 당기에 실제로 판매한 상품의 원가, 즉 매출원가가 되는 것이다.

판매가능 상품의 원가 − 기말상품재고액 = 매출원가

이러한 상품매매회사의 매출원가를 파악하기 위한 결산정리분개로는 매출원가를 매입계정에서 파악하는 방법과 매출원가 계정을 설정하여 파악하는 방법이 있다.

우선 매입계정에서 매출원가를 파악하는 방법에 의하면 기초상품재고액을 매입계정에 대체하고, 기말상품재고액을 매입계정에서 차감하여 매출원가를 계산하게 된다. 이는 앞에서 설명한 바와 같이 기초상품재고액과 당기상품매입액을 더하면 판매가능 상품의 원가가 되고, 이로부터 기말상품재고액을 차감하면 매출원가가 되기 때문이다.

매출원가계정을 설정하는 방법에 의하면 기초상품재고액과 매입계정의 잔액을 매출원가계정의 차변으로 대체하고, 기말상품재고액을 매출원가 계정의 대변에 기록함으로써 매출원가계정에서 매출원가를 계산하게 된다.

앞의 (주)경성상회의 예에서 매출원가를 파악하기 위한 결산정리분개를 하면 다음과 같다(기초상품재고액: ₩200,000, 기말상품재고액: ₩300,000).

〈매입계정에서 파악하는 방법〉

(차)	매　입	200,000	(대)	상　품	200,000
(차)	상　품	300,000	(대)	매　입	300,000

〈매출원가계정을 설정하는 방법〉

(차)	매출원가	200,000	(대)	상　품	200,000
(차)	매출원가	1,300,000	(대)	매　입	1,300,000
(차)	상　품	300,000	(대)	매출원가	300,000

즉, 매출원가계정을 설정하는 방법에 의하면 매입계정에서 매출원가를 파악하는 방법보다 매입계정의 잔액을 매출원가계정의 차변으로 대체하는 결산정리분개를 하나 더 추가해야 하는 것이다. 이들을 각 계정에 전기하면 다음과 같이 된다.

〈매입계정에서 파악하는 방법〉

상　품

전기이월	200,000	매　입	200,000
매　입	300,000		

매　입

당기매입	1,300,000	상　품	300,000
상　품	200,000		

여기서 상품계정의 잔액은 먼저 기초상품재고액이 대변으로 대체되어 ₩0이 되었다가, 기말상품재고액 ₩300,000이 차변으로 오면서 잔액이 ₩300,000으

로 되어 재무상태표에 옮겨 적어도 되는 차기이월액이 되는 것이다. 또한 매입계정의 차변잔액 ₩1,200,000은 당기매입액에 기초상품재고액을 더해 기말상품재고액을 차감한 매출원가를 나타내어 포괄손익계산서에 기록하게 되는 것이다.

〈매출원가계정을 설정하는 방법〉

상 품

차변	금액	대변	금액
전기이월	200,000	매출원가	200,000
매출원가	300,000		

매 입

차변	금액	대변	금액
당기매입	1,300,000	매출원가	1,300,000

매출원가

차변	금액	대변	금액
상 품	200,000	상 품	300,000
매 입	1,300,000		

매출원가계정을 설정하는 방법에 의하면 상품계정은 마찬가지인데, 매입계정의 당기매입액은 매출원가계정으로 대체되면서 매입계정은 잔액이 ₩0이 되어 소멸하게 된다. 단지 매출원가계정이 매입계정에 대신하여 매출원가를 산정하는 역할을 하게 되는 것이다.

이상의 결산정리분개를 포함하여 (주)경성상회의 예에서 정산표(8위식)를 작성하면 다음과 같다.

〈매입계정에서 파악하는 방법〉

정 산 표

(주)경성상회 20××년 1월 31일 (단위 : 천원)

계정과목	잔액시산표		결산정리분개		포괄손익계산서		재무상태표	
	차변	대변	차변	대변	차변	대변	차변	대변
현 금	700						700	
외상매출금	1,200						1,200	
상 품	200		300	200			300	
토 지	400						400	
건 물	600						600	
외상매입금		1,100						1,100
단기차입금		500						500
자 본 금		1,000						1,000
이익잉여금		200						200
매 출		1,600				1,600		
매 입	1,300		200	300	1,200			
계	4,400	4,400						
당기순이익					400			400
합 계			500	500	1,600	1,600	3,200	3,200

〈매출원가계정을 설정하는 방법〉

정 산 표

(주)경성상회 20××년 1월 31일 (단위 : 천원)

계정과목	잔액시산표		결산정리분개		포괄손익계산서		재무상태표	
	차변	대변	차변	대변	차변	대변	차변	대변
현 금	700						700	
외상매출금	1,200						1,200	
상 품	200		300	200			300	
토 지	400						400	
건 물	600						600	
외상매입금		1,100						1,100
단기차입금		500						500
자 본 금		1,000						1,000
이익잉여금		200						200
매 출		1,600				1,600		
매 입	1,300			1,300	0			
계	4,400	4,400						
매 출 원 가			200	300	1,200			
			1,300					
당기순이익					400			400
합 계			1,800	1,800	1,600	1,600	3,200	3,200

이상과 같이 상품매매회사의 매출원가는 매입계정에서 파악하는 방법과 매출원가계정을 설정하여 파악하는 방법이 있는데, 본서에서는 매출원가계정을 설정하여 파악하는 방법을 사용할 것을 권장한다. 이는 매출원가계정을 설정하여 파악하는 방법에 의하면 전기이월액과 차기이월액이 매출원가로 대체되는데 반하여, 매입계정에서 파악하는 방법에 의하면 매입으로 대체되어 전기이월액이 당기에 매입된 것으로 오해될 소지가 있고, 차기이월액이 매입에서 차감되는 모순이 있기 때문이다.

한편, 재무제표의 작성 전에 각 계정을 마감하는 절차가 필요한데, 상품매매회사의 경우에도 마찬가지이다. 우선 포괄손익계산서 계정을 (집합)손익계정으로 대체하는 마감분개가 필요한 데, 앞의 예에서 포괄손익계산서 계정은 매출과 매입뿐이므로 이의 마감분개를 표시하면 다음과 같다.

〈매입계정에서 파악하는 방법〉

(차) 매 출 1,600,000 (대) 손 익 1,600,000
(차) 손 익 1,200,000 (대) 매 입 1,200,000

〈매출원가계정을 설정하는 방법〉

(차) 매 출 1,600,000 (대) 손 익 1,600,000
(차) 손 익 1,200,000 (대) 매출원가 1,200,000

이로써 손익계정의 잔액은 ₩400,000으로 매출총이익(당기순이익)을 나타내는데, 이를 재무상태표 계정인 자본(이익잉여금)계정으로 대체하는 다음의 분개가 필요하다.

(차) 손 익 400,000 (대) 이익잉여금 400,000

5. 재무제표의 작성

앞의 정산표를 이용하여 (주)경성상회의 재무상태표와 포괄손익계산서를 작성하면 다음과 같다.

재무상태표

(주)경성상회 | 20××년 1월 31일 현재 | (단위 : 원)

과 목	금 액	과 목	금 액
현 금	700,000	외상매입금	1,100,000
외상매출금	1,200,000	단기차입금	500,000
상 품	300,000	부 채 총 계	1,600,000
토 지	400,000	자 본 금	1,000,000
건 물	600,000	이익잉여금	600,000*
		(당기순이익 400,000)	
		자 본 총 계	1,600,000
자산총계	3,200,000	부채 및 자본총계	3,200,000

* 이는 기초이월이익잉여금 ₩200,000에 당기순이익 ₩400,000을 더한 금액이다.

포괄손익계산서

(주)경성상회 | 20××년 1월 1일부터 1월 31일까지 | (단위 : 원)

과 목	금 액	
Ⅰ. 매 출 액		1,600,000
Ⅱ. 매출원가		
1. 기초상품재고액	200,000	
2. 당기상품매입액	1,300,000	
3. 기말상품재고액	(300,000)	(1,200,000)
Ⅲ. 매출총이익(= 당기순이익)		400,000

상품매매회사의 포괄손익계산서에서 매출원가는 단일금액 ₩1,200,000으로 기록하지 않고, 위와 같이 기초상품재고액과 당기상품매입액을 더하여 기말상품재고액을 차감하는 형식으로 기록한다. 그 외에 판매비와 관리비, 영업외수익, 영업외비용 등은 서비스업의 포괄손익계산서와 동일하게 기록된다.

연습문제 객관식

다음 설명 중 맞으면 O, 틀리면 X를 표시하시오.(1~4번)

6-1 계속기록법에서는 판매가 이루어질 때마다 해당 판매분의 매출원가를 계산해야 한다.

6-2 계속기록법에서는 상품관련 계정의 결산정리분개가 요구된다.

6-3 실지재고조사법에서는 기말에 실제로 남아 있는 재고자산금액을 조사하여 매출원가를 기말에 구한다.

6-4 계속기록법에서는 기중에 재고자산계정의 잔액을 파악할 수 없다.

6-5 다음 중 실지재고조사법을 사용하는 기업에서 수행하는 기말수정분개에 해당되지 않는 것은?

① (차) 매출원가	xxx	(대)	재고자산	xxx
② (차) 재고자산	xxx	(대)	매출원가	xxx
③ (차) 매출총이익	xxx	(대)	매출원가	xxx
④ (차) 매출원가	xxx	(대)	매 입	xxx

6-6 (주)A의 장부상에 기록되어 있는 20x1년 12월 31일 결산일 현재의 기말재고액은 ₩200,000으로 표시되어 있다. 실제로 재고조사를 한 결과 기말재고액은 ₩170,000으로 확인되었다. 이러한 재고자산의 감모가 비정상적인 원인에 의해서 발생된 것이라고 파악될 경우 20x1년 12월 31일에 (주)A가 행하여야 하는 분개는?

① (차) 매출원가	30,000	(대)	재고자산	30,000
② (차) 재고자산	30,000	(대)	매출원가	30,000
③ (차) 재고자산감모손실	30,000	(대)	재고자산	30,000
④ (차) 매출원가	30,000	(대)	매 입	30,000

6-7 기초상품재고자산이 ₩75,000, 기말상품재고자산이 ₩120,000이며, 판매가능상품액이 ₩250,000이라면 매출원가는?

① ₩130,000 ② ₩175,000 ③ ₩195,000 ④ ₩325,000

6-8 당해연도에 매출한 상품의 총송장가액은 ₩11,000,000이며, 이와 관련된 매출에누리와 환입 ₩150,000, 매출할인 ₩130,000, 매출상품의 운임 ₩70,000이 발생하였다. 당해연도에 매입한 상품의 총송장가액은 ₩9,000,000이며, 이와 관련된 매입에누리와 환출 ₩500,000, 매입할인 ₩150,000, 매입상품의 운임 ₩260,000이 발생하였다. 기초상품재고액이 ₩2,800,000이고, 기말상품재고액이 ₩3,400,000이라면, 당기 매출총이익은?

① ₩2,530,000 ② ₩2,640,000 ③ ₩2,710,000 ④ ₩2,840,000 ⑤ ₩3,010,000

연습문제 객관식

6-9 (주)경성의 20x1년 10월 중 상품매매실적은 다음과 같다.

기초상품재고액	₩5,000	매입상품환출액	₩1,500
당기상품매입액	10,000	매출에누리액	2,600
당기상품매출액	15,000	기말상품재고액	3,000

(주)경성의 10월 매출총이익은 얼마인가?

① ₩400 ② ₩1,900 ③ ₩7,100 ④ ₩11,900 ⑤ ₩16,500

6-10 다음 자료에 의하여 매출원가를 계산하면 얼마인가?

기초상품재고액	₩1,700,000	매입에누리	₩85,000
당기상품매입액	2,500,000	매입할인	30,000
매입운임	100,000	기말상품재고액	1,300,000

① ₩2,685,000 ② ₩2,885,000 ③ ₩2,915,000 ④ ₩2,970,000 ⑤ ₩3,150,000

6-11 다음 자료에 의하여 총매출액을 산출하면 얼마인가?

기초상품재고액	₩80,000	매출환입액	₩15,000
당기상품매입액	240,000	매입환출액	9,000
매입부대비용	5,000	기말상품재고액	30,000
매출총이익	25,000		

① ₩255,000 ② ₩296,000 ③ ₩311,000 ④ ₩321,000 ⑤ ₩326,000

6-12 다음 자료에 의하여 매출원가를 계산하면?

기초상품재고액	₩50,000	매입운임	₩10,000
당기총매입액	230,000	매입에누리와 환출	20,000
매입할인	25,000	기말상품재고액	36,000

① ₩190,000 ② ₩199,000 ③ ₩209,000 ④ ₩234,000 ⑤ ₩245,000

연습문제 주관식

6-1 상품매매회사의 특성에 대해 설명하시오.

6-2 다음의 상품매매거래를 계속기록법과 실지재고조사법으로 나누어 분개하시오.

(1) 상품을 ₩300,000에 현금으로 매입하다.

(2) 상품을 ₩500,000에 외상으로 매입하다.

(3) (1)의 상품을 ₩600,000에 현금으로 판매하다.

(4) (2)의 상품을 ₩800,000에 외상으로 판매하다.

6-3 다음 표의 (　)속에 적당한 금액을 기입하시오.

(단위 : 원)

사 업 장	A	B	C	D
매 출 액	150,000	200,000	(　　)	300,000
기초상품재고액	20,000	(　　)	(　　)	50,000
당기상품매입액	100,000	130,000	150,000	180,000
기말상품재고액	30,000	50,000	80,000	(　　)
매출원가	(　　)	(　　)	130,000	(　　)
매출총이익	(　　)	80,000	40,000	140,000

6-4 상품매매거래와 관련된 계정의 내역은 다음과 같다.

상 품	
전기이월 200,000	

매 입	
당기매입 1,300,000	

매 출	
	당기매출 2,000,000

* 기말 실지재고조사에 의한 상품재고액은 ₩400,000이다.

〈요구사항〉

(1) 매출원가를 계산하시오.

(2) 결산정리분개를 하고 해당 계정에 전기하시오(매출원가는 매출원가계정에서 산출).

(3) 매출총이익을 보여주는 과정까지의 포괄손익계산서를 작성하시오.

연습문제 주관식

6-5 A사의 기초상품재고액은 ₩300,000이며, 당기 중 상품매매거래의 내역은 다음과 같다.

① 상품을 ₩500,000에 외상으로 매입하다.

② 원가 ₩350,000의 상품을 ₩500,000에 외상으로 판매하다.

③ 외상매입대금 중 ₩300,000을 현금으로 지급하다.

④ 외상매출대금 중 ₩400,000을 현금으로 수령하다.

⑤ 상품을 ₩450,000에 외상으로 매입하다.

⑥ 원가 ₩550,000의 상품을 ₩800,000에 외상으로 판매하다.

⑦ 기말 현재 상품에 대한 실지재고조사 결과 장부상의 기말상품재고액과 일치하였다.

〈요구사항〉

(1) 기말상품재고액을 계산하시오.

(2) 계속기록법에 의한 상품매매거래를 분개하고, 매출총이익을 계산하시오.

(3) 실지재고조사법에 의한 상품매매거래를 분개(결산정리분개 포함 : 매출원가는 매출원가계정에서 산출)하고, 매출총이익을 계산하시오.

연습문제 주관식

6-6 다음 정산표상의 잔액시산표와 결산정리사항으로 결산정리분개(매출원가계정을 설정)를 하고, 정산표를 완성한 후, 재무상태표와 포괄손익계산서를 작성하시오.

정산표

(단위 : 천원)

계정과목	잔액시산표		결산정리분개		포괄손익계산서		재무상태표	
	차변	대변	차변	대변	차변	대변	차변	대변
현 금	50							
매출채권	400							
단기대여금	200							
상 품	500							
건 물	800							
매입채무		450						
단기차입금		300						
대손충당금		50						
감가상각누계액		80						
자 본 금		1,000						
매 출		900						
이자수익		60						
매 입	700							
급 여	50							
보 험 료	100							
이자비용	40							
계	2,840	2,840						
당기순이익								
합 계								

〈결산정리사항〉

① 기말상품재고액 ₩600,000

② 대손충당금은 매출채권 잔액의 5%로 설정

③ 당기 건물 감가상각비 ₩80,000

연습문제 주관식

④ 보험료 선급액 ₩20,000

⑤ 집세 미지급액 ₩10,000

⑥ 이자 선수액 ₩30,000

6-7 다음의 잔액시산표와 결산정리사항으로 결산정리분개(매출원가계정을 설정)를 하고, 정산표를 작성한 후, 재무상태표와 포괄손익계산서를 작성하시오.

잔액시산표

(단위 : 원)

차 변	계정과목	대 변
250,000	현 금	
600,000	외상매출금	
400,000	단기대여금	
300,000	상 품	
500,000	토 지	
900,000	건 물	
	외상매입금	100,000
	단기차입금	600,000
	대손충당금	40,000
	감가상각누계액	180,000
	자 본 금	2,000,000
	매 출	7,000,000
	이 자 수 익	40,000
6,000,000	매 입	
700,000	급 여	
150,000	보 험 료	
100,000	소 모 품 비	
60,000	이 자 비 용	
9,960,000		9,960,000

연습문제 주관식

〈결산정리사항〉

① 기말상품재고액 ₩500,000

② 단기대여금에 대한 미수이자 ₩20,000

③ 대손충당금은 외상매출금 잔액의 5%로 설정

④ 당기 건물 감가상각비 ₩90,000

⑤ 보험료 중 당기 보험료는 ₩100,000

⑥ 미사용 소모품 ₩30,000

6-8 다음은 (주)대연의 일련의 거래 내역과 결산정리사항이다. 이 자료에 의하여 다음의 물음에 답하시오.

〈거래 내역〉

① 현금 ₩5,000,000을 출자하여 영업을 개시하다.

② 토지 ₩1,000,000, 건물 ₩2,000,000을 현금으로 취득하다.

③ 은행으로부터 ₩3,000,000을 단기간 차입하다.

④ 상품을 ₩500,000에 매입하고, 대금 중 ₩200,000은 현금으로 지급하고, 잔액은 외상으로 하다.

⑤ 화재보험료 1년분 ₩250,000을 현금으로 지급하고 이를 모두 당기 비용으로 처리하다.

⑥ 상품을 ₩400,000에 판매하고 대금 중 ₩100,000은 현금으로 받고, 잔액은 외상으로 하다.

⑦ 상품을 ₩700,000에 현금으로 매입하다.

⑧ (4)의 상품에 대한 외상대금 중 ₩200,000을 현금으로 지급하다.

⑨ 상품을 ₩900,000에 외상으로 판매하다.

⑩ 종업원 급여 ₩200,000을 현금으로 지급하다.

⑪ 차입금 이자 ₩120,000을 현금으로 지급하다.

⑫ 건물 임대료 ₩250,000을 현금으로 받다.

〈결산정리사항〉

① 기말상품재고액 ₩450,000

② 대손충당금은 외상매출금 잔액의 5%로 설정

③ 당기 건물 감가상각비 ₩80,000

연습문제 주관식

④ 당기분 보험료 ₩180,000

⑤ 당기분 임대료 ₩150,000

〈물음〉

(1) 거래의 분개를 하고 총계정원장에 전기하시오.

(2) 잔액시산표를 작성하시오,

(3) 결산정리분개를 하고 총계정원장에 전기한 후, 정산표를 작성하고 마감분개를 하시오.

(4) 재무상태표와 포괄손익계산서를 작성하시오.

6-9 다음의 잔액시산표(수정전시산표)와 수정후시산표에서 결산정리분개를 추정하고, 공란에 들어갈 금액을 계산하시오.

계정과목	잔액시산표		수정후시산표	
	차 변	대 변	차 변	대 변
소 모 품	-		20,000	
선급보험료	-		(1)	
미수임대료	(2)		35,000	
미지급급여		-		(3)
선 수 이 자		-		20,000
대손충당금		(4)		100,000
감가상각누계액		500,000		600,000
이 자 수 익		(5)		30,000
임대료수익		25,000		45,000
급 여	300,000		350,000	
소 모 품 비	50,000		(6)	
보 험 료	150,000		100,000	
대손상각비	-		60,000	
감가상각비	-		(7)	

연습문제 주관식

6-10 다음의 정산표에는 잔액시산표와 재무상태표의 자료밖에 없다. 이 자료로 결산정리분개를 하고, 정산표를 완성하시오.

정 산 표

(단위 : 천원)

계정과목	잔액시산표		결산정리분개		포괄손익계산서		재무상태표	
	차변	대변	차변	대변	차변	대변	차변	대변
현 금	50						50	
외상매출금	300						300	
단기대여금	200						200	
상 품	100						300	
토 지	450						450	
건 물	500						500	
외상매입금		100						100
단기차입금		300						300
대손충당금		60						90
감가상각누계액		200						300
자 본 금		1,000						1,000
매 출		3,500						
이 자 수 익		40						
매 입	3,000							
급 여	350							
보 험 료	120							
소 모 품 비	80							
이 자 비 용	50							
계	5,200	5,200						
미 수 이 자							10	
선급보험료							40	
소 모 품							30	
미지급급여								50
당기순이익								40
합 계							1,880	1,880

제3부

계정과목별 회계처리

지금까지 우리는 거래의 발생에서부터 재무제표의 작성까지의 회계의 순환과정을 전체적으로 살펴보았다. 즉 분개로부터 시작하여, 전기, 시산표의 작성, 결산정리분개, 계정의 마감, 재무제표의 작성에 이르는 일련의 순환과정이 그것이다.

지금부터는 재무제표를 구성하고 있는 각 계정과목별로 그 회계처리 및 보고절차를 살펴보기로 한다. 각 계정과목별 회계처리를 학습하는 과정에서도 항상 전체적인 회계의 순환과정에서 어느 단계에 해당하는지를 숙지하여야 할 것이다. 특히 각 계정과목별 회계처리 중 대부분의 중요한 내용은 결산정리분개와 관련이 있으므로 그 필요성과 회계처리방법을 음미할 필요가 있을 것이다.

또한, 각 계정과목별 회계처리의 내용은 재무제표 중에서 재무상태표의 구성 순서, 즉 유동성배열법의 순서에 따라 전개되는데, 각 계정과목별 회계처리의 내용이 재무제표의 구성 순서 중에서 어떤 부분에 속하는지를 항상 숙지하면서 학습하여야 할 것이다.

7 장

현금 및 현금성자산과 단기금융자산

재무상태표

자 산	부 채
유동자산	유동부채
당좌자산	비유동부채
현금 및 현금성자산	부채총계
단기금융자산	자 본
……	자 본 금
재고자산	자본잉여금
비유동자산	자본조정
투자자산	기타포괄손익누계액
유형자산	이익잉여금
무형자산	자본총계
기타비유동자산	
자산총계	부채 및 자본총계

7 장

현금 및 현금성자산과 단기금융자산

제1절 현금 및 현금성자산

1. 현금 및 현금성자산의 의의

현금의 중요성은 지불수단에 있다. 영업활동에 필요한 자산의 구입이나 비용의 지출 외에 부채의 상환이나 이자의 지급에도 현금이 필요하다. 그러나 이익이 있음에도 불구하고 부채의 상환에 필요한 현금의 부족, 즉 지급능력(solvency)이 부족하면 부도가 나게 되고 기업은 도산할 수밖에 없다. 이를 흑자도산이라 한다.

기업은 안정적이고 원활한 영업활동을 하기 위해서는 적정 수준의 현금을 보유하고 있어야 한다. 기업의 안정성, 특히 단기적인 지급능력을 나타내는 중요한 지표가 유동성(liquidity)이다. 유동성은 현금으로의 전환가능성에 대한 정도를 나타내는 것으로 유동성이 높다는 것은 단기적으로 현금으로 전환이 가능한 자산을 많이 보유하고 있다는 것을 의미한다.

그렇다고 과다한 현금의 보유는 바람직하지 못할 것이다. 기업의 궁극적인 목표는 많은 수익을 창출하여 성장해 나가는 것이다. 따라서 적정 수준을 초과하는 현금은 금융상품 등에 투자되거나, 채무의 상환 또는 영업 확장 등에 활용되어야 하며, 배당 등의 형태로 주주에게 지급되어야 할 것이다.

그런데 회계에서의 현금(cash)은 통상적인 통화인 지폐나 동전뿐만 아니라, 통화와 마찬가지로 사용할 수 있는 통화대용증권(자기앞수표, 타인발행 당좌수표, 송금환, 우편환증서, 배당증권, 만기가 도래한 채권이자지급표 등) 및 당좌예금, 보통예금, 저축예금 등의 요구불예금(deposit on demand)을 포함한다.

현금성자산(cash equivalents)이란 현금의 단기적인 운용을 목적으로 취득한 유동성이 높은 유가증권과 단기금융상품을 말한다. 이러한 현금성자산은 ① 큰 거래비용 없이 현금으로 전환이 용이하고, ② 이자율의 변동에 따른 가치변동의 위험이 작아야 하며, ③ 취득 당시 만기 또는 상환일이 3개월 이내에 도래하여야 한다.

이상의 현금 및 현금성자산은 기업의 내부관리 목적으로는 현금, 당좌예금, 보통예금, 저축예금 등과 같이 세부 계정과목을 사용할 수 있지만, 외부 보고용으로 재무상태표를 작성할 때에는 현금과 그 실질이 같은 계정을 합하여 현금 및 현금성자산이라는 단일 계정으로 통합하여 표시하도록 하고 있는 것이다.

예제 7-1 다음의 거래를 분개하시오.

(1) 상품을 ₩100,000에 판매하고, 대금은 거래처 발행의 당좌수표로 받다.

(2) 외상매입금 ₩200,000을 보관 중인 은행 발행의 자기앞수표로 갚다.

(3) 광고선전비 ₩300,000을 보관 중인 타인발행의 당좌수표로 지급하다.

[해답]

(1)	(차)	현 금	100,000	(대)	매 출	100,000
(2)	(차)	외상매입금	200,000	(대)	현 금	200,000
(3)	(차)	광고선전비	300,000	(대)	현 금	300,000

2. 소액현금제도

현금은 그 성격상 도난이나 분실의 위험이 높고, 그 자체로는 수익성이 없는 자산이다. 따라서 당장 필요하지 않는 현금의 경우에는 은행에 예입하는 것이 좋으며, 기업이 보유하고 있는 현금은 최소한으로 줄여야 할 것이다. 대신 기업은 은행의 당좌계정을 이용하여 수표를 발행함으로써 업무를 간소화하고 현금보관에 따른 위험을 감소시킬 수 있을 것이다.

그러나 기업이 일상적인 업무를 수행하는 과정에서 소액의 현금지출을 필요로 하는 경우에 일일이 수표를 발행하는 것은 번거로울 뿐만 아니라 관습적으로도 소액의 비용을 지급하는데 수표를 사용하는 것은 인정되지 않을 것이다. 또한 종업원의 교통비나 사무용품의 구입과 같은 일상적인 소액지출이 있을 때마다 통상적인 지출승인을 받아 현금을 인출하고 그에 따른 적절한 회계처리를 하는 것은 번거로울 것이다. 이러한 번거로움 없이 소액의 현금지출 업무를 관리할 수 있는 제도가 소액현금제도(petty cash system)이다.

소액현금제도는 당좌예금으로부터 일정액을 인출하여 소액현금계정을 설정하고 여기에서 필요한 현금을 지출하도록 하는 것이다. 소액현금제도 중에서 가장 대표적인 방법이 정액소액현금제도(imprest petty cash fund system)이다. 이는 기업이 일정액을 사전에 소액현금계정으로 설정하여 관리하는 제도로서, 소액현금 담당자는 이를 통해 현금을 지출하되 이를 보충할 필요가 있을 때에는 당초 설정된 일정금액에서 사용한 금액만큼을 당좌예금으로부터 전도시키게 된다. 따라서 소액현금 담당자가 보관하고 있는 현금지출 영수증과 소액현금 잔액의 합계액은 언제나 기업이 사전에 설정한 소액현금의 금액과 일치하게 되는 것이다. 이의 회계처리를 단계적으로 설명하면 다음과 같다.

(1) 소액현금의 설정 : 소액현금으로 ₩500,000을 설정하고, 수표를 발행하여 소액현금 담당자에게 전도하였다.

〈분개〉

(차) 소액현금 500,000 (대) 당좌예금 500,000

(2) 소액현금의 사용 : 소액현금이 지출될 때마다 소액현금 담당자는 현금지

출 영수증을 받아두어야 한다. 그러나 각 지출에 대한 분개는 하지 않는다. 왜냐 하면 기업은 업무의 편의를 위해 소액현금제도를 사용하는 것이기 때문에 현금지출이 있을 때에는 아무런 회계처리를 하고 있지 않다가 소액현금을 충당하는 시점에 현금지출 영수증을 근거로 일괄적인 분개를 하는 것이다.

(3) 소액현금의 보충 : 10일 동안 총 ₩200,000을 소액현금에서 사용하였으며, 이 시점에서 소액현금을 보충하려고 한다. 현재 소액현금 담당자가 보관하고 있는 현금지출 영수증과 소액현금 잔액의 내역은 다음과 같다.

교통비	₩80,000	통신비	₩70,000
소모품비	₩50,000	소액현금 잔액	₩300,000

〈분개〉

(차)	교 통 비	80,000	(대)	당좌예금	200,000
	통 신 비	70,000			
	소모품비	50,000			

이렇게 함으로써 소액현금은 처음에 설정한 금액으로 유지되며, 현금지출 영수증 금액(₩200,000)과 소액현금 잔액(₩300,000)의 합계액은 처음에 설정한 소액현금의 금액(₩500,000)과 같게 된다. 여기서 소액현금을 보충할 때 대변의 계정과목이 소액현금이 아닌 당좌예금인 점에 유의하여야 한다. 소액현금의 계정은 최초 설정 당시나 이후 이를 증가 혹은 감소시킬 경우에만 나타난다. 앞의 예에서 소액현금 설정액을 ₩800,000으로 증액하고자 할 경우에는 다음의 분개가 필요할 것이다.

(차) 소액현금 300,000 (대) 당좌예금 300,000

한편, 회계기말이 되면 소액현금의 잔액에 관계없이 보충을 실시하고, 이에 따른 회계처리를 하여야만 소액현금에서 지출된 금액이 동 회계기간의 비용으로 보고될 수 있음에 유의하여야 한다.

3. 현금과부족

장부상의 현금잔액과 실제 보유하고 있는 현금잔액은 반드시 일치하여야 한다. 그러나 현금거래는 매우 빈번하게 일어나므로 기록의 누락이나 중복이 발생할 수도 있고, 도난이나 분실이 발생하여 실제 잔액이 장부상의 잔액과 일치하지 않는 경우도 있다.

만약 실제 잔액과 장부상의 잔액이 일치하지 않을 경우에는 불일치의 원인을 찾아 적절하게 처리하여야 한다. 그 원인을 알 수 없다면 이를 조사하는 동안 임시로 현금과부족계정(cash short and over account)을 설정하여 장부상의 잔액을 실제 잔액에 일치시킨다. 실제 잔액이 장부상의 잔액보다 적다면 현금과부족계정의 차변에 기록하는 동시에 현금계정의 대변에 기록하여 장부상의 잔액을 감소시킨다. 반대로 실제 잔액이 장부상의 잔액보다 많다면 현금과부족계정의 대변에 기록하는 동시에 현금계정의 차변에 기록하여 장부상의 잔액을 증가시킨다.

추후에 현금과부족의 원인이 밝혀지면 현금과부족이라는 임시계정을 제거하고 해당 계정에 대체하여야 한다. 그러나 결산일까지 그 원인이 밝혀지지 않으면 현금과부족계정의 차변 잔액은 잡손실로, 대변 잔액은 잡이익으로 처리한다. 이와 같이 현금과부족계정은 임시계정으로 결산일까지 그 원인이 밝혀지지 않으면 없어지게 되어 재무상태표에는 표시되지 않는 것이다.

예제 7-2 다음의 거래를 분개하시오.

(1) 현금의 실제 잔액이 현금계정의 잔액보다 ₩100,000 부족하나, 현재로서는 그 원인을 알 수 없다.

(2) 이 중 ₩70,000은 교통비 지출의 기장 누락으로 판명되었다.

(3) 나머지는 결산일까지 그 원인이 판명되지 않았다.

[해답]

(1)	(차)	현금과부족	100,000	(대)	현 금	100,000
(2)	(차)	교 통 비	70,000	(대)	현금과부족	70,000
(3)	(차)	잡 손 실	30,000	(대)	현금과부족	30,000

4. 당좌예금과 당좌차월

(1) 당좌예금

오늘날과 같이 거래가 빈번하고 거래금액이 큰 경우에 현금만으로 결제를 하는 것은 많은 위험과 불편이 따를 것이다. 이에 기업은 현금을 은행에 입금시켜 놓고 필요할 때마다 수시로 수표를 발행하는 당좌예금(current deposit) 제도를 이용한다. 당좌예금은 이자는 없지만 언제라도 수표(당좌수표)를 발행하여 현금을 인출할 수 있는 은행예금이다.

당좌예금을 하려면 사전에 은행과 당좌거래 약정을 체결해야 하며, 이후 기업은 현금이나 타인발행 수표 등을 예금하게 된다. 은행은 기업에게 은행 고유의 당좌수표 용지를 교부하게 되며, 기업은 거래가 발생할 때 이 용지에 필요한 금액을 적어 거래 상대방에게 교부하면 된다.

은행과 당좌거래 약정을 체결하고 당좌예금계좌에 예금을 하면 당좌예금계정의 차변에 기록하고, 상품의 대금을 지급한다든지 현금으로 인출하기 위해 당좌수표를 발행하면 대변에 기록한다. 실제로 은행의 당좌예금계좌에서 인출되는 것은 발행된 당좌수표가 은행에 제시되는 시점이지만, 기업은 편의상 당좌수표가 발행된 시점에 바로 당좌예금을 차감한다. 이는 곧 은행에서 인출될 것이기 때문이다.

당좌예금은 기업의 요구에 의해 언제든지 인출이 가능하기 때문에 현금의 범주에 포함된다. 따라서 재무상태표에는 현금 및 현금성자산계정에 통합하여 표시되지만, 내부관리 목적으로는 특정의 예금에 대해 그 예금의 명칭별로 계정을 설정할 수도 있고, 여러 예금을 통합하여 제예금계정으로 표시할 수도 있다. 이하에서는 당좌예금계정을 설정하는 경우를 예로 그 회계처리에 대해 살펴보기로 한다.

예제 7-3 다음의 거래를 분개하시오.

(1) 은행과 당좌거래 약정을 체결하고 현금 ₩300,000을 예입하다.
(2) 상품을 ₩100,000에 매입하고 대금은 당좌수표를 발행하여 지급하다.
(3) 상품을 ₩200,000에 매출하고 대금은 거래처발행의 당좌수표로 받다.
(4) (3)의 당좌수표를 은행에 예입하다.

[해답]

(1)	(차)	당좌예금	300,000	(대)	현 금	300,000
(2)	(차)	매 입	100,000	(대)	당좌예금	100,000
(3)	(차)	현 금	200,000	(대)	매 출	200,000
(4)	(차)	당좌예금	200,000	(대)	현 금	200,000

(2) 당좌차월

원칙적으로 기업은 당좌예금잔액의 범위 내에서만 당좌수표를 발행하여야 한다. 잔액이 없는데도 수표를 발행하게 되면 은행은 수표대금의 지급을 거절하게 되고 그 수표는 부도수표(dishonored check)가 된다. 다음에 설명할 어음의 부도와는 달리 수표의 부도는 발행자가 법적으로 구속되며 경제활동이 어렵게 된다.

이를 완화하기 위해 당좌차월(bank overdraft) 제도를 두고 있는데, 당좌차월 제도란 당좌예금 잔액의 범위를 초과하여 수표를 발행하더라도 일정액, 즉 당좌차월 한도까지는 은행이 이를 부도처리하지 않고 대신 지급해 주는 제도를 말한다. 이를 이용하려면 기업은 사전에 은행과 당좌차월 계약을 체결하고 당좌예금 잔액의 범위를 초과하여 수표를 발행할 수 있는 한도를 약정하여야 한다.

당좌예금의 잔액을 초과하여 수표를 발행하면 당좌차월이라는 부채계정을 설정하여 대변에 기록한다. 후에 당좌예금을 하면 우선적으로 당좌차월과 상계하고 나머지만 당좌예금계정의 차변에 기록한다. 만일 결산일까지 상계되지 아니하고 남아 있는 당좌차월금액은 단기차입금(유동부채)계정으로 대체한다.[5]

예제 7-4 다음 일련의 거래를 분개하시오.

(1) 상품을 ₩500,000에 매입하고 대금은 수표를 발행하여 지급하다. 현재 당좌예금의 잔액은 ₩300,000이고, 은행과의 당좌차월 한도액은 ₩700,000이다.

(2) 현금 ₩300,000을 당좌예금하다.

[해답]

(1) (차)	매　　입	500,000	(대)	당좌예금	300,000
				당좌차월	200,000
(2) (차)	당좌차월	200,000	(대)	현　　금	300,000
	당좌예금	100,000			

5) 당좌예금은 유동자산이며, 당좌차월은 유동부채로 재무제표 작성 원칙 중 총액주의에 따라 당좌예금과 당좌차월은 서로 상계할 수 없다. 다만, 동일한 은행에 대한 당좌예금과 당좌차월은 상계가능하여 순액을 당좌예금 또는 당좌차월로 기록할 수 있다. 그러나 상이한 은행에 대한 것은 상계할 수 없다.

그런데 실무에서는 이와 같은 당좌차월계정을 설정하지 않고 기중에는 모든 거래를 당좌예금계정에 기록하였다가 기말에 당좌예금의 잔액이 대변에 있으면 이를 단기차입금이라는 유동부채계정에 대체하는 것이 일반적이다. 만약 〈예제 7-4〉에서 (1)의 거래만 발생하고 결산일이 되었다면 다음과 같이 분개하는 것이다.

〈거래발생일〉

(차)	매　　입	500,000	(대)	당좌예금	500,000

〈결산일〉

(차)	당좌예금	200,000	(대)	단기차입금	200,000

한편, 당좌예금 잔액이나 당좌차월 한도를 초과하여 수표를 발행하면 은행에서 지급거절이 되고 부도수표가 된다. 부도수표의 발행은 상거래의 질서를 어지럽히고 사회를 혼란하게 하므로 법에 따른 상당한 처벌이 있다. 거래처로부터 받은 타인발행의 당좌수표를 은행에 예입하였으나 수표 발행인의 예금 잔액이 부족하여 은행으로부터 지급거절의 통보를 받고 수표가 반송될 경우에는 다음의 〈예제 7-5〉와 같은 분개를 한다.

예제 7-5 다음 일련의 거래를 분개하시오.

(1) 상품을 ₩300,000에 판매하고, 대금은 거래처발행의 당좌수표로 받아 은행에 예입하다.

(2) (1)의 당좌수표가 부도 처리되었다고 은행으로부터 통보를 받다.

[해답]

(1) (차)	당좌예금	300,000	(대)	매　　출	300,000
(2) (차)	외상매출금	300,000	(대)	당좌예금	300,000

(2)의 분개에서 대변에 당좌예금을 감소시킨 것은 기업이 은행에 타인발행의 당좌수표를 예입하였을 때 당좌예금을 증가시켰으므로 부도가 발생하면 이를 취소하기 위함이다. 또한 차변에 외상매출금을 계상한 것은 부도로 인한 채권을 외상매출금으로 재분류한 것으로 볼 수 있다. 이후 이 외상매출금은 회수가능성을 검토하여 회수불능이면 대손처리의 절차를 밟게 된다.

5. 은행계정조정표

현금과부족의 경우와 마찬가지로 당좌예금의 경우에도 회사 장부상의 당좌예금 잔액과 은행 장부상의 당좌예금 잔액이 차이가 발생할 경우가 있다. 차이가 발생하는 원인으로는 부정이나 오류에 의한 경우도 있지만, 대부분의 경우는 회사의 기록시점과 은행의 기록시점과의 차이에 의해 발생한다. 예컨대 기업은 수표 발행 즉시 당좌예금의 대변에 기록하지만, 은행에서는 수표가 제시되어야만 계좌 잔액을 차감시키는 것이다.

이러한 기록 시점의 차이에 의한 불일치는 시간의 경과에 따라 자연스럽게 정리될 것이다. 그러나 기말에 재무상태표의 작성 시점까지 차이가 발생할 경우에는 그 원인을 찾아 양자의 잔액을 일치시켜야 한다. 이를 위해 작성되는 표가 은행계정조정표(bank reconciliation statement)이다.

회사의 당좌예금 잔액과 은행의 당좌예금 잔액이 일치하지 않는 원인으로는 다음과 같은 것을 들 수 있다.

1. 미결제수표(outstanding check): 회사에서는 수표를 발행하고 당좌예금을 감소시키는 분개를 하였으나, 동 수표의 수취인이 은행에 제출하지 않아 은행이 차감 기입을 하지 않은 경우
2. 미기록예금(deposit in transit): 거래처로부터 회사 거래 은행의 당좌 계정에 예입하였다는 통지가 있어 회사의 당좌예금 계정에는 입금 기록을

하였으나 은행에의 예입이 늦어진 경우

❸ 미통지예금(deposit by third parties): 거래처가 회사에 대금결제를 통보하지 않고 은행의 당좌 계정에 예입한 경우

❹ 은행수수료(bank service charge): 회사와 은행 간의 당좌 거래나 차입 거래에서 발생하는 수수료로서 은행에서는 회사의 당좌 계정에서 차감하였으나 회사에서는 아직 통보를 받지 못하여 기입하지 않은 경우

❺ 부도어음과 부도수표(uncollectable check): 거래처로부터 받은 타인 발행의 어음이나 수표가 부도되어 은행에서는 회사의 당좌예금 계정을 차감하였으나 회사에서는 아직 통보를 받지 못하여 기입하지 않은 경우

❻ 기장오류(entry error): 회사 또는 은행 중 어느 한 쪽이 기장상의 오류를 범한 경우

은행은 회사의 요청에 따라 혹은 정기적으로 당좌 거래의 내역과 예금 잔액을 명시한 은행계정명세서(bank statement)를 회사에 보내게 된다. 이때 은행계정명세서상의 예금 잔액과 회사 장부상의 잔액에 차이가 발생하면 그 원인을 조사하여 은행계정조정표를 작성하여야 하는데, 이의 작성 방법으로는 다음과 같은 세 가지가 있다.

① 은행 측 잔액만 조정하는 방법

② 회사 측 잔액만 조정하는 방법

③ 은행 측 잔액과 회사 측 잔액을 모두 조정하는 방법

이들 중 ③의 방법이 가장 바람직하다고 할 수 있다. 여기서는 ③의 방법에 의한 은행계정조정표의 작성 예만 살펴보기로 한다.

예제 7-6 다음은 A사의 당좌예금과 관련된 자료이다. 이 자료에 의해 은행계정조정표를 작성하시오.

(1) A사의 장부상의 잔액: ₩346,000

은행계정명세서상의 잔액: ₩450,000

(2) 차이 원인

① A사에서 발행한 당좌수표 ₩150,000이 아직 은행에서 인출되지 않았다.

② A사에서 입금 기록한 ₩200,000이 은행계정명세서상에 입금으로 표시되지 않았다.

③ 거래처에 대한 외상매출 대금 ₩250,000이 은행의 당좌계정에 입금되었으나 A사에서는 아직 통보를 받지 못하였다.

④ 은행수수료 ₩5,000이 발생하였으나 A사에서는 아직 기록하지 않았다.

⑤ 거래처가 발행한 수표 ₩100,000이 은행에서 부도 처리되었으나 A사에서는 아직 기록되지 않았다.

⑥ 외상매출 대금으로 회수하여 입금한 수표 ₩54,000을 회사 담당자의 실수로 ₩45,000으로 기록하였다.

[해답]

은행계정조정표

A사 20××년 ×월 ×일 (단위 : 원)

회사의 당좌예금 계정		은행의 당좌예금 계좌	
잔액 :	346,000	잔액 :	450,000
가산 : ③ 미통지예금	250,000	가산 : ② 미기록예금	200,000
⑥ 기장오류	9,000		
차감 : ④ 은행수수료	(5,000)	차감 : ① 미결제수표	(150,000)
⑤ 부도수표	(100,000)		
수정 후 잔액 :	500,000	수정 후 잔액 :	500,000

따라서 수정 후 회사 측 잔액과 은행 측 잔액은 ₩500,000으로 일치한다. 이 중에서 회사 측 잔액을 수정한 항목에 대해서는 수정분개를 하여 회사의 당좌예금계정의 잔액을 정확하게 보고할 필요가 있다. 결산 시점에 이러한 수정분개가 이루어진다면 이는 결산정리분개에 해당할 것이다. 〈예제 7-6〉에서 A사의 수정분개를 하면 다음과 같다.

〈수정분개〉

③	(차)	당좌예금	250,000	(대)	외상매출금	250,000
⑥	(차)	당좌예금	9,000	(대)	외상매출금	9,000
④	(차)	수수료비용	5,000	(대)	당좌예금	5,000
⑤	(차)	외상매출금	100,000	(대)	당좌예금	100,000

제2절 단기금융자산

1. 금융자산의 의의

금융상품(financial instrument)이란 거래당사자 일방에게 금융자산(financial asset)을 발생시키고, 동시에 다른 거래상대방에게 금융부채(financial liability)나 지분상품(equity instrument)을 발생시키는 모든 계약을 말한다. 따라서 금융상품에는 금융자산뿐만 아니라 금융부채 및 지분상품(자본)이 포함되어 있다.

금융자산은 현금 및 현금성자산과 기타 금융상품으로 구성되는데, 현금 및 현금성자산을 제외한 금융자산은 다음과 같이 분류할 수 있다.

(1) 대여금 및 수취채권

지급금액이 확정되었거나 결정가능하며, 활성거래시장에서 가격이 공시되지 않는 금융자산을 말한다. 외상매출금이나 받을어음, 대여금 등이 이에 해당한다. 이는 다음 장(제8장)에서 설명될 것이다.

(2) 당기손익인식금융자산

단기간 내에 매매할 목적으로 취득한 금융자산을 말한다. 이는 공정가치로 평가하며, 공정가치변동분을 당기손익에 반영하는 금융자산으로서 이에 대해서는 제11장에서 설명될 것이다.

(3) 상각후원가측정금융자산

만기가 고정되어 있고 지급금액이 확정되었거나 결정가능한 금융자산으로 만기까지 보유할 적극적인 의도와 능력이 있는 금융자산을 말한다. 사채 등의 채권이 그 예인데, 제12장에서 비유동부채인 사채와 함께 설명될 것이다.

(4) 기타포괄손익인식금융자산

기타포괄손익인식항목으로 지정한 금융자산 또는 위의 대여금 및 수취채권, 당기손익인식금융자산 및 상각후원가측정금융자산으로 분류되지 않는 금융자산을 말한다. 기타포괄손익인식금융자산에 대해서는 당기손익인식금융자산과 함께 제11장에서 설명될 것이다.

2. 단기금융자산

단기금융자산은 기업이 여유 자금의 활용 목적으로 보유하는 단기예금, 당기손익인식금융자산, 단기대여금 및 유동자산으로 분류되는 기타포괄손익인식금융자산과 상각후원가측정금융자산 등을 포함한다. 이들 자산은 현금 및 현금성자산과 함께 기업의 단기 유동성을 파악하는데 중요한 정보이기 때문에 개별 표시한다.

금융기관이 취급하는 예금 중에서 기업이 단기적인 자금 운용을 목적으로 하거나 결산일 현재 1년 이내에 만기가 도래하는 정기예금, 정기적금 또는 사용이 제한되어 있는 예금들은 단기예금으로서 단기금융자산에 포함시킨다. 사용이 제한되어 있는 예금이란 차입금 등의 담보로 제공된 예금(양건성 예금 : 금융기관에서 대출시 소위 꺾기의 일종으로 요구하는 강제적인 예금)으로 결산일로부터 1년 이내에 해지되는 경우에 단기금융자산으로 분류된다.

또한 금융기관이 취급하는 정형화된 금융상품인 기업어음(commercial paper : CP), 양도성 예금증서(certificate of deposit : CD), 어음관리계좌(cash management account : CMA) 등도 단기적인 자금 운용을 목적으로 하거나 기한이 1년 이내에 도래하는 경우에는 단기금융자산으로 분류된다. 이러한 정형화된 금융상품의 경우에도 취득 당시 만기가 3개월 이내에 도래하는 것은 현금 및 현금성자산으로 분류한다.

따라서 금융기관이 취급하는 예금이나 정형화된 금융상품 중에 취득 당시 만기가 3개월 이내인 경우에는 현금 및 현금성자산으로, 만기가 3개월을 초과하거나 1년 이내인 경우에는 단기금융자산으로, 만기가 1년을 초과하는 경우에는 장기금융자산인 투자자산으로 분류한다.

연습문제 객관식

7-1 현행 한국채택국제회계기준상 만기가 1년 이내에 도래하는 정기예금은 어떤 항목에 속하는가?

① 유동자산 ② 재고자산 ③ 투자자산 ④ 유형자산 ⑤ 무형자산

7-2 (주)A는 장부상 잔액보다 현금시재액이 ₩10,000이 적다는 것을 발견하였다. 이 경우 가장 적절한 방법은 어떤 것인가?

① 잡손실로 처리한다. ② ₩10,000의 현금을 전입한다. ③ 가지급금으로 처리한다.
④ 현금과부족계정에 대체한다. ⑤ 메모를 해 둔다.

7-3 다음 중 현금성자산에 속하지 않는 것은?

① 만기가 도래한 공채이자표 ② 송금환증서 ③ 취득일에 3월 이내 만기도래채권
④ 타인발행수표 ⑤ 우표

7-4 (주)B는 기말결산에 금고를 실사한 바 다음과 같은 자산이 있었다. 재무상태표에 표시할 현금 및 현금성자산은 얼마인가?

통 화	₩300,000	우 표	₩6,000
타인발행수표	₩500,000	배당금지급통지표	₩50,000
타인발행약속어음	₩1,000,000	만기도래한 사채이자표	₩10,000

① ₩866,000 ② ₩860,000 ③ ₩1,860,000 ④ ₩850,000 ⑤ ₩910,000

7-5 다음 중 현금 및 현금성자산에 대한 설명으로 옳지 않은 것은?

① 현금으로 취급되는 통화뿐만 아니라 통화대용증권도 포함한다.
② 결산일로부터 만기가 3개월 이내의 채권은 현금성자산에 포함된다.
③ 우표나 수입인지 등은 현금으로 분류되지 않는다.
④ 통화 및 통화대용증권이 수입되면 현금계정의 차변에 기입한다.
⑤ 현금은 모두 현금 및 현금성자산에 포함된다.

연습문제 객관식

7-6 다음의 소액현금제도에 대한 설명 중 옳지 않은 것은?

① 소액의 현금지출업무를 효과적으로 관리할 수 있다.
② 소액현금은 지출되는 즉시 분개를 한다.
③ 현금출납담당자는 소액현금 지출시 지출영수증을 받아야 한다.
④ 소액현금을 매기마다 변동시키지 않는 방법을 정액자금전도제라 한다.
⑤ 소액현금을 수시로 보충하여 자금을 변동시키는 방법을 수시보충제도라 한다.

7-7 기업과 은행 사이에 거래 인식의 차이로 인한 회사측 조정항목이 아닌 것은?

① 부도수표 ② 은행수수료 ③ 미기록예금 ④ 회사측기장오류 ⑤ 미통지예금

7-8 당좌예금에 대한 설명 중 옳지 않은 것은?

① 당좌차월은 재무상태표상 당좌예금계정 잔액에서 차감하는 형식으로 표시된다.
② 당좌차월계약을 맺었다면 당좌예금 잔액을 초과해서 수표발행을 할 수 있다.
③ 기업이 여러 은행과 거래한다면 당좌예금계정 잔액과 당좌차월로 인한 단기차입금계정 잔액이 동시에 나타날 수 있다.
④ 당좌예금도 현금 및 현금성자산 계정으로 보고한다.
⑤ 당좌예금의 인출은 반드시 수표에 의해서만 할 수 있다.

7-9 다음 항목 중 현금 및 현금성 자산으로 보고될 항목은?

㉠ 부도수표	㉡ 예 금	㉢ 우 표
㉣ 선일자수표	㉤ 차용증서	㉥ 타인발행수표
㉦ 사용이 제한된 장기예금	㉧ 출장비	㉨ 여행자수표

① ㉠㉡㉢ ② ㉡㉣㉤ ③ ㉡㉥㉦ ④ ㉡㉥㉨ ⑤ ㉤㉥㉦

연습문제 객관식

7-10 다음은 은행계정조정표를 작성하는데 필요한 자료이다. 은행의 조정전 예금잔액증명서상의 잔액은 얼마인가?

회사측 조정전 예금잔액	₩120,500
기발행 미인출수표	36,000
어음추심수수료 미기입(회사)	17,000
당좌차월이자 미기입(회사)	12,000

① ₩55,500 ② ₩84,500 ③ ₩127,500 ④ ₩139,500 ⑤ ₩144,500

7-11 (주)B는 결산을 앞두고 은행에 예금잔액을 조회한 결과 20x1년 12월 31일 현재 은행잔액증명서상의 금액은 ₩6,330,000이었으나 회사장부에는 ₩5,090,000이었다. 그 차이를 조사해 본 결과 아래와 같다.

은행 미기입예금 :	₩1,200,000	기발행 미인출수표 :	₩1,800,000
은행예금이자 :	₩420,000	은행수수료 :	₩50,000
거래처에서 입금한 어음대금	₩500,000	부도수표 :	₩230,000

이상 자료에서 20x1년 12월 31일의 정확한 예금잔액은?

① ₩5,360,000 ② ₩5,730,000 ③ ₩5,960,000 ④ ₩6,190,000 ⑤ ₩6,880,000

연습문제 주관식

7-1 다음 중 현금 및 현금성자산이 아닌 것을 고르고, 재무상태표에 어떤 항목으로 분류되는지 표시하시오.

> 지폐, 동전, 우표, 수입인지, 자기앞수표, 타인발행 당좌수표, 타인발행 약속어음, 송금환, 우편환증서, 만기가 도래한 채권이자지급표, 당좌예금, 만기 1년의 정기예금, 취득 당시 만기 5개월의 양도성 예금증서, 취득 당시 만기 2개월의 기업어음

7-2 다음 일련의 거래를 분개하고 현금계정의 잔액을 계산하시오. 단, 현금계정의 기초잔액은 ₩100,000이다.

(1) 상품을 ₩300,000에 판매하고, 대금은 거래처발행의 당좌수표로 받다.
(2) 외상매입금 ₩100,000을 보관 중인 은행발행의 자기앞수표로 갚다.
(3) 외상매출금 ₩200,000을 거래처발행의 당좌수표로 받아 즉시 은행에 예입하다.
(4) 접대비 ₩150,000을 보관 중인 타인발행의 당좌수표로 지급하다.

7-3 A사는 20××년 1월 3일 소액현금 ₩300,000을 설정하고, 수표를 발행하여 소액현금 담당자에게 전도하였다. 이후 1월 31일까지 총 ₩180,000을 사용하였으며, 이 시점에서 소액현금을 보충하려고 한다. 1월 31일 현재 소액현금 담당자가 보관하고 있는 현금지출 영수증의 내역은 다음과 같다.

> 소모품비 ₩60,000 수도광열비 ₩30,000 여비교통비 ₩90,000

이 때 정액소액현금제도로 회계처리할 경우 1월 3일과 1월 31일의 분개를 표시하시오.

7-4 다음 일련의 거래를 분개하시오.

(1) 현금의 실제 잔액이 현금계정의 잔액보다 ₩200,000 많다.
(2) 이 중 ₩80,000은 외상매출 대금의 회수금액으로 밝혀졌다.
(3) 나머지는 결산일까지 그 원인이 판명되지 않았다.

연습문제 주관식

7-5 다음 일련의 거래를 당좌차월계정을 사용하는 경우와 사용하지 않는 경우로 나누어 분개하고 당좌예금계정의 잔액을 계산하시오.

(1) 은행과 당좌거래 약정을 체결하고 현금 ₩500,000을 예입하다.

(2) 상품을 ₩300,000에 매입하고 대금은 당좌수표를 발행하여 지급하다.

(3) 상품을 ₩600,000에 매입하고 대금은 당좌수표를 발행하여 지급하다. 은행과의 당좌차월 한도액은 ₩1,000,000이다.

(4) 상품을 ₩500,000에 매출하고 대금은 거래처발행의 당좌수표로 받아 즉시 은행에 예입하다.

(5) (4)의 거래처로부터 받은 당좌수표가 부도 처리되었다고 은행으로부터 통보를 받다.

7-6 다음은 A사의 당좌예금과 관련된 자료이다. 이 자료에 의해 은행계정조정표를 작성하고 회사측 수정분개를 하시오.

(1) A사의 장부상의 잔액 : ₩755,000
은행계정명세서상의 잔액 : ₩800,000

(2) 차이 원인

① A사에서 입금 기록한 ₩150,000이 은행계정명세서상에 입금으로 표시되지 않았다.

② 거래처가 발행한 수표 ₩300,000이 은행에서 부도 처리되었으나 A사에서는 아직 기록되지 않았다.

③ 은행수수료 ₩15,000이 발생하였으나 A사에서는 아직 기록하지 않았다.

④ 외상매출대금으로 회수하여 입금한 수표 ₩120,000을 회사 담당자의 실수로 ₩210,000으로 기록하였다.

⑤ A사에서 발행한 당좌수표 ₩250,000이 아직 은행에서 인출되지 않았다.

⑥ 거래처에 대한 외상매출대금 ₩350,000이 은행의 당좌계정에 입금되었으나 A사에서는 아직 통보를 받지 못하였다.

연습문제 주관식

7-7 B사의 20××년 12월 31일자 장부상 당좌예금계정 잔액은 3,824,000원이다. 다음의 자료를 토대로 은행계정조정표를 작성(수정 전 은행의 잔액은 각자 계산)하고, 회사 측 수정분개를 하시오.

① 외상매출 대금 ₩340,000이 은행에는 입금되었으나 회사 측에 통보되지 않았다.
② 차입금에 대한 이자비용 ₩42,000을 은행에서 차감하였으나 회사 측에 통보되지 않았다.
③ 은행은 다른 거래회사의 당좌거래수수료 ₩15,000을 B사의 계정에서 차감하였다.
④ 추심을 의뢰한 받을어음 ₩450,000이 입금되었으나 회사 측에 통보되지 않았다.
⑤ 외상매출 대금 ₩356,000을 회수하여 입금하면서 회사의 장부상에 ₩536,000으로 잘못 기록하였다.
⑥ 거래처에 지급한 수표 ₩830,000이 은행에서 아직 결제되지 않았다.
⑦ 거래처로부터 받은 수표 ₩127,000을 입금하였으나 부도 처리되었다.
⑧ 당좌차월이자 ₩25,000이 당좌예금구좌에서 차감되었으나 회사 측에 통보되지 않았다.
⑨ 거래처로부터 받은 수표 ₩760,000을 입금시켰으나 은행에서는 입금 처리되지 않았다.
⑩ 은행은 다른 회사의 이자수익 ₩30,000을 B사의 당좌계정에 입금시켰다.

8 장

수취채권과 지급채무

재무상태표

자 산	부 채
유동자산	유동부채
당좌자산	매입채무
……	단기차입금
매출채권	선 수 금
(대손충당금)	선수수익
단기대여금	미지급금
선 급 금	미지급비용
선급비용	……
미 수 금	비유동부채
미수수익	부채총계
……	자 본
재고자산	자 본 금
비유동자산	자본잉여금
투자자산	자본조정
유형자산	기타포괄손익누계액
무형자산	이익잉여금
기타비유동자산	자본총계
자산총계	부채 및 자본총계

8장

수취채권과 지급채무

제1절 수취채권과 지급채무의 의의

오늘날과 같은 신용사회에서는 현금거래보다는 외상이나 어음에 의한 거래가 자주 발생한다. 이러한 외상이나 어음에 의한 거래는 과거 현금주의에 의한 회계처리를 부정하고 발생주의가 도입되게 된 직접적인 배경이 된다. 즉, 현금주의에 의하면 외상이나 어음으로 판매를 하였으나 현금으로 회수될 때까지는 매출이라는 수익을 인식하지 못하게 되는 것이다.

이때 재화나 용역을 판매하고 그 대금을 나중에 받기로 한 경우에 발생하는 채권을 수취채권(receivables)이라 하고, 재화나 용역을 구입하고 그 대금을 나중에 지급하기로 한 경우에 발생하는 채무를 지급채무(payables)라 한다.

이 중에서도 특히 기업의 주된 영업활동인 재화나 용역의 판매와 관련하여 발생하는 수취채권을 매출채권(trade receivables)이라 하고, 재화나 용역의 매입과 관련하여 발생하는 지급채무를 매입채무(trade payables)라 한다.

매출채권의 대표적인 것으로는 외상매출금(accounts receivable)과 받을어음(notes receivable)이 있으며, 매입채무의 대표적인 것으로는 외상매입금(accounts payable)과 지급어음(notes payable)이 있다. 본 장에서는 이들 매출채권과 매입채무의 회계처리에 대해 상세히 살펴보기로 한다.

이와는 달리 기업의 주된 영업활동 이외의 활동에서 발생하는 수취채권이나 지급채무로는 미수금과 미지급금이 있다. 즉, 상품 이외의 비품이나 건물 등을 외상이나 어음으로 처분하거나 구입할 때는 미수금이나 미지급금계정을 사용한다. 이들은 매출채권이나 매입채무가 아닌 비매출채권(non-trade receivables)과 비매입채무(non-trade payables)에 해당한다.

제2절 외상매출금과 외상매입금

외상거래 또는 신용거래란 매매계약이 성립되어 상품 등이 인도되었으나 그 대금은 나중에 결제되는 거래를 말한다. 이러한 거래로 거래처 사이에는 채권 · 채무의 관계가 성립한다. 외상거래의 대상은 상품 · 제품 · 원재료 등 재고자산으로서 기업의 주된 영업활동과 관련된 것이다.

상품을 외상으로 판매하면 외상매출금계정의 차변에 기록하고, 현금으로 회수하면 외상매출금계정의 대변에 기록한다. 반대로 상품을 외상으로 매입하면 외상매입금계정의 대변에 기록하고, 현금으로 지급하면 외상매입금계정의 차변에 기록한다.[6)]

그런데 판매한 상품에 하자가 있으면 반품되는 경우도 있고, 판매대금의 일부를 깎아 주는 경우도 있다. 만약 상품을 외상으로 판매한 후 반품되거나 판매대금의 일부를 깎아 준 경우에는 외상매출금계정의 대변에 기록하여 외상매출금을 감소시키는 한편, 동 금액을 해당 매출에누리, 매출환입 및 매출할인계정의 차변에 기록한다.

매출에누리(sales allowance)란 판매된 상품에 하자가 있어 상품의 가격을 깎아 주는 것을 말하며, 매출환입(sales returns)이란 판매된 상품에 하자가 있어 거래처로부터 반품되는 것을 말한다.

이에 비해 매출할인(sales discount)이란 외상으로 상품을 판매한 후, 거래처로부터 조기에 외상 판매대금을 회수할 경우 일정액을 할인해 주는 것을 말한다.

6) 기업내 회계시스템에서는 외상매출금과 외상매입금 계정을 별도로 유지하지만 외부공시 목적의 채무제표 작성시에는 외상매출금은 받을어음과 함께 "매출채권" 계정으로 외상매입금은 지급어음과 함께 "매입채무" 계정에 통합하여 공시하므로 일자별 분개시 매출채권 또는 매입채무 계정을 사용해도 된다.

예컨대 상품을 외상으로 판매하면서 10일 이내에 대금을 지급하면 2%를 할인해 주는 조건으로 판매한 경우, 이후 거래처로부터 10일 이내에 대금을 회수한다면 2% 만큼 대금을 적게 받게 되는 것이다.

이 경우의 거래조건을 통상 2/10, n/30의 형태로 표시한다. 이는 10일 이내에 대금을 상환하면 2%를 할인해 주는데, 늦어도 30일 이내에는 상환해야 한다는 의미이다. 이러한 매출할인은 거래시점에 단골 고객에게 할인해 주는 거래할인(trade discount)과도 다르며, 상품에 하자가 있어 값을 깎아 주는 매출에누리와도 다른 것이다.

이들 매출에누리, 매출환입 및 매출할인은 매출액에서 차감해야 한다. 즉 포괄손익계산서에는 총매출액에서 매출에누리, 매출환입 및 매출할인을 차감한 순매출액으로 표시하여야 한다. 만약 이들 매출에누리 등의 차감대상 금액이 중요한 경우에는 총매출액에서 이들을 차감하는 형식으로 표시하거나 주석으로 기재하여야 한다.

반대로 외상으로 매입한 상품에 하자가 있으면 반품하는 경우도 있고, 매입대금의 일부를 깎아 받는 경우도 있다. 이와 같이 상품을 외상으로 매입한 후 반품하거나 매입대금의 일부를 깎아 받은 경우에는 외상매입금 계정의 차변에 기록하여 외상매입금을 감소시키는 한편, 동 금액을 해당 매입에누리, 매입환출 및 매입할인 계정의 대변에 기록한다.

이들 매입에누리, 매입환출 및 매입할인은 매입액에서 차감해야 한다. 즉 포괄손익계산서에는 총매입액에서 매입에누리, 매입환출 및 매입할인을 차감한 순매입액을 당기상품매입액 란에 기록하여야 한다. 만약 이들 매입에누리 등의 차감대상 금액이 중요한 경우에는 총매입액에서 이들을 차감하는 형식으로 표시하거나 주석으로 기재하여야 한다.

예제 8-1 다음 일련의 거래를 분개하시오.

(1) 상품을 ₩500,000에 외상으로 판매하다.

(2) 위 상품에 하자가 있어 ₩100,000의 상품이 반품되었으며, ₩50,000의 외상 판매대금을 깎아 주었다.

(3) 나머지 외상 판매대금을 현금으로 회수하다.

[해답]

(1) (차)	외상매출금	500,000	(대)	매　　출	500,000
(2) (차)	매출환입	100,000	(대)	외상매출금	150,000
	매출에누리	50,000			
(3) (차)	현　　금	350,000	(대)	외상매출금	350,000

여기서 포괄손익계산서에 표시되는 매출액은 총매출액(₩500,000)에서 매출환입과 매출에누리(₩150,000)를 차감한 ₩350,000이 되는 것이다.

예제 8-2 다음 일련의 거래를 분개하시오.

(1) 상품을 ₩500,000에 외상으로 매입하다.

(2) 위 상품에 하자가 있어 ₩100,000의 상품을 반품하였으며, 거래처에서 ₩50,000의 외상 매입대금을 깎아 주었다.

(3) 나머지 외상 매입대금을 현금으로 지급하다.

[해답]

(1) (차)	매　　입	500,000	(대)	외상매입금	500,000
(2) (차)	외상매입금	150,000	(대)	매입환출	100,000
				매입에누리	50,000
(3) (차)	외상매입금	350,000	(대)	현　　금	350,000

여기서 포괄손익계산서에 표시되는 당기상품매입액은 총매입액(₩500,000)에서 매입환출과 매입에누리(₩150,000)를 차감한 ₩350,000이 되는 것이다.

예제 8-3 A사는 4월 1일 ₩300,000의 상품을 2/10, n/30의 현금할인 조건으로 외상으로 판매하였다. 외상 판매대금 중 ₩100,000 해당 분은 4월 9일에 현금으로 회수하였고, 나머지는 4월 20일에 현금으로 회수하였다. 각 일자별로 분개를 하시오.

[해답]

4월 1일	(차)	외상매출금	300,000	(대)	매 출	300,000
4월 9일	(차)	현 금	98,000	(대)	외상매출금	100,000
		매출할인	2,000			
4월 20일	(차)	현 금	200,000	(대)	외상매출금	200,000

여기서 포괄손익계산서에 표시되는 매출액은 총매출액(₩300,000)에서 매출할인(₩2,000)을 차감한 ₩298,000이 되는 것이다.

제3절 받을어음과 지급어음

1. 어음의 발행과 수취

외상판매에서는 대금의 결제가 단지 거래당사자 간의 구두에 의한 약정에 의해 이루어진다. 상품 등을 판매할 때 이러한 구두의 약정에 의한 외상판매보다는 차후 언제 지급하겠다는 것을 명시한 증서를 수령하고 판매가 이루어지는 경우가 많다. 이 때 사용되는 것이 어음(notes or bills)이다.

어음의 종류에는 약속어음(promissory note)과 환어음(bill of exchange)이 있다. 약속어음은 발행인 자신이 수취인에게 일정한 기일에 일정금액을 지급할 것을 약속한 증서이고, 환어음은 발행인이 제3자(지급인)에게 일정한 기일에 일정금액을 수취인에게 지급하도록 위탁한 증서이다. 일반적 상거래에서는 약속어음이 주로 사용되며, 환어음은 국제거래의 결제 이외에는 거의 사용되지 않는다.

그러나 회계에서는 이러한 어음의 구분이 중요한 것이 아니고, 약속어음이든 환어음이든 어음상의 권리(채권)가 발생하면 받을어음(notes receivable)으로, 어음상의 의무(채무)가 발생하면 지급어음(notes payable)으로 분개한다.

상품을 매출하고 약속어음이나 환어음을 받으면 어음상의 채권이 발생한 것이므로 받을어음계정의 차변에 기록하고, 이를 양도하거나 대금을 회수하면 받을어음계정의 대변에 기록하여 채권을 제거한다. 또 상품을 매입하고 약속어음을 발행하거나 환어음을 인수한 때에는 어음상의 채무가 발생한 것이므로 지급어음계정의 대변에 기록하고, 어음 대금을 지급하게 되면 지급어음계정의 차변에 기록하여 채무를 제거한다.

일반적으로 상품을 매출하고 어음을 받은 수취인은 어음의 만기일이 되면 은행에 대금의 추심(collection)을 의뢰하는데, 은행에서는 일정액의 수수료를 받고 수취인 대신 어음의 발행인 또는 지급인에게 어음을 제시하여 어음대금을 회수하게 된다. 따라서 은행으로부터 추심이 완료되었다는 통보를 받게 되면 받을어음이라는 어음상의 채권을 소멸시키고 당좌예금계정에 입금처리 한다.

예제 8-4 다음 일련의 거래를 분개하시오.

(1) 상품을 ₩300,000에 매출하고, 대금은 2개월 만기의 약속어음으로 받다.

(2) 만기일에 위 어음의 추심을 은행에 의뢰하여 대금을 결제 받다. 추심수수료 ₩3,000을 현금으로 지급하다.

(3) 상품을 ₩200,000에 매입하고, 대금은 3개월 만기의 약속어음을 발행하여

지급하다.

(4) 만기일에 (3)의 어음대금이 은행으로부터 결제되었음을 통보받다.

[해답]

(1) (차)	받을어음	300,000	(대)	매 출	300,000
(2) (차)	당좌예금	300,000	(대)	받을어음	300,000
	수수료비용	3,000		현 금	3,000
(3) (차)	매 입	200,000	(대)	지급어음	200,000
(4) (차)	지급어음	200,000	(대)	당좌예금	200,000

여기서의 받을어음은 만기가 1년 이내인 경우로 유동자산 내의 매출채권으로 분류된다. 그러나 만기가 1년을 초과할 경우에는 장기매출채권으로 비유동자산으로 분류된다. 또한 만기가 1년 이내인 지급어음은 유동부채 내의 매입채무로 분류되지만, 만기가 1년을 초과할 경우에는 장기매입채무로 비유동부채로 분류된다.

그런데 유동자산으로 분류되는 단기매출채권의 받을어음은 재무상태표에 액면금액으로 보고되지만, 장기매출채권은 현재가치로 보고된다. 현재가치란 장기매출채권으로부터 받을 미래의 금액을 적정한 이자율로 할인한 금액을 말한다. 현재가치로 보고된 장부금액과 액면금액과의 차이는 현재가치할인차금으로 계상하여 대변에 분개한다.

현재가치할인차금은 일종의 평가계정으로 자산인 장기매출채권에서 차감하는 형식으로 재무상태표에 보고된다. 이는 일정한 방법으로 매기 상각하여 이자수익으로 계상하게 된다. 현재가치할인차금은 원칙적으로 유효이자율법[7]에 따라 상각하여야 하나, 다음의 예제에서는 계산의 편의상 매기 균등액을 상각하는 정액법으로 계산하였다.

7) 유효이자율법에 의한 상각방법에 대해서는 제12장에서 상세히 설명한다.

예제 8-5 다음 일련의 거래를 분개하시오.

(1) 20××년 7월 1일 상품을 ₩600,000에 판매하고 대금은 2년 만기의 약속어음으로 받다. 2년 후의 어음의 액면금액 ₩600,000의 현재가치는 ₩500,000이다.

(2) 20××년 12월 31일 결산일이 되다.

[해답]

(1) (차)	장기매출채권	600,000	(대)	매　　출	500,000
				현재가치할인차금	100,000

재무상태표에 장기매출채권은 다음과 같이 보고된다.

재무상태표

자　산		
장기매출채권	600,000	
현재가치할인차금	(100,000)	500,000

(2) (차)	현재가치할인차금	25,000	(대)	이자수익	25,000*

* ₩100,000 × 6/24 = ₩25,000

₩25,000을 상각한 후에는 현재가치할인차금이 ₩75,000이 되므로 장기매출채권은 재무상태표에 다음과 같이 보고될 것이다.

재무상태표

자　산		
장기매출채권	600,000	
현재가치할인차금	(75,000)	525,000

이러한 어음에는 권면에 이자가 표시되어 있는 이자부어음(interest bearing note)과 표시되지 않은 무이자부어음(non-interest bearing note)이 있다. 우리

나라에서는 대부분 무이자부어음이지만, 미국에서는 이자부어음이 통용되기도 한다. 이자부어음은 발행인이 만기일에 액면금액(face value)과 함께 이자를 지급할 것을 약정한 어음이고, 무이자부어음은 액면금액만을 지급할 것을 약정한 어음이다. 따라서 무이자부어음의 액면금액에는 어음기간 동안의 이자가 포함되어 있다고 볼 수 있다.

이자부어음에서 이자율은 통상 연이율로 표시되는데, 예컨대 액면가 ₩100,000, 이자율 10%, 만기 3개월인 어음의 이자 금액은 다음과 같이 계산된다.

이자 = 액면금액 × 표시이자율 × 어음기간

= 100,000 × 10% × 3/12 = ₩2,500

이자부 어음의 경우 만기일에 지급받는 이자는 이자수익으로, 만기일에 지급하는 이자는 이자비용으로 계상하면 된다. 그러나 만기일 전에 결산일이 도래하면 결산정리분개에서 본 바와 같이 당기의 발생 분을 이자수익 또는 이자비용으로 계상하여야 할 것이다.

한편 어음 거래에 있어 어음의 수수가 있다고 하여 무조건 받을어음 · 지급어음으로 기록하여서는 안 된다. 일반적 상거래로서 기업의 주된 영업활동과 관련이 있는 어음은 받을어음 · 지급어음으로 분류되지만, 기업의 주된 영업활동과 관련이 없는 어음은 단기대여금 · 단기차입금 · 미수금 · 미지급금 등으로 분류된다. 현금을 단기간 대여하거나 영업활동과 관련이 없는 비품 등을 처분하면서 어음을 받은 경우에는 받을어음이 아니라 단기대여금 또는 미수금으로 처리하는 것이다.

2. 어음의 양도

어음의 소지인은 만기일 이전에 어음상의 권리를 자유롭게 양도할 수 있다.

어음을 양도할 때에는 어음 소지인이 어음의 뒷면에 양도의 의사를 표시하고 기명날인하여 교부한다. 이를 어음의 배서(endorsement)라 한다. 이때 어음의 양도인을 배서인(endorser)이라 하고, 양수인을 피배서인(endorsee)이라 한다.

배서에는 배서의 목적에 따라 추심위임배서, 배서양도 및 어음할인의 세 종류가 있다.

추심위임배서는 앞에서 설명한 바와 같이 만기일에 소유하고 있는 어음대금의 추심을 거래은행에 의뢰하는 것이다. 이 경우는 거래은행에 대금의 추심을 의뢰하였을 뿐 어음상의 권리는 소멸한 것이 아니므로 어음계정에는 아무런 기입을 하지 않는다. 다만 은행으로부터 추심이 완료되었다는 통지를 받게 되면 어음상의 채권을 소멸시키고 당좌예금계정에 입금 처리한다.

배서양도는 만기일 전에 소유하고 있는 어음을 거래처 등의 대금결제로 제시하는 것이고, 어음할인은 기업의 자금융통을 위하여 만기일 전에 소유하고 있는 어음을 금융기관 등에 제시하고 일정한 이자 및 수수료를 공제한 잔액을 지급받는 것이다. 이와 같이 만기일 전에 어음을 양도한 경우에는 당연히 어음상의 권리가 이전되기 때문에 받을어음을 차감시켜야 할 것이다.

그러나 어음을 타인에게 배서양도하거나 은행에서 할인한 경우라 하더라도 만기일에 지급인이 어음대금을 지급하지 않으면, 다시 말해서 부도가 나게 되면 배서인은 그 어음의 소지인이 된 피배서인에게 어음대금을 상환할 의무가 있다. 이를 상환의무라 하고, 피배서인은 상환청구권을 가지는 것이다.

이러한 상환의무는 현재의 채무는 아니나 장래의 불확실한 상황 때문에 채무가 될 수 있는 것으로 우발채무(contingent liabilities)라 한다. 어음의 양도에 의한 우발채무는 재무상태표에 표시할 필요는 없으나 기업의 재무상태에 중요한 영향을 미칠 때에는 주석으로 공시하여야 할 것이다.

예제 8-6 다음 일련의 거래를 분개하시오.

(1) A사에 대한 외상매입금 ₩100,000을 지급하기 위하여 보유하고 있는 받을어음을 배서양도하다.

(2) 위의 받을어음이 만기가 되어 무사히 결제되다.

[해답]

(1) (차) 외상매입금 100,000 (대) 받을어음 100,000

(2) 분개 없음

그런데 어음의 만기일 전에 은행 등의 금융기관에 할인하여 자금을 융통하는 어음할인의 경우에는, 어음 소지인이 금융기관에 어음을 양도하면서 받을어음에 대한 권리와 의무가 실질적으로 금융기관에 이전되는 경우도 있고 그렇지 않은 경우도 있다.

만일 어음 소지인이 어음의 양도 후 당해 어음에 대해 어떠한 권리도 행사할 수 없고, 어음을 양수한 금융기관이 자유롭게 처분할 수 있다면 이는 일반적인 자산의 매각 처분과 같은 성격을 가진다.

반대로 어음 소지인이 어음의 양도 후 당해 어음에 대해 권리를 행사할 수 있거나 어음을 양수한 금융기관이 자유롭게 처분할 수 없다면 이는 어음 소지인이 금융기관에 어음을 담보로 자금을 차입한 것에 지나지 않는다.

이와 같이 받을어음 등의 매출채권을 타인에게 양도 또는 할인하는 경우, 당해 채권에 대한 권리와 의무가 양도인과 분리되어 실질적으로 양수인에게 이전되는 때에는 매출채권에서 직접 차감하고, 그 외의 경우에는 매출채권 등을 담보로 제공하여 자금을 차입한 것으로 본다. 즉 매출채권에 대한 권리와 의무의 실질적 이전을 수반하는 경우에는 매각거래로, 그렇지 않은 경우에는 차입거래로 본다는 것이다.

매각거래의 경우에는 매출채권의 장부금액과 처분금액과의 차이를 매출채권처분손익으로 인식하고 매출채권의 장부금액을 차감시킨다. 그러나 차입거래의 경우에는 매출채권의 장부금액과 처분금액과의 차이를 이자비용으로 인식하고 매출채권의 장부금액은 그대로 두면서 이를 단기차입금으로 기록한다.

이후 어음의 결제가 완료되면 매각거래로 회계처리한 경우에는 매출채권이 장부에서 이미 제거되었으므로 추가적인 분개가 필요 없지만, 차입거래로 회계처리한 경우에는 매출채권과 단기차입금을 장부에서 제거하는 분개를 해야 한다.

예제 8-7 다음의 거래를 매각거래와 차입거래로 나누어 분개하시오.

(1) 받을어음 ₩120,000(90일 만기, 무이자부 어음)을 발행일로부터 30일이 지난 후 은행에 할인 받고 할인료(연 이자율 12%)를 제외한 잔액을 현금으로 받다.
(2) 위 어음이 만기가 되어 결제되다.

[해답]

〈매각거래의 경우〉

(1) (차)	현 금	117,600	(대)	받을어음	120,000
	매출채권처분손실	2,400*			

* 할인액 = ₩120,000 × 12% × 60/360** = ₩2,400

** 계산의 편의상 1년을 360일로 하였다(이하, 동일).

(2) 분개 없음

〈차입거래의 경우〉

(1) (차)	현 금	117,600	(대)	단기차입금	120,000
	이자비용	2,400			
(2) (차)	단기차입금	120,000	(대)	받을어음	120,000

앞의 예는 무이자부 어음의 경우이나 이자부 어음의 경우에는 할인료의 계산이 조금 복잡하다. 이자부 어음의 경우에는 우선 어음의 액면금액에 어음의 표시이자율(stated interest rate)에 의한 만기까지의 이자를 더한 어음만기금액(maturity amount)을 계산한 후, 이 금액에 할인율을 적용하여 총할인료를 계산한다. 이 어음의 만기금액에서 총할인료를 차감하면 처분금액, 즉 현금수령액이 된다.

이때 어음의 장부금액은 액면금액에 어음 보유기간 동안의 이자를 더한 금액이 되며, 어음 보유기간 동안의 이자는 이자수익으로 계상한다. 이 장부금액과 처분금액의 차이가 매출채권처분손익(또는 이자비용)이 되는 것이다.

예제 8-8 다음의 거래를 매각거래와 차입거래로 나누어 분개하시오.

(1) 받을어음 ₩120,000(90일 만기, 이자율 연 10%의 이자부 어음)을 발행일로부터 30일이 지난 후 은행에 할인 받고 할인료(이자율 연 12%)를 제외한 잔액을 현금으로 받다.

(2) 위 어음이 만기가 되어 결제되다.

[해답]

〈처분손익의 계산〉

장부금액 = 액면금액 + 보유기간 동안의 이자

= ₩120,000 + 1,000* = ₩121,000

* 보유기간 동안의 이자 = ₩120,000 × 10% × 30/360 = ₩1,000

처분금액(현금수령액) = 어음만기금액 − 할인액

= ₩123,000** − 2,460*** = ₩120,540

** 어음만기금액 = ₩120,000 + ₩120,000 × 10% × 90/360 = ₩123,000

*** 할인액 = ₩123,000 × 12% × 60/360 = ₩2,460

처분손실 = 장부금액 − 처분금액

= ₩121,000 − 120,540 = ₩460

〈매각거래의 경우〉

(1) (차)	현 금	120,540	(대)	받을어음	120,000
	매출채권처분손실	460	(대)	이자수익	1,000

(2) 분개 없음

〈차입거래의 경우〉

(1) (차)	현 금	120,540	(대)	단기차입금	120,000
	이자비용	460	(대)	이자수익	1,000
(2) (차)	단기차입금	120,000	(대)	받을어음	120,000

한편, 받을어음과 마찬가지로 외상매출금도 이를 담보로 타인에게 양도할 수 있는데, 이를 팩토링(factoring)이라 한다. 외상매출금의 양도에는 상환청구불능(without recourse) 조건의 양도와 상환청구가능(with recourse) 조건의 양도가 있다. 상환청구불능 조건의 양도는 외상매출금에 대한 권리와 의무가 양수인에게 실질적으로 이전되기 때문에 매각거래로 보고, 상환청구가능 조건의 양도는 외상매출금을 담보로 자금을 차입한 차입거래로 본다.

예제 8-9 다음의 거래를 분개하시오.

(1) 외상매출금 ₩100,000을 상환청구불능 조건으로 팩토링회사에 ₩90,000에 양도하고 대금은 현금으로 수령하였다.

(2) 외상매출금 ₩100,000을 상환청구가능 조건으로 팩토링회사에 ₩90,000에 양도하고 대금은 현금으로 수령하였다.

[해답]

(1) (차)	현 금	90,000	(대)	외상매출금	100,000
	매출채권처분손실	10,000			
(2) (차)	현 금	90,000	(대)	단기차입금	100,000
	이자비용	10,000			

3. 어음의 부도

어음 발행인이 어음 만기일에 어음 대금을 지급하지 못하는 경우 부도가 발생하였다고 하고, 이와 같이 지급기일이 지난 어음을 부도어음(dishonored notes)이라 한다. 부도가 발생하면 어음소지인은 이를 그냥 포기하지 않고 대금 회수를 위한 노력을 기울일 것이다. 따라서 어음소지인은 부도시점에는 받을어음계정을 그대로 두고 있다가 회수불능이 확정되는 시점에 대손 처리하게 된다.

부도어음을 별도로 관리하기 위해 부도가 발생하면 받을어음계정을 그대로 두지 않고 부도어음계정으로 대체할 수도 있다. 그러나 부도어음계정은 재무상태표에 표시할 수 없으므로, 결산일까지 회수하지 못한 경우에는 부도어음은 받을어음에 포함시켜 대손 추정을 하며, 이후 회수불능이 확정되면 대손 처리해야 할 것이다.

그런데 어음을 배서하여 양도한 경우에는 양수인이 상환청구권을 가지는 경우도 있고 상환청구권을 가지지 않는 경우도 있다. 상환청구권이 없는 경우에는 발행자가 부도를 내더라도 양도인은 아무런 책임이 없다. 따라서 부도가 발생하더라도 아무런 분개를 하지 않는다. 상환청구권이 있는 경우에는 양도인의 책임이 있으므로 양수인은 어음의 만기 금액에 소구비용을 가산하여 양도인에 청구하게 된다. 이 경우 양도인은 양수인으로부터 청구 받은 금액을 지급해야 하고 이를 부도어음계정의 차변에 분개한 후, 회수 여부에 따라 대손 처리하여야 한다.

예제 8-10 다음의 거래를 분개하시오.

(1) 은행에서 할인받은 〈예제 8-7〉의 받을어음이 부도가 되어 은행으로부터 상환청구를 받다(차입거래의 경우). 은행에 대해 액면금액 ₩120,000에 만기까지의 이자 ₩3,000과 소구비용 ₩2,000을 포함한 ₩125,000을 현금으로 지급하다.

(2) 어음 발행인으로부터 위 대금 전액을 현금으로 회수하다.

[해답]

〈매각거래의 경우〉

상환청구권이 없으므로 분개없음

〈차입거래의 경우〉

(1) (차)	부도어음	125,000	(대)	현　　금	125,000
	단기차입금	120,000		받을어음	120,000
(2) (차)	현　　금	125,000	(대)	부도어음	125,000

* 만약 위 부도어음이 결산일까지 회수되지 못하였다면 부도어음은 받을어음에 포함시켜 대손 추정을 하고, 이후 회수불능이 확정되면 대손 처리하여야 할 것이다 (〈예제 8-13〉 참조).

제4절 수취채권의 대손상각

매출채권 등과 같이 재화나 용역을 판매하고 그 대금을 나중에 받기로 한 수취채권은 언젠가는 회수하지 않으면 안 된다. 그러나 거래처의 파산, 재해, 사망, 행방불명 등으로 채권의 회수가 불가능해 질 때가 있다. 이때 수취채권의 회수가 불가능하여 자산으로서의 가치를 잃는 것을 대손(bad debt)이라 하고, 이를 비용으로 처리하는 것을 대손상각이라 한다.

이러한 대손의 회계처리에 대해 ① 대손의 예상(결산정리분개), ② 대손의 확정, ③ 상각채권의 회수, ④ 대손의 추정방법으로 나누어 살펴보기로 한다.

1. 대손의 예상(결산정리분개)

매출채권이 거래처의 부도나 파산으로 회수불능 상태가 되면 다음과 같이 매출채권을 차감하는 분개를 할 수 있을 것이다.

(차) 대손상각비 ××× (대) 매출채권 ×××

이를 직접상각법(direct write-off method)이라 한다. 그러나 직접상각법은 매출채권의 발생에 따른 매출수익의 인식연도와 해당 매출채권에 대한 대손비용의 인식연도가 서로 다른 경우에는 수익 · 비용대응의 원칙에 어긋나게 된다.

수익 · 비용대응의 원칙에 따르면 대손비용의 인식은 관련 수익의 발생과 같은 회계연도에 이루어져야 한다. 그러나 직접상각법에 의하면 매출채권이 발생하여 매출이라는 수익을 인식한 연도와 당해 매출채권이 회수불능 되어 대손이라는 비용을 인식하는 연도가 달라지게 되는 것이다.

또한 직접상각법은 재무상태표에 보고되는 수취채권을 장래에 실현될 것으로 예상되는 금액(순실현가능가액)으로 평가하지 못한다는 문제가 있다. 직접상각법에 의하면 수취채권은 대손이 확정될 때까지 재무상태표에 남아 있게 되는데, 수취채권을 순실현가능가액으로 보고하기 위해서는 대손이 될 것으로 추정되는 금액을 차감하여야 한다는 것이다.

이러한 이유로 수취채권이 발생한 연도에 당해 수취채권에서 발생되리라 예상되는 대손 금액을 미리 추정하여 비용으로 계상하는 방법을 선택하게 된다. 이를 충당금설정법(allowance method)이라 한다.

이를 위해서는 우선 기말에 수취채권의 잔액 중에서 미리 대손이 예상되는 금액을 추정하여 당기의 비용으로 계상하여야 한다. 이때 대손상각비(bad debt expense)라는 비용 계정을 사용하여 차변에 기록한다. 대손상각비는 포괄손익계산서에 보고될 때 일반적 상거래에서 발생하는 매출채권과 관련되면 판매비와 관리비로, 기타의 수취채권과 관련되면 영업외비용으로 분류된다.

대손상각비의 상대 계정으로는 수취채권에 대한 차감적 평가계정인 대손충당금(allowance for bad debts)계정을 사용하여 대변에 기록한다. 이는 재무상태표에 보고될 때 자산인 해당 수취채권에서 차감하는 형식으로 표시하거나, 해당 수취채권에서 직접 차감한 금액(순액)으로 표시하고 차감한 금액을 주석으로 기재할 수도 있다.

수취채권의 대손은 이와 같은 회계처리를 하는 시점에서는 실제로 발생된 것이 아니며, 다만 앞으로 대손 처리될 수취채권을 해당 수취채권이 발생한 기간의 수익에 대응시키기 위하여 비용으로 미리 계상하는 것이다. 따라서 이 시점에서는 대손이 확정된 것이 아니기 때문에 수취채권에서 직접 차감하지 않고 간접적으로 차감하도록 수취채권의 평가계정인 대손충당금 계정을 설정하는 것이다.

즉, 기말이 되면 대손 금액을 추정하여 다음과 같은 분개를 해야 하는데, 이는 결산시점에 행하는 결산정리분개에 해당한다.

(차) 대손상각비 ××× (대) 대손충당금 ×××

여기서 대손충당금계정은 재무상태표를 작성할 때 대변에 그대로 두는 것이 아니라 자산인 해당 수취채권에서 차감하는 형식으로 다음과 같이 표시한다.

재무상태표

자 산		
수취채권	200,000	
대손충당금	(100,000)	100,000

그런데 대손을 추정하기 전에 기말의 대손충당금계정에 잔액이 남아 있는 경우에는 추정된 금액과의 차액만 대손충당금으로 설정하면 된다. 예컨대 기말의 대손추정액이 ₩300,000인데, 대손충당금 계정의 잔액이 ₩100,000이면 그 차액인 ₩200,000만 대손충당금으로 설정하면 된다.

반대로 대손충당금 계정의 잔액이 대손추정액보다 많으면 그 차액을 환입시켜야 할 것이다. 예컨대 기말의 대손추정액이 ₩300,000인데, 대손충당금계정의 잔액이 ₩400,000이면 그 차액인 ₩100,000을 환입시켜야 한다.[8] 이를 다음의 예제에서 살펴보기로 한다.

예제 8-11 기말의 매출채권의 잔액은 ₩1,000,000이다. 이 중 2%인 ₩20,000이 대손될 것으로 추정된다. 기말 현재 대손충당금계정의 잔액이 다음과 같은 경우 결산정리분개를 하시오.

(1) 잔액이 ₩10,000인 경우

(2) 잔액이 ₩40,000인 경우

[해답]

(1) (차)	대손상각비	10,000	(대)	대손충당금	10,000
(2) (차)	대손충당금	20,000	(대)	대손충당금환입	20,000

여기서 어느 경우이든 대손충당금계정의 최종 잔액은 대손추정액인 ₩20,000이 되는 것을 확인할 수 있다. 이를 반영한 후의 재무상태표에는 매출채권이 다음과 같이 보고될 것이다.

재무상태표

자 산		
매출채권	1,000,000	
대손충당금	(20,000)	980,000

8) 본문에서 설명하는 대손충당금 설정방법은 재무상태표접근법으로 회계연도말 매출채권 기말잔액 중 회수불능으로 추정되는 금액을 대손충당금으로 설정하는 방법이다. 한편, 당기 외상매출금액의 일정비율(대손율) 만큼 추가적으로 대손충당금을 설정하는 방법은 손익계산서접근법이라 한다.

이때 대손상각비는 매출채권과 관련이 있으므로 포괄손익계산서에서 판매비와 관리비로 구분되고, 대손충당금환입은 영업외수익으로 구분된다.

2. 대손의 확정

대손충당금을 설정한 후 실제로 수취채권을 회수할 수 없는 상황이 되면 대손이 확정된다. 대손이 확정되면 해당 수취채권을 제거해야 하는데, 이때 대손에 따른 비용은 이미 전기에 추정하여 기록하였고 이를 대비하여 대손충당금계정을 설정해 두었으므로 대손상각비라는 비용을 인식하는 것이 아니라 대손충당금과 상계하면 된다. 즉 대손 확정시에는 수취채권계정의 대변과 대손충당금계정의 차변으로 분개하는 것이다.

만약 수취채권의 대손확정액이 대손충당금계정의 잔액보다 많으면 그 초과액은 대손상각비로 당기의 비용으로 계상하면 된다. 이를 다음의 예제에서 살펴보기로 한다.

예제 8-12 대손충당금계정의 잔액은 ₩20,000이다. 당기 중 매출채권의 대손확정액이 다음과 같은 경우 분개를 하시오.

(1) 대손확정액이 ₩10,000인 경우

(2) 대손확정액이 ₩40,000인 경우

[해답]

(1)	(차)	대손충당금	10,000	(대)	매출채권	10,000
(2)	(차)	대손충당금	20,000	(대)	매출채권	40,000
		대손상각비	20,000			

한편, 부도어음에 대해 어음의 발행인에 상환청구를 하였으나 회수할 수 없

다고 판단되면, 이때에도 대손 확정에 따른 회계처리를 해야 한다.

예제 8-13 〈예제 8-10〉에서 부도어음으로 계상한 ₩125,000에 대해 어음의 발행인에 상환청구를 하였으나 파산으로 회수가 불가능하였다. 대손충당금 잔액이 다음과 같은 경우 분개를 하시오.

(1) 대손충당금 잔액이 ₩200,000인 경우

(2) 대손충당금 잔액이 ₩100,000인 경우

[해답]

(1) (차)	대손충당금	125,000	(대)	부도어음	125,000
(2) (차)	대손충당금	100,000	(대)	부도어음	125,000
	대손상각비	25,000			

3. 상각채권의 회수

회수불능으로 대손 처리한 수취채권이 추후 현금으로 회수되는 일이 있다. 이 경우에는 이미 상각하여 제거한 채권을 회복시키는 분개, 즉 대손의 확정과 반대되는 분개를 하는 동시에 해당 채권을 현금으로 회수하는 분개를 하여야 한다.

만일 대손 확정시 대손충당금계정의 잔액이 부족하여 일부를 대손상각비로 계상하였다면, 대손충당금을 회복시킴과 동시에 당연히 대손상각비도 제거해야 한다. 이를 다음의 예제에서 살펴보기로 한다.

예제 8-14 〈예제 8-12〉에서 대손 처리한 매출채권이 당기에 현금으로 회수된 경우의 분개를 하시오.

(1) 대손확정액이 ₩10,000인 경우

(2) 대손확정액이 ₩40,000인 경우

[해답]

(1) (차)	매출채권	10,000	(대)	대손충당금	10,000
	현 금	10,000		매출채권	10,000
(2) (차)	매출채권	40,000	(대)	대손충당금	20,000
				대손상각비	20,000
	현 금	40,000		매출채권	40,000

이때 차변과 대변에 있는 매출채권은 서로 상쇄하여 다음과 같이 분개하여도 무방하다.

(1) (차)	현 금	10,000	(대)	대손충당금	10,000
(2) (차)	현 금	40,000	(대)	대손충당금	20,000
				대손상각비	20,000

그런데 만일 대손 처리된 매출채권이 당기 이후에 회수된 경우에는 (2)의 예에서 대손상각비를 제거하는 분개를 하지 않는다. 그 이유는 대손충당금 잔액이 부족하여 당기에 대손상각비로 계상된 부분은 당기말에 설정되는 대손충당금에 반영되기 때문에 당기 이후에 대손상각비를 제거할 이유는 없는 것이다. 따라서 〈예제 8-14〉에서 대손 처리된 매출채권이 당기 이후에 회수된 경우에는 (2)의 분개를 다음과 같이 하여야 할 것이다.

(차)	현 금	40,000	(대)	대손충당금	40,000

4. 대손의 추정방법

기말이 되면 수취채권에 대한 결산정리분개를 위해 대손을 추정한다고 하였다. 이러한 대손의 추정방법으로는 매출액비율법과 채권잔액비율법이 있다.

매출액비율법(percentage-of-sales method)은 매출액 또는 외상매출액의 일정비율에 의한 금액을 대손상각비로 추정하는 방법으로 손익계산서접근법이라한다. 일정비율은 대손율로서 과거의 경험이나 통계적 자료를 바탕으로 합리적으로 추정한다.

채권잔액비율법(percentage-of-receivables method)은 수취채권 잔액의 일정비율에 의한 금액을 대손상각비로 추정하는 방법으로 대차대조표접근법 또는 재무상태표접근법이라 한다. 일정비율도 역시 과거의 경험이나 통계적 자료를 바탕으로 합리적으로 추정한다.

채권잔액비율법에는 수취채권 잔액의 전체에 대한 일정비율을 대손상각비로 추정하는 방법이 있고, 수취채권 잔액을 각 수취채권의 경과기간별로 구분하여 대손상각비로 추정하는 방법이 있다. 특히 후자를 연령분석법(aging-of-receivables method)이라 한다. 예컨대 각각의 수취채권에 대하여 경과기간에 따라 몇 개의 집단으로 구분하고, 각 집단에 대하여 상이한 대손율을 적용하여 대손상각비를 추정하는 방법이다.

이에 대해 한국채택국제회계기준에서는 매출채권을 정상적으로 회수하지 못할 경우의 비용을 손상차손이라 하고, 이러한 손상차손은 매출채권의 장부금액과 회수가능액의 차액으로 인식하도록 하고 있다. 이때 회수가능액은 매출채권으로부터 회수할 수 있을 것으로 추정되는 금액을 말하며 매출채권의 추정미래현금흐름을 최초 인식시점의 유효이자율로 할인한 현재가치금액으로 계산된다.

> 대손추정금액(손상차손) = 매출채권의 장부금액
> − 매출채권의 추정미래현금흐름의 현재가치

예제 8-15 매출채권의 연령, 즉 경과기간에 따른 차등 대손율과 예상 대손금액이 다음과 같다고 하자. 기말 현재 대손충당금 잔액이 ₩3,000인 경우 결산정리분개를 하시오.

매출채권 잔액	경과기간	추정 대손율	예상 대손금액
₩300,000	만기 이전	1%	₩3,000
200,000	만기 후 1-30일	2%	4,000
100,000	만기 후 31일 이상	3%	3,000
₩600,000			₩10,000

[해답]

(차) 대손상각비 7,000 (대) 대손충당금 7,000

제5절 기타의 수취채권과 지급채무

지금까지는 주로 기업의 주된 영업활동에서 발생하는 매출채권과 매입채무에 대하여 설명하였다. 이하에서는 이러한 매출채권과 매입채무 이외의 수취채권과 지급채무에 대해 살펴보기로 한다.

매출채권 이외의 수취채권에 대해서도 기말이 되면 대손 가능성을 추정하여 대손상각비를 계상하여야 한다. 매출채권에 대한 대손상각비는 포괄손익계산서에서 판매비와 관리비로 구분되는데 비해, 기타의 수취채권에 대한 대손상각비는 영업외비용으로 구분된다.

1. 대여금과 차입금

타인에게 현금을 대여한 경우에는 자산인 대여금계정의 차변에 기록하고,

타인으로부터 현금을 차입한 경우에는 부채인 차입금계정의 대변에 기록한다. 이때 어음을 수취하거나 발행하는 경우에도 받을어음과 지급어음계정이 아닌 대여금과 차입금계정을 사용한다.

대여기간 및 차입기간이 결산일로부터 1년 이내인 경우에는 단기대여금 및 단기차입금으로 구분하고, 1년 이상인 경우에는 장기대여금(투자자산) 및 장기차입금(비유동부채)으로 구분한다. 일반적으로 자금의 대여와 차입에는 이자가 발생하는데, 자금을 대여한 경우에는 이자수익을 인식하고, 자금을 차입한 경우에는 이자비용을 인식한다.

예제 8-16 다음의 거래를 분개하시오.

(1) 만기 3개월의 어음을 받고 현금 ₩100,000을 대여하다.

(2) 만기 3개월의 어음을 발행하여 주고 현금 ₩200,000을 차입하다.

[해답]

(1) (차)	단기대여금	100,000	(대)	현 금	100,000
(2) (차)	현 금	200,000	(대)	단기차입금	200,000

2. 미수금과 미지급금

일반적인 상거래에서 발생하는 채권과 채무는 매출채권(외상매출금, 받을어음)이나 매입채무(외상매입금, 지급어음)계정을 사용하나, 일반적인 상거래 이외에서 발생하는 채권과 채무는 미수금이나 미지급금계정을 사용한다.

예컨대 비품, 건물, 토지 등과 같은 상품 이외의 자산을 외상으로 처분할 때 발생하는 채권은 자산인 미수금계정의 차변에 기록하고, 외상으로 구입할 때 발생하는 채무는 부채인 미지급금계정의 대변에 기록한다. 이때 어음을 수취하거나 발행하는 경우에도 받을어음과 지급어음계정이 아닌 미수금과 미지급금계정을 사용한다.

예제 8-17 다음의 거래를 분개하시오.

(1) 만기 3개월의 어음을 받고 비품을 ₩100,000에 처분하다.

(2) 만기 3개월의 어음을 발행하여 주고 건물을 ₩200,000에 구입하다.

[해답]

(1) (차)	미 수 금	100,000	(대)	비 품	100,000
(2) (차)	건 물	200,000	(대)	미지급금	200,000

3. 미수수익과 미지급비용

미수수익은 당기의 수익으로 인식되어야 하나 아직 대가를 지급받지 못한 경우 자산으로 계상하는 것이고, 미지급비용은 당기의 비용으로 인식되어야 하나 아직 대가를 지급하지 않은 경우 부채로 계상하는 것이다. 이는 이미 결산정리분개에서 설명한 바와 같이, 발생주의에 따라 당기에 발생된 수익과 비용을 당기에 귀속시키기 위한 과정에서 주로 발생한다. 미수금이나 미지급금은 자산을 처분하거나 구입하는 경우에 발생하는데 비해, 미수수익과 미지급비용은 용역의 대가를 아직 수령하지 않거나 지급하지 않은 경우에 발생한다. 따라서 미수수익과 미지급비용의 상대 계정은 수익이나 비용계정이 된다.

예제 8-18 다음의 거래를 분개하시오.

(1) 9월 1일 점포를 1년간 임대하고 임대료 ₩120,000은 임대기간이 만료하는 시점에 받기로 하였다. 12월 31일 결산시의 결산정리분개를 하시오.

(2) 결산 시점에 급여 ₩100,000이 미지급상태이다.

[해답]

(1) (차)	미수수익	40,000	(대)	임 대 료	40,000
(2) (차)	급 여	100,000	(대)	미지급비용	100,000

4. 선급금과 선수금

상품을 매매할 때 상품을 인도하기 전에 대금의 일부를 미리 받거나 지급하는 경우가 있다. 상품을 매입하기로 계약하고 대금의 일부를 미리 지급하면 선급금계정의 차변에 기록한다. 이는 상품을 공급받을 권리를 나타내는 자산계정으로, 나중에 상품을 공급받게 되면 매입계정으로 대체된다.

반대로 상품을 매출하기로 계약하고 대금의 일부를 미리 받게 되면 선수금계정의 대변에 기록한다. 이는 상품을 공급하여야 할 의무를 나타내는 부채계정으로, 나중에 상품을 공급하면 매출계정으로 대체된다. 백화점 등에서 발행하는 상품권도 나중에 상품의 공급을 전제로 대금을 미리 받은 것이므로 선수금에 해당한다.

예제 8-19 다음의 거래를 분개하시오.

(1) 상품을 ₩100,000에 매입하기로 하고, 현금 ₩20,000을 계약금으로 지급하다.
(2) 위 상품을 인도받고, 잔액 ₩80,000은 만기 3개월의 어음을 발행하여 지급하다.
(3) 상품을 ₩200,000에 매출하기로 하고, 현금 ₩30,000을 계약금으로 받다.
(4) 위 상품을 인도하고, 잔액 ₩170,000은 외상으로 하다.

[해답]

(1) (차)	선 급 금	20,000	(대)	현 금	20,000
(2) (차)	매 입	100,000	(대)	선 급 금	20,000
				지급어음	80,000
(3) (차)	현 금	30,000	(대)	선 수 금	30,000
(4) (차)	선 수 금	30,000	(대)	매 출	200,000
	외상매출금	170,000			

5. 선급비용과 선수수익

선급비용은 차기의 비용으로 계상되어야 하나 그 대가를 미리 지급한 경우 자산으로 계상하는 것이고, 선수수익은 차기의 수익으로 계상되어야 하나 그 대가를 미리 받은 경우 부채로 계상하는 것이다. 이는 미수수익이나 미지급비용과 마찬가지로, 발생주의에 따라 당기에 발생된 수익과 비용을 당기에 귀속시키기 위한 결산정리분개 과정에서 주로 발생한다.

선급금이나 선수금은 상품을 매매하는 경우에 발생하는데 비해, 선급비용과 선수수익은 용역의 대가를 미리 지급하거나 수령하는 경우에 발생한다. 따라서 선급비용과 선수수익의 상대 계정은 비용이나 수익계정이 된다.

예제 8-20 다음의 거래를 분개하시오.

(1) 9월 1일 점포를 임차하고 1년분 임차료 ₩120,000을 지급하면서 이를 전부 임차료로 분개하였다. 12월 31일 결산시의 결산정리분개를 하시오.

(2) 5월 1일 대여금에 대한 1년분 이자 ₩120,000을 받고 이를 전부 이자수익으로 분개하였다. 12월 31일 결산시의 결산정리분개를 하시오.

[해답]

(1)	(차)	선급비용	80,000	(대)	임 차 료	80,000
(2)	(차)	이자수익	40,000	(대)	선수수익	40,000

6. 가지급금과 가수금

현금의 지출이나 수입은 있었지만 그 계정과목이나 금액이 확정되지 않은 경우 임시적으로 가지급금이나 가수금계정에 기록한다. 이는 이후 계정과목이나 금액이 확정되면 적절한 해당 계정으로 대체하여야 한다.

가지급금이나 가수금과 같은 미결산계정은 결산 때까지는 정확한 계정과목과 금액으로 대체되어야 하며, 재무상태표에 이러한 미결산계정은 나타나서는 안 된다.

예제 8-21 다음의 거래를 분개하시오.

(1) 종업원의 출장비 명목으로 ₩100,000을 현금으로 지급하다.

(2) 출장보고에서 여비 ₩30,000, 접대비 ₩50,000의 증빙서류를 제출하고, 나머지는 현금으로 반납하였다.

[해답]

(1) (차)	가지급금	100,000	(대)	현 금	100,000
(2) (차)	여비교통비	30,000	(대)	가지급금	100,000
	접 대 비	50,000			
	현 금	20,000			

7. 가불금과 예수금

종업원의 요구에 따라 급여의 일부를 미리 지급하는 경우 임시적으로 자산인 가불금계정의 차변에 기록한다. 이후 급여일이 되어 회수하면 가불금계정을 제거한다. 만약 결산일에 가불금의 잔액이 존재하는 경우에는 재무상태표에 단기대여금으로 분류한다.

종업원이 급여에서 부담하여야 할 소득세나 건강보험료 등을 급여를 지급할 때 미리 받아두었다가 해당 세무서나 국민건강보험공단 등에 대신 납부하게 되는데, 이때 부채인 예수금계정이 사용된다. 급여를 지급할 때 미리 받아 둔 경우 예수금계정의 대변에 기록하였다가, 이후 관련 기관에 납부하면 예수금계정을 제거한다.

예제 8-22 다음의 거래를 분개하시오.

(1) 종업원의 급여 중 일부인 ₩100,000을 가불해 주다.

(2) 급여 지급일에 위 종업원의 총급여 ₩700,000 중에서 가불금 ₩100,000과 소득세 ₩70,000, 건강보험료 ₩30,000을 제외한 ₩500,000을 현금으로 지급하다.

(3) 위 소득세와 건강보험료를 각각 해당기관에 현금으로 납부하다.

[해답]

(1)	(차)	가불금	100,000	(대)	현금	100,000
(2)	(차)	급여	700,000	(대)	가불금	100,000
					예수금	100,000
					현금	500,000
(3)	(차)	예수금	100,000	(대)	현금	100,000

연습문제 객관식

8-1 다음의 매출채권에 대한 설명 중 틀린 것은?

① 매출채권은 기업의 일반적인 상거래에서 발생한 채권을 말한다.

② 매출할인은 판매한 제품에 하자 등이 있어 판매대금의 일부를 할인해 주는 것이다.

③ 매출할인과 매출에누리는 총매출액에서 차감한다.

④ 매출채권을 양도한 경우, 매출채권에 대한 위험과 보상이 실질적으로 이전되는 경우에는 매출채권처분손실계정이 발생할 수 있다.

8-2 한국채택국제회계기준상 매출에 관련된 다음의 설명 중 잘못된 것은?

① 외상매출금은 일반적 상거래에서 발생한 매출채권이다.

② 매출에누리 및 환입은 총매출액에서 차감한다.

③ 매출의 성격은 기업의 종류별로 다르다.

④ 매출할인은 영업외비용이다.

8-3 한국채택국제회계기준에 의한 대손회계처리를 할 경우 옳은 것은?

① 대손충당금 잔액이 대손추정액보다 적은 경우 그 차액은 전기오류수정손실로 처리한다.

② 대손충당금 잔액이 대손추정액보다 많은 경우 그 차액은 이익잉여금에 가산한다.

③ 대손충당금은 관련 수취채권에서 차감하는 형식으로 표시된다.

④ 직접상각법과 충당금설정법을 인정하고 있다.

8-4 한국채택국제회계기준에 따를 경우 지난 해에 대손처리했던 채권이 다시 회수되었을 경우 결산재무제표에 미치는 영향을 바르게 나타낸 것은?

① 대손충당금 감소 ② 당기순이익 감소 ③ 자산의 감소 ④ 대손충당금 증가

8-5 다음은 (주)A의 20x1년도 회계자료 중 일부이다.

당기말 매출채권의 순장부금액	₩5,300,000
당기말 대손상각비 설정액	₩300,000
전기말 대손충당금 잔액	₩800,000
당기중 전기발생 매출채권에 대한 대손확정액	₩500,000

연습문제 객관식

앞의 자료에서 (주)A의 20x1년 기말 매출채권 잔액은 얼마인가?

① ₩5,900,000 ② ₩6,100,000 ③ ₩5,600,000 ④ ₩4,800,000

8-6 다음은 (주)B의 20x1년도 회계자료 중 일부이다.

기초매출채권	₩100,000	기말상품재고액	₩215,000
매출채권회수액	₩520,000	당기매입액	₩400,000
당기현금매출액	₩150,000	매출총이익	₩179,000
기초상품재고액	₩240,000		

위의 자료에서 (주)B의 20x1년 기말 매출채권 잔액은 얼마인가?

① ₩14,000 ② ₩24,000 ③ ₩34,000 ④ ₩26,000

8-7 (주)C의 20x1년 12월 중의 회계장부로부터 다음과 같은 정보를 얻어내었다.

매출채권 회수액		₩1,600,000
현금 매출액		₩1,700,000
전월 매출채권이월액	₩3,500,000	
매출채권 월말잔액	₩2,900,000	
회수불능으로 인한 대손확정액	₩150,000	

위의 자료에서 (주)C의 20x1년 12월 총매출액은 얼마인가?

① ₩2,500,000 ② ₩2,550,000 ③ ₩2,700,000 ④ ₩2,850,000

8-8 다음의 매출채권에 대한 대손추정방법 중 수익 · 비용대응이 가장 잘 성립되는 방법은?

① 연령조사표에 의하여 추정하는 방법

② 회수불능채권에 대해서 상각하는 방법

③ 기말 매출채권잔액의 일정비율로 추정하는 방법

④ 당기 외상매출액의 일정비율로 추정하는 방법

연습문제 객관식

8-9 매출채권에 대한 대손상각비를 추정하는 방법으로 재무상태표상 매출채권의 순실현가능가치를 가장 잘 나타내는 방법은?

① 직접상각법 ② 매출채권 연령분석법

③ 당기 외상매출액 비율법 ④ 총매출액 비율법

8-10 외상매출금 ₩150,000이 회수불능으로 확정된 경우 다음 각 상황별로 포괄손익계산서에 계상할 당기 대손상각비는 얼마인가?

> 상황 1 : 대손충당금 잔액이 ₩100,000인 경우
> 상황 2 : 대손충당금 잔액이 ₩200,000인 경우
> 상황 3 : 대손충당금 잔액이 ₩400,000인 경우

	상황 1	상황 2	상황 3
①	₩150,000	₩200,000	₩150,000
②	₩50,000	₩0	₩0
③	₩100,000	₩200,000	₩150,000
④	₩50,000	₩200,000	₩250,000

8-11 20x1년 12월 31일 현재 (주)D의 기말 매출채권 잔액과 대손충당금 잔액이 각각 ₩2,600,000과 ₩120,000이다. 매출채권 연령분석을 통하여 20x1년 12월 31일 현재 예상되는 대손액은 ₩179,000이다. 12월 31일 현재 (주)D의 기말 매출채권 순실현가치는 얼마인가?

① ₩2,301,000 ② ₩2,421,000 ③ ₩2,480,000 ④ ₩2,541,000

연습문제 주관식

8-1 다음 일련의 거래를 분개하시오.

(1) A사에 상품을 ₩300,000에 외상으로 판매하다.

(2) A사에 판매한 상품에 하자가 있어 ₩50,000의 상품이 반품되었으며, ₩30,000의 외상 판매대금을 깎아 주었다.

(3) 나머지 A사의 외상 판매대금을 현금으로 회수하다.

(4) B사로부터 상품을 ₩600,000에 외상으로 매입하다.

(5) B사로부터 매입한 상품에 하자가 있어 ₩80,000의 상품을 반품하였으며, B사가 ₩50,000의 외상 매입대금을 깎아 주었다.

(6) 나머지 B사의 외상 매입대금을 현금으로 지급하다.

(7) 4월 1일 C사에 상품을 ₩500,000에 외상으로 판매하다. 매출할인 조건은 (2/10, n/30)이다.

(8) C사에 대한 외상 판매대금 중 50%는 4월 9일 현금으로 회수하였다.

(9) C사에 대한 외상 판매대금의 나머지는 4월 20일 C사 발행 당좌수표로 회수하였다.

8-2 다음 일련의 거래를 분개하시오.

(1) A사에 상품을 ₩500,000에 판매하고, 대금은 3개월 만기의 약속어음으로 받다.

(2) 만기일에 (1)의 어음추심을 은행에 의뢰하여 대금을 결제 받다. 추심수수료 ₩5,000을 현금으로 지급하다.

(3) B사로부터 상품을 ₩300,000에 매입하고, 대금은 2개월 만기의 약속어음을 발행하여 지급하다.

(4) 만기일에 (3)의 어음대금이 은행으로부터 결제되었음을 통보받다.

(5) C사에 상품을 ₩800,000에 판매하고, 대금은 2년 만기의 약속어음으로 받다. 2년 후 어음의 액면가액 ₩800,000의 현재가치는 ₩700,000이다.

8-3 다음 일련의 거래를 분개하시오(단, 배서양도와 어음할인은 받을어음의 권리 · 의무가 실질적으로 이전되는 매각거래임).

(1) A사에 상품을 ₩300,000에 판매하고, 대금은 2개월 만기의 약속어음으로 받다.

(2) A사에 대한 받을어음 ₩300,000을 은행에 추심의뢰하다.

(3) A사에 대한 받을어음 ₩300,000이 만기가 되어 추심수수료 ₩3,000을 차감한 ₩297,000을 현금으로 받다.

(4) B사에 상품을 ₩400,000에 판매하고, 대금은 3개월 만기의 약속어음으로 받다.

연습문제 주관식

(5) C사로부터 상품을 ₩400,000에 외상으로 매입하고, 대금은 B사로부터 받은 받을어음을 배서양도하다.

(6) C사에 배서양도한 받을어음 ₩400,000이 결제되었다는 통보를 받다.

(7) D사에 상품을 ₩500,000에 판매하고, 대금은 4개월 만기의 약속어음으로 받다.

(8) D사에 대한 받을어음 ₩500,000을 거래은행에서 할인하고, 할인료 ₩5,000을 차감한 잔액 ₩495,000을 현금으로 받다.

(9) 거래은행으로부터 D사의 받을어음 ₩500,000이 무사히 결제되었다는 통보를 받다.

8-4 다음의 어음할인 거래를 매각거래와 차입거래로 나누어 분개하시오.

(1) 상품을 ₩500,000에 판매하고, 대금은 6개월 만기의 약속어음(무이자부 어음)으로 받다.

(2) 위의 어음을 발행일로부터 2개월이 지난 후 은행에 연 12% 조건으로 할인 받고, 할인료를 제외한 잔액을 현금으로 받다.

(3) 은행으로부터 위 어음이 만기가 되어 결제되었다는 통지를 받다.

8-5 다음의 어음할인 거래를 매각거래와 차입거래로 나누어 분개하시오.

(1) 상품을 ₩600,000에 판매하고, 대금은 6개월 만기의 약속어음(이자율 연 10%의 이자부 어음)으로 받다.

(2) 위의 어음을 발행일로부터 2개월이 지난 후 은행에 연 12% 조건으로 할인 받고, 할인료를 제외한 잔액을 현금으로 받다.

(3) 위 어음이 부도가 되어 은행으로부터 상환청구를 받다. 은행에 대해 액면금액 ₩600,000에 만기까지의 이자 ₩30,000과 소구비용 ₩20,000을 포함한 ₩650,000을 현금으로 지급하다.

(4) 어음 발행인으로부터 (3)의 대금 전액을 현금으로 회수하다.

8-6 다음 일련의 거래를 분개하시오.

(1) 20×1년 12월 31일에 기말 매출채권 잔액 ₩30,000,000에 대하여 1%의 대손충당금을 설정하다. 단, 대손충당금잔액이 ₩200,000 있다.

(2) 20×2년 중에 위의 매출채권 중 ₩150,000은 회수 불가능한 것으로 판명되다.

(3) 20×2년 12월 31일에 기말 매출채권 잔액 ₩36,000,000에 대하여 1%의 대손충당금을 설정하다.

(4) 20×3년 중 20×2년에 대손 처리하였던 매출채권 전액을 당좌수표로 회수하다.

연습문제 주관식

8-7 다음 일련의 거래를 분개하시오.

(1) 20×1년 12월 31일에 기말 매출채권 잔액 ₩30,000,000에 대하여 1%의 대손충당금을 설정하다. 단, 대손충당금 잔액이 ₩400,000 있다.

(2) 20×2년 중에 위의 매출채권 중 ₩500,000은 회수 불가능한 것으로 판명되다.

(3) 20×2년 12월 31일에 기말 매출채권 잔액 ₩36,000,000에 대하여 1%의 대손충당금을 설정하다.

(4) 20×3년 중 20×2년에 대손 처리하였던 매출채권 전액을 당좌수표로 회수하다.

8-8 다음의 거래를 분개하시오.

(1) 만기 2개월의 어음을 받고, 당좌수표 ₩300,000을 발행하여 대여해 주다.

(2) 단기대여금 중 원금 ₩300,000과 이자 ₩20,000을 현금으로 회수하다.

(3) 만기 3개월의 어음을 발행하여 주고, 현금 ₩500,000을 차입하다.

(4) 단기차입금 중 원금 ₩500,000과 이자 ₩30,000을 현금으로 지급하다.

(5) 비품을 ₩200,000에 처분하고, 대금은 외상으로 하다.

(6) 건물을 ₩400,000에 구입하고, 대금은 만기 2개월의 어음을 발행하여 지급하다.

(7) 상품을 ₩600,000에 매입하기로 하고, 현금 ₩100,000을 계약금으로 지급하다.

(8) 위 상품을 인도받고, 잔액 ₩500,000은 외상으로 하다.

(9) 상품을 ₩700,000에 매출하기로 하고, 계약금 ₩200,000을 거래처 발행의 당좌수표로 받다.

(10) 위 상품을 인도하고, 잔액 ₩500,000은 만기 3개월의 어음으로 받다.

8-9 다음의 거래를 분개하시오.

(1) 10월 1일 점포를 1년간 임대하고 임대료 ₩120,000은 임대기간이 만료하는 시점에 받기로 하였다. 12월 31일 결산시의 결산정리분개를 하시오.

(2) 결산 시점에 급여 ₩300,000이 미지급상태이다.

(3) 11월 1일 점포를 임차하고 1년분 임차료 ₩240,000을 지급하면서 이를 전부 임차료로 분개하였다. 12월 31일 결산시의 결산정리분개를 하시오.

(4) 8월 1일 대여금에 대한 1년분 이자 ₩360,000을 받고 이를 전부 이자수익으로 분개하였다. 12월 31일 결산시의 결산정리분개를 하시오.

연습문제 주관식

8-10 다음의 거래를 분개하시오.

(1) 당좌수표 ₩100,000을 발행하여 거래처에 지급하였으나 현재로서는 그 내역을 알 수 없다.

(2) 위 지급액은 거래처에 대한 외상매입금의 상환인 것으로 밝혀졌다.

(3) 거래처로부터 ₩200,000의 당좌예금 입금이 있었으나 현재로서는 그 내역을 알 수 없다.

(4) 위 입금액은 거래처에 대한 외상매출금의 회수인 것으로 밝혀졌다.

(5) 종업원의 급여 중 일부인 ₩300,000을 가불해 주다.

(6) 급여 지급일에 위 종업원의 총 급여 ₩900,000 중에서 가불금 ₩300,000과 소득세 ₩150,000, 건강보험료 ₩50,000을 제외한 ₩400,000을 현금으로 지급하다.

(7) 위 소득세와 건강보험료를 각각 해당기관에 현금으로 납부하다.

9 장

재고자산

재무상태표

자 산	부 채
유동자산	유동부채
당좌자산	비유동부채
재고자산	
상 품	부채총계
제 품	
반 제 품	자 본
재 공 품	자 본 금
원 재 료	자본잉여금
저 장 품	자본조정
……	기타포괄손익누계액
비유동자산	이익잉여금
투자자산	
유형자산	자본총계
무형자산	
기타비유동자산	
자산총계	부채 및 자본총계

9 장

재고자산

제1절 재고자산의 의의

재고자산(inventories)이란 기업의 정상적인 영업활동 과정에서 판매 또는 생산을 목적으로 보유하고 있는 자산을 말한다. 상품매매회사의 재고자산은 상품이 중심이 되나, 제조회사의 재고자산은 원재료 · 재공품 · 제품이 중심이 된다. 제조회사의 재고자산은 원가회계에서 다루기 때문에 여기서는 상품매매회사의 재고자산인 상품을 중심으로 설명하기로 한다.

어떤 자산을 재고자산으로 분류하느냐 하는 것은 해당 기업의 주된 영업활동의 목적이 어디에 있느냐에 따라 달라진다. 예컨대 어떤 제품을 제조 · 판매하는 회사가 제품을 제조하기 위해 기계를 구입하는 경우 그 기계는 유형자산으로 분류되나, 그 기계를 생산하여 판매하는 회사의 입장에서는 재고자산이 되는 것이다. 또한 제조업을 주업으로 하는 기업이 토지를 구입하는 경우 이는 유형자산인 토지로 분류되나, 부동산매매업을 주업으로 하는 기업이 토지를 구입하면 재고자산이 되는 것이다.

이러한 재고자산은 기업의 총자산 중에서 차지하는 비중이 크고, 기말 재고자산을 어떻게 평가하느냐에 따라 기업의 손익에 미치는 영향이 크기 때문에 중요하게 다루어진다. 즉, 기업은 재고자산을 판매하여 매출이라는 수익을 얻으며, 이때 판매된 재고자산의 취득원가는 매출원가라는 비용이 되기 때문에 재고자산의 평가는 기업의 손익에 직접적인 영향을 미치게 되는 것이다.

제6장에서 살펴본 기말상품재고액과 매출원가와의 관계를 상기해 보자. 기

초상품재고액과 당기상품매입액은 판매가능상품의 원가가 되며, 여기서 기말상품재고액을 차감하면 매출원가가 된다.

기초상품재고액 + 당기상품매입액 − 기말상품재고액 = 매출원가

여기서 기말상품재고액과 매출원가는 역의 관계에 있으므로, 기말상품재고액이 커지면 매출원가는 작아지고, 기말상품재고액이 작아지면 매출원가는 커지게 될 것이다. 매출원가는 비용이므로 매출원가가 커진다는 것은 이익이 작게 된다는 의미이다. 따라서 기말상품재고액이 커지면 이익도 커지게 되며, 기말상품재고액이 작아지면 이익도 작아지게 된다. 이와 같이 기말상품재고액의 크기는 기업의 손익에 직접적인 영향을 미치게 되는 것이다.

이러한 기말상품재고액을 결정하기 위해서는 기말재고수량과 단가를 파악하여야 한다.

기말상품재고액 = 기말재고수량 × 단가

기말재고수량을 파악하는 방법인 계속기록법과 실지재고조사법에 대해서는 제6장에서 다루었으므로, 여기서는 기말 재고자산의 단가 결정방법과 평가문제에 대해 살펴보기로 한다.

제2절 재고자산의 단가 결정

재고자산은 취득원가로 기록되는 것이 원칙이다. 취득원가는 매입가액에 매입운임, 하역료 및 보험료 등 취득과정에서 정상적으로 발생한 부대비용을 가

산한 금액이다. 어떤 재고자산에 대한 매입이 있을 때마다 이러한 취득원가가 모두 동일하다면 재고자산의 단가 결정이라는 문제는 발생되지 않는다. 재고자산의 단가 결정문제는 재고자산을 매입할 때마다 취득원가가 서로 다를 경우 발생한다.

예컨대 같은 종류의 상품을 같은 회계기간에 두 번 매입하였는데, 첫 번째 단가는 ₩1,000이고, 두 번째 단가는 ₩1,500이라 하자. 이 중 하나의 상품을 판매하고 나머지 하나는 기말에 보유하고 있다면, 어느 상품이 판매되었나에 따라 매출원가와 기말 재고자산의 금액이 달라지게 될 것이다.

즉, ₩1,000에 매입한 상품이 판매되었다면, 매출원가는 ₩1,000이 되고 기말 재고자산의 금액은 ₩1,500이 된다. 반대로 ₩1,500에 매입한 상품이 판매되었다면, 매출원가는 ₩1,500이 되고 기말 재고자산의 금액은 ₩1,000이 된다.

취급하는 상품의 수량이 많지 않다면 판매되는 상품의 취득원가를 개별적으로 확인하여 매출원가와 기말 재고자산의 금액을 정확하게 파악할 수 있으나, 상품의 수량이 많은 경우에는 이를 일일이 확인하는 것은 불가능하다. 따라서 우리는 판매한 상품의 원가가 언제 매입한 상품의 원가인지를 인위적으로 가정해두고, 이에 따른 매출원가와 기말 재고자산의 금액을 결정하도록 하는 것이다.

결국 재고자산의 단가 결정 문제는 판매된 재고자산의 단가를 결정하는 문제로, 이 때문에 이를 원가흐름의 가정(cost flow assumption)이라고도 한다. 이는 재고자산의 원가를 결정하는데 있어서 어떤 원가흐름을 가정하여 매출원가를 계산하는가에 따라 기말 재고자산의 금액이 다를 수 있기 때문에 붙여진 이름이다.

재고자산의 단가 결정방법으로는 개별법, 선입선출법, 후입선출법, 평균법 등이 있다. 이 중에서 기업은 서로 다른 재고자산에 대해 서로 다른 방법을 적용할 수 있지만, 한 번 선택한 방법은 정당한 사유가 없는 한 매기 계속해서 적용하여야 한다. 이는 어느 방법을 선택하는가에 따라 이익이 다르게 산출될 수 있으며, 기말 재고자산의 금액도 다르게 산출될 수 있기 때문이다.

이 중 개별법(specific identification method)은 실물흐름과 원가흐름이 일치하는 방법이기 때문에 엄밀한 의미에서 원가흐름의 가정은 아니다. 개별법은 재고자산을 개별적으로 식별하여 매입가격별로 판매된 것과 재고로 남은 것을 구별하여 기말 재고자산의 금액을 결정하는 방법이다. 즉, 매입 시 상품에 가격표를 붙이는 방법 등으로 매입상품별로 원가를 알 수 있도록 함으로써 판매할 때마다 판매된 상품의 원가를 확인할 수 있도록 하는 방법이다.

이 방법은 이상적인 방법이기는 하나, 보석 등과 같이 고가이면서 거래가 빈번하지 않는 특수한 상품의 경우에만 적용 가능하고, 그 외의 거래가 빈번한 상품의 경우에는 적용하기 곤란한 방법이다. 이하에서는 개별법과 같은 실물흐름이 아닌 인위적인 원가흐름의 가정에 의한 재고자산의 단가 결정방법에 대해 살펴보기로 한다.

(1) 선입선출법

선입선출법(first-in, first-out method: FIFO)은 먼저 매입한 상품이 먼저 판매된 것으로 가정하는 방법이다. 따라서 매출원가는 과거에 매입된 상품의 가격으로 계산되는 반면, 기말 재고자산은 최근에 매입된 상품의 가격으로 표시된다.

선입선출법을 적용하게 되면, 기말 재고자산은 최근에 발생된 원가로 표시되므로 시가나 현행원가(current cost)에 가까운 금액을 나타낸다. 그러나 매출원가는 과거에 발생한 원가를 반영하고 매출액은 최근의 수익을 나타내므로 수익 · 비용 대응의 원칙에서 볼 때 바람직하지 못하다. 특히 물가상승기에는 매출원가가 과거에 매입한 낮은 가격을 반영하게 되어 이익이 과대 계상되는 경향이 있다.

(2) 후입선출법

후입선출법(last-in, first-out method: LIFO)은 선입선출법과는 반대로, 가장 나중에 매입한 상품이 먼저 판매된 것으로 가정하는 방법이다. 따라서 매출원가는 나중에 매입된 상품의 가격으로 계산되는 반면, 기말 재고자산은 가장 먼저 매입된 상품의 가격으로 표시된다.

후입선출법은 선입선출법과는 반대로, 매출원가는 최근에 발생한 원가를 반영하므로 수익 · 비용 대응의 원칙에서 볼 때 바람직하다. 그러나 기말 재고자산은 과거에 발생된 원가로 표시되므로 재무상태표에 계상되는 재고자산의 금액이 시가와 크게 다를 수 있다. 특히 기업의 역사가 오래될수록 재무상태표에 계상되는 재고자산의 금액과 시가와의 사이에는 지나친 괴리가 발생하게 된다. 또한 물가상승기에는 매출원가가 최근에 매입한 높은 가격을 반영하게 되어 이익이 과소 계상되는 경향이 있다. 이러한 관점에서 물가상승기의 후입선출법은 보수주의에 입각한 방법이라 할 수 있다.

이러한 후입선출법은 일반적으로 실제 원가흐름을 신뢰성 있게 반영하지 못하고 이익조작의 문제 등이 발생할 수 있으므로, 한국채택국제회계기준에서는 이의 적용을 허용하지 않고 있다.

(3) 가중평균법

가중평균법(average method)은 기초에 보유하고 있는 상품과 회계기간 중에 매입한 상품이 구별없이 판매된다고 가정하여 평균원가를 사용하는 방법이다. 평균원가는 기초 재고자산의 원가와 회계기간 중에 매입한 재고자산의 원가를 가중 평균하여 산정한다. 따라서 매출원가와 기말 재고자산은 발생 원가의 가중 평균을 반영하게 된다. 이는 재고자산의 기장 방법에 따라, 실지재고조사법을 사용하는 경우에는 총평균법이 적용되고, 계속기록법을 사용하는 경우에는 이동평균법이 적용된다.

총평균법(gross average method)은 일정기간의 매입합계액(기초재고액 포함)을 매입량으로 나누어 평균단가를 구하고, 이에 기말재고량과 판매량을 곱해 기말재고액과 매출원가를 계산하는 방법이다. 이동평균법(moving average method)은 매입할 때마다 매입 직전의 잔액 란의 금액과 매입금액의 합계액을 잔액 란의 수량과 매입량의 수량합계로 나누어 평균단가를 구하고, 이를 그 다음의 판매 단가로 하는 방법이다. 따라서 이동평균법에 의하면 평균단가는 매입이 있을 때마다 달라지게 된다.

이러한 가중평균법은 선입선출법과 후입선출법의 절충적인 방법이라 할 수 있다. 가중평균법은 선입선출법과 후입선출법이 손익에 미치는 양극적인 현상을 피할 수 있고, 적용이 간편하다는 점에서 실무에서 널리 사용되고 있다.

이상의 재고자산의 단가 결정방법을 예제를 통해 살펴보기로 한다. 먼저 실지재고조사법에 의할 경우를 살펴본 뒤, 계속기록법에 의할 경우를 살펴보기로 한다. 실지재고조사법에 의하면 실제로 기말에 조사한 기말재고수량에 각각의 가정에 따른 매입원가를 적용하여 기말재고액과 매출원가를 계산하게 되고, 계속기록법에 의하면 각각의 가정에 따른 계속적인 장부의 기록에 의해 매출원가와 기말재고액을 계산하게 된다.

계속기록법의 설명을 위해 상품재고장이 사용되는데, 상품재고장에는 상품의 입고 · 출고 · 잔액을 기입하게 된다. 입고 란에는 전기이월액과 당기매입액이 기록되고, 출고 란에는 판매상품의 원가가 기록되며, 잔액 란에는 상품의 잔액이 기록된다. 이는 모두 원가로 기록되는데, 입고 란의 합계, 즉 전기이월액과 당기매입액의 합계액은 판매가능상품의 원가가 되고, 출고 란의 합계는 매출원가가 되며, 잔액 란의 마지막 날짜의 금액은 기말재고액이 된다.

예제 9-1 다음은 A사의 상품매매거래에 대한 자료이다. 물음에 답하시오.

		수 량	단 가	금 액	판 매 량
4. 1	기초재고	10개	₩10	₩100	
5	매 입	30	12	360	
10	매 출				30개
15	매 입	40	15	600	
20	매 출				30
25	매 입	20	18	360	
	합 계	100개		₩1,420	60개
4.30	기말재고				40개

〈물음〉 다음 각 방법에 따른 기말재고액과 매출원가를 계산하시오.

1. 실지재고조사법에 의할 경우

(1) 선입선출법

(2) 후입선출법

(3) 총평균법

2. 계속기록법에 의할 경우

(1) 선입선출법

(2) 후입선출법

(3) 이동평균법

[해답]

1. 실지재고조사법에 의할 경우

(1) 선입선출법

선입선출법에 의하면 기말재고량은 가장 최근에 매입된 40개로 구성된 것으로 본다. 따라서 기말재고량 40개는 4월 25일 매입한 20개와 4월 15일 매입한 것 중 20개로 구성된다. 매출원가는 기초재고액에 당기매입액을 더한 판매가능상품의 원가(₩1,420)에서 기말재고액을 차감한 금액이 된다.

기말재고액 = 20개 × ₩18 + 20개 × ₩15 = 360 + 300 = ₩660

매출원가 = 1,420 − 660 = ₩760

(2) 후입선출법

후입선출법에 의하면 기말재고량은 가장 먼저 매입된 40개로 구성된 것으로 본다. 따라서 기말재고량 40개는 기초재고량 10개와 4월 5일 매입한 30개로 구성된다. 매출원가는 마찬가지로 기초재고액에 당기매입액을 더한 판매가능상품의 원가(₩1,420)에서 기말재고액을 차감한 금액이 된다.

기말재고액 = 10개 × ₩10 + 30개 × ₩12 = 100 + 360 = ₩460

매출원가 = 1,420 − 460 = ₩960

(3) 총평균법

총평균법에 의하면 먼저 평균단가를 구하고, 이에 기말재고량과 판매량을 곱해 기말재고액과 매출원가를 계산하게 된다.

$$\text{평균단가} = \frac{\text{매입합계액}}{\text{매입량}} = \frac{1,420}{100} = ₩14.2$$

기말재고액 = 40개 × ₩14.2 = ₩568

매출원가 = 60개 × ₩14.2 = ₩852

2. 계속기록법에 의할 경우

(1) 선입선출법

일 자		적 요	입 고			출 고			잔 액		
			수량	단가	금액	수량	단가	금액	수량	단가	금액
4	1	기초재고	10	10	100				10	10	100
	5	매 입	30	12	360				10	10	100
									30	12	360
	10	매 출				10	10	100			
						20	12	240	10	12	120
	15	매 입	40	15	600				10	12	120
									40	15	600
	20	매 출				10	12	120			
						20	15	300	20	15	300
	25	매 입	20	18	360				20	15	300
									20	18	360
		합 계	100개		₩1,420	60개		₩760	40개		₩660
			(판매가능상품 원가)			(매출원가)			(기말재고액)		

* **기말재고액**(4월 25일 잔액 란의 합계) = 300 + 360 = ₩660

* **매출원가**(출고 란의 합계) = ₩760

* 이는 실지재고조사법의 경우와 동일하다. 즉, 선입선출법의 경우는 실지재고조사법을 사용하든 계속기록법을 사용하든 그 결과는 동일하게 계산된다.

(2) 후입선출법

일 자		적 요	입 고			출 고			잔 액		
			수량	단가	금액	수량	단가	금액	수량	단가	금액
4	1	기초재고	10	10	100				10	10	100
	5	매 입	30	12	360				10	10	100
									30	12	360
	10	매 출				30	12	360	10	10	100
	15	매 입	40	15	600				10	10	100
									40	15	600
	20	매 출				30	15	450	10	10	100
									10	15	150
	25	매 입	20	18	360				10	10	100
									10	15	150
									20	18	360
		합 계	100개		₩1,420	60개		₩810	40개		₩610
			(판매가능상품 원가)			(매출원가)			(기말재고액)		

* **기말재고액**(4월 25일 잔액 란의 합계) = 100 + 150 + 360 = ₩610
* **매출원가**(출고 란의 합계) = ₩810
* 이는 실지재고조사법의 경우와 동일하지 않다. 즉, 후입선출법의 경우는 실지재고조사법에 의하면 기말재고액이 ₩460인데, 계속기록법에 의하면 ₩610으로 더 많게 계산된다. 그 이유는 실지재고조사법의 경우는 기말에 총매입량으로부터 총판매량을 차감하여 남은 재고수량에 대한 매입량과 그 단가를 고려하여 기말재고액을 계산하나, 계속기록법의 경우는 매출이 있을 때마다 직전의 매입량을 고려하여 단가를 적용하기 때문이다.

(3) 이동평균법

이동평균법에 의하면 매입할 때마다 매입 직전의 잔액 란의 금액과 매입금액의 합계액을 잔액 란의 수량과 매입량의 수량합계로 나누어 평균단가를 구하고, 이를 그 다음의 판매 단가로 한다.

일 자		적 요	입 고			출 고			잔 액		
			수량	단가	금액	수량	단가	금액	수량	단가	금액
4	1	기초재고	10	10	100				10	10	100
	5	매 입	30	12	360				40	11.5	460
	10	매 출				30	11.5	345	10	11.5	115
	15	매 입	40	15	600				50	14.3	715
	20	매 출				30	14.3	429	20	14.3	286
	25	매 입	20	18	360				40	16.15	646
		합 계	100개		₩1,420 (판매가능상품 원가)	60개		₩774 (매출원가)	40개		₩646 (기말재고액)

* **기말재고액**(4월 25일 잔액 란의 금액) = ₩646
* **매출원가**(출고 란의 합계) = ₩774

이상의 결과를 비교해 보면 다음과 같다.

장부기장 방법	과　　목	선입선출법	후입선출법	가중평균법
실지재고조사법	기말재고액	₩660	₩460	₩568
	매출원가	760	960	852
계속기록법	기말재고액	₩660	₩610	₩646
	매출원가	760	810	774

여기서 각 방법에 따른 기말재고액, 매출원가 및 이익의 크기를 비교하면 다음과 같다.

기말재고액 : 선입선출법 〉 가중평균법 〉 후입선출법
매 출 원 가 : 선입선출법 〈 가중평균법 〈 후입선출법
이　　　익 : 선입선출법 〉 가중평균법 〉 후입선출법

이는 매입할 때마다 매입단가가 상승하는 물가상승기에 해당하므로, 앞에서 언급한 바와 같이 선입선출법의 경우에 가장 큰 기말재고액을 나타내며, 따라서 매출원가는 가장 작고, 이익은 가장 크게 보고되는 것이다. 후입선출법의 경우는 반대로 이익이 가장 작게 보고되고, 가중평균법의 경우는 그 중간에서 결정된다. 이러한 현상은 물가가 하락하는 경우에는 정반대가 될 것이다.

제3절 재고자산의 평가

1. 재고자산평가손실

지금까지 설명한 재고자산의 수량 및 단가 결정방법에 따라 기록되는 기말

재고자산은 매입시점의 취득원가로 재무상태표에 보고되는 것이 원칙이다. 그러나 예외적으로 컴퓨터 등과 같이 기말 현재 보유하고 있는 재고자산의 손상, 품질저하, 진부화 등으로 시가가 취득원가보다 낮게 되는 경우가 있는데, 이때는 기말 재고자산을 시가(순실현가능가액)로 보고하여야 한다.

이와 같이 시가와 취득원가 중 낮은 금액으로 재고자산을 평가하는 방법을 저가법(lower of cost or market method : LCM)이라 한다. 즉 재고자산의 시가가 취득원가를 초과하는 경우에는 평가이익을 인식하지 않지만, 시가가 취득원가에 미달하면 평가손실을 인식한다는 것이다. 재고자산을 저가법으로 평가하는 경우 시가는 순실현가능가액(net realizable value)을 말하며, 순실현가능가액은 재고자산의 예상판매가격에서 예상판매비용을 차감한 금액을 말한다.

이때 시가와 취득원가와의 차액은 재고자산평가손실(loss from decline in value of inventory)로 포괄손익계산서의 매출원가에 가산하고, 동시에 그 금액은 재고자산평가충당금(allowance to reduce inventory to market)으로 계상하고 재무상태표에서 재고자산의 차감 계정으로 표시한다.

차기 이후 저가법의 적용에 따른 평가손실을 초래했던 상황이 해소되어 새로운 시가가 장부가액보다 상승한 경우에는 최초의 장부가액을 초과하지 않는 범위 내에서 평가손실을 환입한다. 이때 재고자산평가손실의 환입은 매출원가에서 차감한다.

예제 9-2 A사의 기말상품재고액과 관련된 다음 자료로 재고자산평가손실을 계산하고 필요한 분개를 하시오.

(1) 취득원가 : ₩500,000
　　예상판매가격 : ₩350,000
　　예상판매비용 : ₩50,000

(2) 다음 기말에 위 상품의 시가(순실현가능가액)가 ₩400,000이 되었다.

[해답]

(1) (차) 재고자산평가손실 200,000* (대) 재고자산평가충당금200,000
(매출원가에 가산)

* 재고자산평가손실 = 취득원가 − 시가(순실현가능가액)
= 취득원가 − (예상판매가격 − 예상판매비용)
= 500,000 − (350,000 − 50,000) = ₩200,000

이때 재고자산평가충당금은 재무상태표에 다음과 같이 재고자산의 차감 계정으로 표시된다.

재무상태표

자 산		
재고자산	500,000	
재고자산평가충당금	(200,000)	300,000

(2) (차) 재고자산평가충당금 100,000 (대) 재고자산평가충당금환입 100,000
(매출원가에서 차감)

2. 재고자산감모손실

재고자산감모손실(loss from inventory shortage or shrinkage)이란 재고자산의 수량부족으로 인한 손실로서, 실지의 재고수량이 장부상의 재고수량보다 부족할 경우에 발생하는 손실이다. 이러한 손실은 재고자산의 분실, 파손, 도난 등으로 나타난다.

재고자산감모손실이 나타는 경우는 계속기록법과 실지재고조사법을 병용하는 경우로서, 재고자산을 장부상 계속 기록하면서 기말에 실지 재고조사를 할 때 장부재고액과 실지재고액이 다르기 때문에 발생하는 것이다. 따라서 순수한 의미의 계속기록법이나 실지재고조사법에서는 이러한 손실이 계상되지 않는다.

예컨대 실지재고조사법만을 사용하는 경우에는 기초상품재고액에서 당기상품매입액을 더한 판매가능상품의 원가에서 기말에 실지 재고조사한 기말상품재고액을 차감하여 간접적으로 매출원가를 계산하므로, 재고자산의 분실, 파손, 도난 등으로 인한 부족분은 모두 판매된 것으로 간주되어 매출원가에 포함되게 된다. 한편, 계속기록법만을 사용하고 실지 재고조사를 하지 않는다면 감모손실이 확인되지 않으므로 이러한 손실은 재무제표에 반영되지 않는 것이다.

따라서 재고자산감모손실을 인식하기 위해서는 계속기록법을 사용하는 경우에는 기말에 실사를 통하여 재고자산의 감모분을 파악할 수 있어야 하고, 실지재고조사법을 사용하는 경우에는 기중에 입고 및 출고의 수량을 기록함으로써 기말에 장부수량과 실제수량의 차이, 즉 감모분을 파악할 수 있도록 하여야 할 것이다.

이러한 재고자산감모손실 중 정상적으로 발생한 감모손실로서 원가성이 인정되는 경우에는 매출원가에 가산하고, 비정상적으로 발생한 감모손실로서 원가성을 인정할 수 없는 경우에는 영업외비용으로 분류한다.

예제 9-3 다음은 A사의 재고자산과 관련된 자료이다. 이 자료로 실지재고조사법의 경우와 계속기록법의 경우로 나누어 필요한 분개를 하시오.

	수 량	단 가	금 액
기초재고	100개	₩100	₩10,000
당기매입	500	100	50,000
계	600개		₩60,000

판매수량 400개(판매단가 : ₩150)
실지기말재고 150개
감모손실 50개(이 중 30개는 원가성이 있으며, 20개는 원가성이 없음)

[해답]

실지재고조사법	계속기록법
1. 매입 시 : 매 입 50,000 / 현 금 50,000	1. 매입 시 : 상 품 50,000 / 현 금 50,000
2. 매출 시 : 현 금 60,000 / 매 출 60,000	2. 매출 시 : 현 금 60,000 / 매 출 60,000 매출원가 40,000 / 상 품 40,000
3. 결산 시 :	3. 결산 시 :
(1) 결산정리분개 : 매출원가 10,000 / 상 품 10,000 매출원가 50,000 / 매 입 50,000 상 품 15,000 / 매출원가 15,000	(1) 결산정리분개 : 분개 없음
(2) 감모손실에 대한 분개 : 재고자산감모손실 2,000 / 매출원가 2,000	(2) 감모손실에 대한 분개 : 매출원가 3,000 재고자산감모손실 2,000 / 상 품 5,000
* 매출원가 = 10,000 + 50,000 − 15,000 − 2,000 = ₩43,000 * 기말상품재고액 = ₩15,000(실지재고조사액)	* 매출원가 = 40,000 + 3,000 = ₩43,000 * 기말상품재고액 = 10,000 + 50,000 − 40,000 − 5,000 = ₩15,000

* 재고자산감모손실 ₩2,000은 포괄손익계산서에서 영업외비용으로 계상된다

제4절 재고자산의 추정

계속기록법이나 실지재고조사법 중 어느 방법을 사용하든 기말 재고자산을 정확하게 파악하기 위해서는 실사, 즉 실지재고조사를 해야 하는데, 이에는 상당한 시간과 비용이 소요된다. 또한 기말 재고자산의 수량이나 단가를 파악하는 것이 불가능하거나 비경제적인 경우도 있을 것이다. 이럴 경우에는 실사를 하지 않고 추정에 의해 재고자산을 파악하는 방법을 사용하게 된다. 이에는 매출총이익률법과 매출가격환원법이 있다.

1. 매출총이익률법

매출총이익률법(gross margin method)은 과거의 매출총이익률을 이용하여 당기의 매출원가와 기말재고액을 추정하는 방법이다. 이를 위해 우선 과거의 자료를 이용하여 추정 매출총이익률을 구한다. 그러면 추정 매출원가는 다음과 같이 계산될 것이다.

> 추정 매출원가 = 매출액 − 추정 매출총이익(= 매출액 × 추정 매출총이익률)
> = 매출액 × (1 − 추정 매출총이익률)

추정 매출원가가 계산되면 이를 당기의 판매가능액(기초재고액 + 당기매입액)으로부터 차감하여 기말재고액을 산출한다.

> 기말재고액 = 기초재고액 + 당기매입액 − 추정 매출원가

매출총이익률법은 실사를 하지 않고 기말재고액을 파악할 수 있는 방법이기는 하나, 과거의 매출총이익률에 의한 추정에 의존하게 되므로 그 수치의 신뢰

성이 의문시된다. 따라서 이 방법은 한국채택국제회계기준에서는 허용하고 있지 않으나, 화재 등으로 인해 재고자산의 실사가 불가능하거나 내부관리 목적으로 개략적인 기말재고액을 파악할 필요가 있을 때 사용될 수 있다.

예제 9-4 A사의 창고에 화재가 발생하여 재고자산이 소실되었는데, 남아 있는 재고자산의 처분가액(순실현가능가액)은 ₩200,000이다. 재고자산과 관련하여 남아 있는 기록은 다음과 같다.

기초재고	₩150,000
당기매입액	₩750,000
당기매출액	₩800,000

A사의 과거 수년간 평균 매출총이익률이 30%라고 할 때, 화재로 인한 재고자산의 손실액은 얼마인가?

[해답]

(1) 화재 직전의 추정 재고자산

기초재고	₩150,000
당기매입액	750,000
판매가능액	900,000
추정 매출원가	(560,000*)
추정 재고자산	340,000

* 추정 매출원가 = 매출액 × (1 − 추정 매출총이익률)

= 800,000 × (1 − 30%) = ₩560,000

(2) 손실액 = 추정 재고자산 − 실제 재고자산(재고자산의 처분가액)

= ₩340,000 − ₩200,000 = ₩140,000

2. 매출가격환원법

매출가격환원법은 소매재고법(retail inventory method)이라고도 하는데, 백화점과 같이 취급하는 상품의 종류가 많고 다양하여 실사를 통해 기말재고액을 파악하기 곤란한 경우에 적용되는 방법이다.

매출가격환원법은 판매가 기준으로 평가한 기말재고액에 구입원가, 판매가 및 판매가 변동액에 근거하여 산정한 원가율을 적용하여 기말 재고자산의 원가를 결정하는 방법이다.

이를 위해서는 우선 판매가능상품의 원가(기초재고액 + 당기매입액)와 이의 판매가에 근거하여 원가율을 계산한다.

$$\text{원가율} = \frac{\text{판매가능상품의 원가}}{\text{판매가능상품의 판매가}}$$

다음으로 판매가능상품의 판매가에서 당기 매출액을 차감하여 판매가로 측정된 기말재고액을 계산하고, 이에 원가율을 곱하여 원가로 측정된 기말재고액을 산출한다.

판매가로 측정된 기말재고액 = 판매가능상품의 판매가 − 당기 매출액
원가로 측정된 기말재고액 = 판매가로 측정된 기말재고액 × 원가율

매출가격환원법은 재고자산의 판매가를 사전에 설정하여 관리하고 있는 것으로 가정한다. 즉, 기말재고를 개별 상품에 부착된 판매가로 파악하고 이에 단순히 추정 원가율을 곱해 기말재고액을 파악할 수 있다는 것이다.

따라서 한국채택국제회계기준에서도 매출가격환원법은 실제원가가 아닌 추정에 의한 원가결정 방법이므로 원칙적으로 많은 종류의 상품을 취급하여 실

제 원가에 기초한 원가결정 방법의 사용이 곤란한 유통업종에서만 사용할 수 있도록 하고 있다. 또한 이는 이익률이 유사한 동질적인 상품군별로 적용하여야 하며, 이익률이 서로 다른 상품군을 통합하여 평균원가율을 계산해서는 안 되도록 하고 있다.

예제 9-5 매출가격환원법을 적용하고 있는 A사의 다음 자료에 의해 기말재고액과 매출원가를 계산하시오.

	원 가	판매가
기초재고	₩100,000	₩150,000
당기매입액	500,000	850,000
판매가능액	600,000	1,000,000
당기매출액		800,000

[해답]

(1) 기말재고액

* 원가율 = 600,000/1,000,000 = 60%

* 판매가로 측정된 기말재고액 = 1,000,000 − 800,000 = ₩200,000

* 원가로 측정된 기말재고액 = 200,000 × 60% = ₩120,000

(2) 매출원가

= 600,000 − 120,000 = ₩480,000

(or 당기매출액(₩800,000) × 원가율(60%) = ₩480,000)

연습문제 객관식

9-1 다음 중 재고자산의 취득원가에 포함시켜야 하는 항목으로 가장 적절한 것은?

① 판매원에게 지급한 임금

② 판매시 발생한 운송비

③ 수입한 재고자산에 대한 수입관세

④ 창고 보관료

9-2 다음 중 재고자산의 단가결정방법으로 한국채택국제회계기준에서 인정하지 않는 방법은?

① 개별법 ② 후입선출법 ③ 가중평균법 ④ 선입선출법

9-3 다음의 재고자산의 원가결정방법에 대한 설명 중 옳지 않은 것은?

① 선입선출법은 최근에 매입한 재고자산 층이 기말재고로 남게 된다.

② 가중평균법에 실지재고조사법 또는 계속기록법을 적용하느냐에 따라 총평균법과 이동평균법으로 불려진다.

③ 재고자산의 평가는 성격 또는 용도의 차이 여부와 상관없이 동일한 방법을 적용해야 한다.

④ 선입선출법을 적용하면, 현행 판매수익에 과거의 원가가 대응된다는 점에서 수익 · 비용의 대응이 이루어지지는 않지만, 재고자산의 기말잔액이 현행대체원가를 반영한다는 장점이 있다.

9-4 다음 중 재고자산의 인식시점에 대한 설명으로 틀린 것은?

① 시송품은 매입자가 구매의사표시를 하기 전까지는 판매자의 재고자산에 포함해야 한다.

② 할부판매는 인도시점을 기준으로 매출을 인식하므로 판매시점에서 구매자의 재고자산에 포함되어야 한다.

③ 적송품은 수탁자가 판매하기 전까지 위탁자의 재고자산에 포함한다.

④ 선적지인도조건인 미착품은 목적지에 도착하기 전까지는 판매자의 재고자산으로 본다.

9-5 다음 중 결산시 기말 재고자산을 실제보다 과대평가한 경우에 이로 인한 영향으로 맞는 것은?

① 유동비율 감소, 부채비율 증가 ② 유동비율 감소, 부채비율 변동없음

③ 유동비율 증가, 부채비율 감소 ④ 유동비율 증가, 부채비율 변동없음

연습문제 객관식

9-6 (주)A의 재고자산에 대한 실지재고조사결과 실제 재고수량은 800개였다. 기말재고와 관련된 정보가 다음과 같을 때, 재고자산감모손실과 재고자산평가손실은 각각 얼마인가?

장부상 재고	1,000개	취득원가(장부가액)	@₩150
추정판매가액	@₩180	추정판매비용	@₩50

	감모손실	평가손실
①	₩30,000	₩9,000
②	₩30,000	₩16,000
③	₩16,000	₩30,000
④	₩9,000	₩30,000

9-7 다음 중 실지재고조사법과 계속기록법에 대한 설명으로 옳지 않은 것은?

① 실지재고조사법은 결산기말에 재고자산의 수량을 직접 파악하는 방법이다.
② 계속기록법은 상품의 입출고시 일일이 기록하여 기말재고수량을 간접적으로 파악하는 방법이다.
③ 실지재고조사법은 장부유지비용이 낮으므로 재고자산의 단위당 단가가 비교적 낮은 재고를 관리하는데 유리하다.
④ 실지재고조사법은 재주문시기와 수량을 파악하는 데 도움을 준다.

9-8 다음 중 항상 옳은 것은?

① 선입선출법에 의하여 재고자산을 평가할 경우에는 계속기록법과 실지재고조사법의 매출원가가 일치한다.
② 재고수준과 가격이 상승할 때 후입선출법이 선입선출법보다 매출원가를 작게 표시한다.
③ 특정 회계연도의 정률법에 의한 감가상각비는 정액법에 의한 감가상각비보다 크다.
④ 재고자산을 저가법에 의하여 평가할 때 종목별로 평가한 금액이 총계기준으로 평가한 금액보다 적다.

9-9 다음 중 이론적으로 법인세이연효과가 있는 재고자산 평가방법은?

① 후입선출법 ② 이동평균법 ③ 선입선출법 ④ 총평균법

연습문제 객관식

9-10 기중의 물가가 계속 상승하고 있으며 재고자산도 꾸준히 증가할 경우, 당기의 손익계산에 반영되는 매출원가의 크기를 정확하게 표시하고 있는 것은?

① 선입선출법 〈 이동평균법 ≥ 총평균법 〉 후입선출법

② 선입선출법 〈 이동평균법 ≤ 총평균법 〈 후입선출법

③ 선입선출법 〉 이동평균법 = 총평균법 〉 후입선출법

④ 선입선출법 〈 이동평균법 = 총평균법 〈 후입선출법

9-11 (주)B의 매출총이익률은 순매출액의 25%이다. 매출총이익률법에 의한 기말재고자산원가는?

총매출액	₩215,000	총매입액	₩159,000
기초상품재고액	₩38,000	매출에누리 및 환입	₩22,000
매입환출	₩15,000		

① ₩18,550　② ₩20,750　③ ₩37,250　④ ₩52,250

연습문제 주관식

9-1 다음은 A사의 상품매매거래에 대한 자료이다. 물음에 답하시오.

		수 량	단 가	금 액	판매량
4. 1	기초재고	40개	₩50	₩2,000	
9	매 입	60	60	3,600	
15	매 출				50개
20	매 입	50	70	3,500	
25	매 출				70
	합 계	150개		₩9,100	120개
4. 30	기말재고				30개

〈물음〉 다음 각 방법에 따른 기말재고액과 매출원가를 계산하시오.

1. 실지재고조사법에 의할 경우
   (1) 선입선출법
   (2) 후입선출법
   (3) 총평균법
2. 계속기록법에 의할 경우
   (1) 선입선출법
   (2) 후입선출법
   (3) 이동평균법

9-2 다음은 B사의 상품매매거래에 대한 자료이다. 물음에 답하시오.

		수 량	단 가	금 액	판매량
5. 1	기초재고	10개	₩40	₩400	
5	매 입	40	50	2,000	
10	매 출				30개
15	매 입	30	60	1,800	
20	매 출				40
25	매 입	40	90	3,600	
	합 계	120개		₩7,800	70개
5. 31	기말재고				50개

연습문제 주관식

〈물음 1〉 다음 각 방법에 따른 기말재고액과 매출원가를 계산하시오.

1. 실지재고조사법에 의할 경우
   (1) 선입선출법
   (2) 후입선출법
   (3) 총평균법
2. 계속기록법에 의할 경우
   (1) 선입선출법
   (2) 후입선출법
   (3) 이동평균법

〈물음 2〉 후입선출법에 의할 경우 실지재고조사법과 계속기록법의 결과가 일치하는지 확인하고, 일치하지 않으면 그 이유에 대해 설명하시오.

9-3 물가상승기의 선입선출법과 후입선출법에 대해 다음의 물음에 답하시오.

(1) 기말재고액이 많게 보고되는 방법은?

(2) 매출원가가 많게 보고되는 방법은?

(3) 매출총이익이 많게 보고되는 방법은?

9-4 선입선출법, 후입선출법, 가중평균법 중 재무상태표상의 기말 재고자산을 현행가격에 가장 가깝게 나타내는 방법은? 또한 포괄손익계산서상의 매출원가를 현행원가에 가장 가깝게 나타내는 방법은?

9-5 기말 재고자산의 크기와 이익과의 관계에 대해 설명하시오.

9-6 기말상품재고액과 관련된 다음 자료로 재고자산평가손실의 분개를 하고, 재고자산이 재무상태표에 어떻게 표시되는지 설명하시오.

(1) 취득원가 : ₩800,000
  예상판매가격 : ₩850,000
  예상판매비용 : ₩200,000

(2) 다음 기말에 위 상품의 시가(순실현가능가액)가 ₩900,000이 되었다.

연습문제 주관식

9-7 다음 자료에 의해 실지재고조사법에 의한 상품의 결산정리분개를 표시하고, 매출원가와 매출총이익을 계산하시오.

기초재고액 : 40,000원, 당기매입액 : 120,000원, 당기매출액 : 160,000원

실지 기말재고액 : 50,000원, 저가법에 의한 재고자산평가손실 : 10,000원

9-8 (1) 다음의 재고자산과 관련된 자료로 실지재고조사법의 경우와 계속기록법의 경우로 나누어 매입, 매출과 관련된 분개를 하고, 결산정리분개를 하시오.

	수 량	단 가	금 액
기초재고	200개	₩100	₩20,000
당기매입	700	100	70,000
계	900개		₩90,000

판매수량	600개(판매단가 : ₩150)
실지기말재고	200개
감모손실	100개(이 중 60개는 원가성이 있으며, 40개는 원가성이 없음)

(2) 재무상태표에 표시되는 재고자산의 금액을 계산하고, 포괄손익계산서를 작성하시오.

9-9 C사의 창고에 화재가 발생하여 재고자산이 소실되었는데, 남아 있는 재고자산의 처분가액(순실현가능가액)은 ₩100,000이다. 재고자산과 관련하여 남아 있는 기록은 다음과 같다.

기초재고	₩100,000
당기매입액	₩600,000
당기매출액	₩500,000

C사의 과거 수년간 평균 매출총이익률이 20%라고 할 때, 화재로 인한 재고자산의 손실액은 얼마인가?

연습문제 주관식

9-10 매출가격환원법을 적용하고 있는 D사의 다음 자료에 의해 기말재고액과 매출원가를 계산하시오.

	원 가	판매가
기초재고	₩250,000	₩350,000
당기매입액	350,000	450,000
판매가능액	600,000	800,000
당기매출액		500,000

10 장

유형자산과 무형자산

재무상태표

자　산	부　채
유동자산	유동부채
당좌자산	비유동부채
재고자산	
비유동자산	부채총계
투자자산	
유형자산	
토　지	자　본
설비자산	자 본 금
건설중인 자산	자본잉여금
기　타	자본조정
무형자산	기타포괄손익누계액
영 업 권	이익잉여금
산업재산권	
개 발 비	자본총계
기　타	
기타비유동자산	
자산총계	부채 및 자본총계

10 장

유형자산과 무형자산

제1절 유형자산의 의의

유형자산(tangible asset)은 재화의 생산이나 용역의 제공, 타인에 대한 임대 또는 자체적으로 사용할 목적으로 보유하고 있으며, 물리적 형태가 있는 비화폐성자산으로서, 1년을 초과하여 사용할 것이 예상되는 자산을 말한다. 이에는 토지, 건물, 구축물, 기계장치, 건설중인 자산 등이 포함된다.

따라서 유형자산으로 분류되기 위해서는 다음의 세 가지 요건이 충족되어야 한다.

첫째, 유형자산은 재화의 생산이나 용역의 제공 등 영업활동에 사용할 목적으로 보유하여야 한다. 사용할 목적이 아니고 판매를 목적으로 보유한다면 이는 재고자산으로 분류된다. 또한 영업활동이 아니고 매매차익 목적 등 비영업활동에 사용할 목적으로 보유한다면 이는 투자자산으로 분류된다.

둘째, 유형자산은 감지할 수 있는(tangible) 물리적 실체나 형태가 있어야 한다. 영업활동에 장기간 사용되는 특허권, 실용신안권, 의장권 등과 같은 산업재산권은 물리적 실체가 없으므로 무형자산으로 분류된다.

셋째, 유형자산은 1년을 초과하여 정상적인 영업활동에 사용할 것으로 예상되어야 한다. 1년을 초과하여 사용할 것으로 예상되지 않는다면 이는 소모품 내지는 비용으로 처리하여야 한다.

유형자산은 일반적으로 기업이 보유하는 자산 중 비중이 가장 크고 중요하다. 따라서 유형자산으로 인식되기 위해서는 위의 정의와 함께 다음의 두 가지 인식조건을 모두 충족시켜야 한다.

첫째, 자산으로부터 발생하는 미래 경제적 효익이 기업에 유입될 가능성이 매우 높다.

둘째, 자산의 취득원가를 신뢰성 있게 측정할 수 있다.

이러한 유형자산의 회계처리 문제는 다음의 네 가지로 나누어 볼 수 있다.

1. 취득원가의 결정 : 유형자산은 다른 자산에 비해 취득원가가 클 뿐만 아니라 취득과정이 유형자산마다 다양하기 때문에 각각의 특성을 고려한 취득원가의 결정이 중요한 문제가 된다.
2. 취득 후 지출 : 유형자산의 취득 후 이의 유지, 보수, 개량 등의 지출이 발생하면 이를 취득원가에 산입하여 자산으로 계상할 것인지 아니면 당기의 비용으로 처리할 것인지의 문제가 발생한다.
3. 감가상각 : 유형자산은 한정된 수명을 가지는데 그 수명기간 동안 공헌한 수익에 직질히 대응시키기 위해 취늑원가를 비용으로 배분하는 감가상각의 문제가 있다.
4. 처분 : 마지막으로 유형자산을 처분하는 경우 그 처분손익을 결정하는 문제가 있다.

유형자산을 취득하면 취득원가로 기록한다. 취득원가는 구입원가 또는 제작원가와 자산을 사용할 수 있도록 준비하는데 직접 관련된 지출을 포함한다. 유형자산은 기업 외부에서 구입할 수도 있고, 기업 내부에서 직접 자가 건설할 수도 있으며, 현물출자, 증여, 교환 등의 방법으로 취득할 수도 있다. 이하에서는 이들 취득 유형별로 취득원가의 결정 문제를 살펴보기로 한다.

제2절 유형자산의 취득원가 결정

1. 외부 구입

유형자산을 외부에서 구입하는 경우 취득원가는 구입가격에 취득부대비용을 가산한 금액으로 한다. 취득부대비용은 본래 의도한 자산의 사용목적에 적합한 상태에 이르기까지 발생하는 모든 비용을 말한다. 토지와 건물의 경우 취득부대비용으로는 중개수수료, 등기수수료, 취득세, 등록세 등의 제세공과금, 토지구획정리 및 배수공사에 따른 비용, 기존 노후건물의 철거에 소요되는 비용, 청소비 등을 포함한다. 기계장치의 경우 취득부대비용으로는 운반비, 하역비, 보관비, 등록비, 설치비, 시운전비용 등을 포함한다.

여러 종류의 유형자산을 일괄 구입(lump-sum purchase)하면서 개별 자산의 취득원가를 구별할 수 없는 경우에는 일괄 지급한 총 구입대금을 개별 자산의 공정가치를 기준으로 안분하여 개별 유형자산의 취득원가를 결정한다.

이때 안분 대상이 되는 자산은 반드시 취득 후 회사가 사용하는 자산이어야 한다. 예컨대 토지와 건물을 일괄 구입하는 경우, 취득 후 건물을 사용할 의도가 있는 경우에는 공정가치에 따라 안분하여 건물의 취득원가로 하지만, 취득 후 건물을 사용할 의도가 없는 경우에는 일괄 구입한 가격 전액을 토지로 계상하여야 한다.

예제 10-1 다음의 거래를 분개하시오.

(1) 건물이 세워진 토지를 구입하고 구입대금 ₩200,000은 3개월 만기 약속어음을 발행하여 지급하다. 건물은 철거 예정이며, 중개수수료 ₩10,000, 취득세 등의 제세공과금 ₩20,000은 현금으로 지급하다.

(2) 토지 위에 세워진 건물의 철거비용 ₩30,000을 현금으로 지급하다.

(3) 기계장치를 ₩300,000에 구입하고 운반비와 설치비 ₩10,000과 함께 수표를 발행하여 지급하다.

(4) 기계장치의 등록비 ₩3,000과 시운전비용 ₩5,000을 현금으로 지급하다.

(5) 영업활동에 사용할 목적으로 토지와 건물을 구입하고, 구입대금 ₩600,000은 수표를 발행하여 지급하다. 구입 당시 토지와 건물의 공정가치 비율은 1 : 2이다.

[해답]

(1)	(차)	토 지	230,000	(대)	미지급금	200,000
					현 금	30,000
(2)	(차)	토 지	30,000	(대)	현 금	30,000
(3)	(차)	기계장치	310,000	(대)	당좌예금	310,000
(4)	(차)	기계장치	8,000	(대)	현 금	8,000
(5)	(차)	토 지	200,000*	(대)	당좌예금	600,000
		건 물	400,000**			

* ₩600,000 $\times \frac{1}{3}$ = ₩200,000

** ₩600,000 $\times \frac{2}{3}$ = ₩400,000

2. 자가 건설

기업이 필요로 하는 유형자산을 기업이 직접 건설 또는 제작하는 경우 취득원가는 건설 또는 제작에 소요되는 모든 직접재료비 및 직접노무비뿐만 아니라 제작과 관련하여 발생하는 제반 간접비용도 포함한다.

유형자산의 건설 또는 제작은 비교적 장기간이 소요되는데, 이때 건설 중에 발생하는 제반 원가는 건설중인 자산(construction-in progress) 계정으로 처리한다. 이는 건설이 완료되면 건물이나 구축물 등의 해당 유형자산 계정으로 대체시킨다.

유형자산의 건설 또는 제작을 위하여 자금을 차입하였을 경우 이자비용이 발생하는데, 이와 같이 유형자산의 건설기간 동안 발생한 차입금에 대한 금융비용은 당해 유형자산의 취득원가에 포함시킨다. 이를 금융비용의 자본화라 한다.

한편, 자가 건설 또는 자가 제작한 유형자산의 취득원가가 외부에서 구입할 때 지급해야 하는 동종 유형자산의 시가보다 비정상적으로 높을 경우에는 시가와의 차액은 건설 또는 제작손실로서 비용으로 처리하고, 유형자산의 취득원가에 포함시키지 않는다.

예제 10-2 다음 일련의 거래를 분개하시오.

(1) 공장 건설을 위한 공사비 ₩500,000을 현금으로 지급하다.
(2) 추가적인 공사비 ₩300,000을 현금으로 지급하다.
(3) 공사가 완공되어 공장건물을 사용하다.

[해답]

(1)	(차)	건설중인 자산	500,000	(대)	현　　금	500,000
(2)	(차)	건설중인 자산	300,000	(대)	현　　금	300,000
(3)	(차)	건　　물	800,000	(대)	건설중인 자산	800,000

3. 현물출자, 증여, 교환

유형자산을 현물출자, 증여, 교환으로 취득하는 경우 취득원가는 공정가치를 기준으로 결정한다. 현물출자란 기업이 유형자산을 취득한 대가로 주식을 발행하여 교부하는 것을 말한다. 이때 유형자산의 취득원가는 교부한 주식의 공정가치로 한다.

증여 또는 무상으로 유형자산을 취득하는 경우에는 아무런 대가를 지불하지 않았으므로 취득원가는 0이다. 그러나 미래 경제적 효익이 있는 자산을 취득하고도 이를 자산으로 계상하지 않으면 경제적 실질을 왜곡하는 것이다. 따라서 이 경우에도 취득한 자산의 공정가치를 취득원가로 하고 있는 것이다. 이때 대변에 기록되는 계정은 자산수증이익으로 포괄손익계산서에 영업외수익으로 보고된다.

다른 종류의 자산과 교환으로 유형자산을 취득하는 경우 유형자산의 취득원가는 교환을 위하여 제공한 자산의 공정가치로 한다. 다만, 교환을 위하여 제공한 자산의 공정가치가 불확실한 경우에는 교환으로 취득한 자산의 공정가치를 취득원가로 할 수 있다.

여기서 유형자산의 공정가치는 시장가격으로 한다. 다만, 시장가격이 없는 경우에는 동일 또는 유사한 자산의 현금거래로부터 추정할 수 있는 실현가능가액이나 공인된 감정기관의 감정금액을 사용할 수 있다.

예제 10-3 다음의 거래를 분개하시오.

(1) 액면금액 ₩1,000(공정가치 ₩1,200)의 보통주식 100주를 발행하여 토지를 취득하다.

(2) 특수관계자로부터 토지와 건물을 무상으로 증여받다. 토지와 건물의 공정가치는 각각 ₩100,000, ₩200,000이다.

[해답]

(1) (차)	토 지	120,000	(대)	자 본 금	100,000
				주식발행초과금	20,000
(2) (차)	토 지	100,000	(대)	자산수증이익	300,000
	건 물	200,000		(영업외수익)	

제3절 유형자산의 취득 후 지출

유형자산을 취득한 후 이의 사용과정에서 유지, 보수, 개량 등의 추가적인 지출이 발생할 수 있다. 이때 발생하는 지출을 취득원가에 산입하여 자산으로 계상할 것인지 아니면 당기의 비용으로 처리할 것인지의 문제가 발생한다. 전자에 해당하는 지출을 자본적 지출이라 하고, 후자에 해당하는 지출을 수익적 지출이라 한다.

자본적 지출(capital expenditure)이란 유형자산의 취득 또는 완성 후의 지출 중 해당 자산의 가장 최근에 평가된 성능수준을 초과하여 미래 경제적 효익을 증가시키는 지출을 말한다. 새로운 생산공정의 채택이나 기계부품의 성능개선을 통하여 생산능력 증대, 내용연수 연장, 상당한 원가절감이나 품질향상을 가져오는 경우에는 관련된 지출이 미래 경제적 효익을 증가시키므로 자본적 지출로 처리한다.

수익적 지출(revenue expenditure)이란 유형자산의 취득 또는 완성 후의 지출 중 해당 자산으로부터 당초 예상되었던 성능수준을 단순히 회복하거나 유지하기 위한 지출을 말한다. 공장설비에 대한 유지, 보수나 수리를 위한 지출은 당초 예상되었던 성능수준을 향상시켜주기보다는 유지시켜주기 위한 지출이므로 수익적 지출로 처리한다.

자본적 지출	수익적 지출
생산능력의 증대, 내용연수의 연장, 상당한 원가절감이나 품질향상을 가져오는 지출	당초 예상되었던 성능수준을 단순히 회복하거나 유지, 보수, 수리를 위한 지출

자본적 지출과 수익적 지출을 명확히 구분하는 객관적인 기준을 제시하는 것은 쉽지 않으나, 지출의 성격과 거래 또는 금액의 중요성에 따라 합리적으로 결정하여야 할 것이다. 예컨대 건물의 내용연수를 연장시키는 수선비용은 자본적 지출에 해당하고, 외벽 페인트 및 파손유리의 대체비용은 수익적 지출이 될 것이다. 또한 기계장치의 성능향상을 위한 부품교체는 자본적 지출에 해당하고, 소모성 부품의 교체는 수익적 지출이 될 것이다.

한편, 유형자산의 수선 · 유지를 위한 지출로서 일반적인 수선은 해당 자산으로부터 당초 예상되었던 성능수준을 회복하거나 유지하기 위한 것이므로 수익적 지출로 하여 발생한 기간의 비용으로 처리한다. 그러나 유형자산의 사용가능 기간 중 정기적으로 이루어지는 종합검사, 분해수리와 관련된 지출은 해당 지출을 감가상각 대상 자산으로 인식할 수 있으며, 유형자산의 인식조건을 충족하는 경우에는 자본적 지출로 처리한다.

여기서 자본적 지출로 처리한다는 것은 자산으로 계상한다는 의미로 해당 자산의 취득원가에 가산하는 것을 의미한다. 이는 장래의 여러 기간에 감가상각의 과정을 거쳐 비용으로 계상된다. 수익적 지출로 처리한다는 것은 이를 모두 당기의 비용으로 계상한다는 의미이다.

이러한 자본적 지출과 수익적 지출을 명확히 구분해야 하는 이유는 어떤 특정한 지출을 자본적 지출로 처리하느냐, 아니면 수익적 지출로 처리하느냐에 따라 기업의 재무상태와 경영성과가 크게 달라지기 때문이다.

즉, 수익적 지출로 처리하여야 할 것을 자본적 지출로 처리하게 되면 그 사업연도의 이익이 과대 계상될 뿐만 아니라 유형자산도 과대 평가된다. 반대로 자본적 지출로 처리하여야 할 것을 수익적 지출로 처리하게 되면 그 사업연도의 비용이 과대 계상되고 유형자산이 과소 평가되는 결과를 초래한다.

예제 10-4 다음의 거래를 분개하시오.

(1) 사용 중인 건물의 방수공사를 하고 대금 ₩500,000을 수표로 지급하다. 공사로 인하여 건물의 내용연수가 2년 연장될 것으로 예상된다.

(2) 건물의 외벽 페인트 및 파손유리의 대체비용으로 현금 ₩400,000을 지급하다.

(3) 사용 중인 트럭의 엔진 교체비용으로 ₩200,000, 소모성 부품의 교체비용으로 ₩100,000을 현금으로 지급하다.

[해답]

(1) (차)	건 물	500,000	(대)	당좌예금	500,000
(2) (차)	수선유지비	400,000	(대)	현 금	400,000
(3) (차)	차량운반구	200,000	(대)	현 금	300,000
	수선유지비	100,000			

제4절 유형자산의 감가상각

1. 감가상각의 의의

토지를 제외한 유형자산은 사용에 의한 소모, 시간의 경과와 기술의 변화에 따른 진부화 등에 의해 경제적 효익이 감소한다. 즉, 유형자산은 사용기간 동안 기업의 수익창출활동에 기여하면서 그 경제적 효익은 점점 감소하는 것이다. 따라서 수익 · 비용 대응의 원칙에 따라 수익창출활동에 기여한 기간 동안 유형자산의 경제적 효익 감소분을 비용으로 인식하는 절차가 필요하다. 이를 감가상각(depreciation)이라 하고, 그 비용을 감가상각비(depreciation expense)라 한다.

토지를 제외한 유형자산은 사용기간 동안 경제적 효익이 감소하는데, 감소하는 요인으로는 크게 물리적 요인과 기능적 요인이 있다. 토지는 일반적으로 수명이 무한하고 경제적 효익이 감소하지 않으므로 감가상각을 하지 않는다.

물리적 요인에 의한 감가란 자산의 사용이나 시간의 경과에 따라 가치가 감소하는 것을 말한다. 일반적으로 토지를 제외한 유형자산은 수익창출활동에 사용됨으로써 경제적 효익이 감소한다. 또한 비록 사용하지 않더라도 시간의 경과에 따른 노후 · 부식 등에 의해 유형자산의 가치는 감소하는 것이다.

기능적 요인에 의한 감가란 자산의 기능에 문제가 있거나 진부화 또는 부적응화에 의해 가치가 감소하는 것을 말한다. 진부화란 새로운 발명이나 기술의 진보 등으로 보다 효율적이고 개선된 대체품이 나타남에 따라 종래의 자산이 구식화 되는 것을 말한다. 부적응화란 경영규모의 확장, 공장의 이전 등으로 종래의 자산을 유리하게 사용할 수 없게 되는 경우를 말한다.

이와 같이 유형자산의 경제적 효익이 감소하는 요인은 다양한 데, 이를 금액으로 정확히 파악하기는 어렵다. 따라서 유형자산의 경제적 효익에 대한 감소분을 합리적이고 체계적인 방법으로 파악하여 비용화하는 절차가 필요하다. 이를 감가상각이라 하는 것이다.

즉, 감가상각은 수익과 비용의 적절한 대응을 위해 당해 자산의 취득원가를 사용기간 동안 합리적이고 체계적인 방법에 의해 비용으로 배분하는 과정인 것이다. 따라서 감가상각은 유형자산의 가치 감소에 따른 자산평가의 과정이 아니라, 유형자산의 취득원가를 사용기간 동안에 비용으로 배분하는 원가배분(cost allocation)의 과정으로 보는 것이다.

2. 감가상각의 결정요소와 회계처리

특정기간의 감가상각비를 계산하기 위해서는 ① 감가상각대상금액(= 취득원가 – 잔존가치), ② 내용연수, ③ 감가상각방법의 세 가지 요소가 결정되어야 한다.

(1) 감가상각대상금액

감가상각대상금액이란 당해 유형자산의 사용기간(내용연수) 동안에 인식하여야 할 감가상각비의 합계금액으로 감가상각기준액 또는 감가상각기초금액이라고도 한다. 이는 취득원가에서 잔존가치를 차감한 금액을 말한다.

감가상각대상금액 = 취득원가 – 잔존가치

잔존가치(residual value)란 자산의 내용연수가 종료하는 시점의 처분금액으로 예상 처분금액에서 예상 처분비용을 차감한 금액을 말한다. 잔존가치는 자산의 성격과 업종 등을 고려하여 객관적이고 합리적으로 추정해야 하는데, 잔존가치가 중요할 것으로 예상되는 경우에는 자산의 취득시점에서 잔존가치를 추정하고 물가변동에 따라 수정하지 않는다.

실무상으로는 잔존가치가 중요하지 않은 경우가 많은데, 보통 계산상의 편의나 세법의 영향 등으로 잔존가치를 취득원가의 5% 혹은 0으로 보는 경우가 많다.

(2) 내용연수

내용연수(useful life)란 자산의 예상 사용기간 또는 자산으로부터 획득할 수 있는 생산량 또는 이와 유사한 단위(예: 가동시간)를 말한다. 유형자산의 경제적 효익은 유형자산을 사용함으로써 감소하는 것이 일반적이다. 그러나 자산을 사용하지 않더라도 기술적 진부화 및 마모 등의 요인으로 인하여 자산으로부터 기대하였던 경제적 효익이 감소될 수 있다. 따라서 자산의 내용연수를 결정할 때에는 다음의 요소를 고려할 필요가 있다.

① 자산의 예상 생산능력이나 물리적 생산량을 토대로 한 자산의 예상 사용수준
② 생산라인의 교체빈도, 수선 또는 보수 계획과 운휴 중 유지보수 등 관리수준을 고려한 자산의 물리적 마모나 손상
③ 생산방법의 변화, 개선 또는 해당 자산으로부터 생산되는 제품 및 용역에 대한 시장수요의 변화로 인한 기술적 진부화
④ 리스계약의 만료일 등 자산의 사용에 대한 법적 또는 계약상의 제한

유형자산의 내용연수는 자산으로부터 기대되는 효용에 따라 결정된다. 유형자산은 기업의 자산관리정책에 따라 일정기간이 경과되거나 경제적 효익의 일정부분이 소멸되면 처분될 수 있다. 이 경우 내용연수는 일반적 상황에서의 경제적 내용연수보다 짧을 수 있으므로 유사한 자산에 대한 기업의 경험에 비추어 해당 유형자산의 내용연수를 추정하여야 한다.

한편, 토지와 건물을 동시에 취득하는 경우 이들은 분리된 자산이므로 별개의 자산으로 취급한다. 그런데 건물은 내용연수가 유한하므로 감가상각 대상 자산이지만, 토지는 일반적으로 내용연수가 무한하므로 감가상각 대상 자산이 아니다. 또한 건설중인 자산은 아직 수익창출활동에 사용하지 않고 있는 상태이므로 감가상각 대상 자산이 아니다.

(3) 감가상각방법

감가상각대상금액과 내용연수가 결정되면 내용연수 동안 감가상각비를 배분하여야 한다. 그런데 수익창출활동에 소요된 유형자산의 경제적 효익에 대한 감소분을 직접 측정한다는 것은 불가능하다. 따라서 인위적이긴 하지만 합리적이고 체계적인 감가상각방법을 사용하게 된다.

합리적이고 체계적인 유형자산의 감가상각방법으로는 정액법, 체감잔액법(정률법, 연수합계법 등), 생산량비례법이 있다. 정액법은 자산의 내용연수 동안

일정액의 감가상각비를 계상하는 방법이다. 체감잔액법은 자산의 내용연수 동안 감가상각비가 매기 감소하는 방법이다. 생산량비례법은 자산의 예상 조업도 혹은 예상 생산량에 근거하여 감가상각비를 계상하는 방법이다.

이러한 감가상각방법은 해당 자산으로부터 예상되는 미래 경제적 효익의 소멸행태에 따라 합리적으로 선택하고, 경제적 효익의 예상 소멸행태가 변하지 않는 한 매기간에 일관성 있게 적용해야 한다. 즉, 선택한 방법은 정당한 사유가 없는 한 매기 계속하여 적용하여야 한다. 또한, 매 회계연도말에 유형자산의 감가상각방법을 재검토해야 하며, 재검토한 결과 유형자산의 매래 경제적 효익이 소멸되는 행태에 중요한 변동이 있다면 변동된 소멸행태를 반영하기 위한 감가상각방법으로 변경해야 하며, 전진적조정법으로 회계처리한다. 감가상각방법의 구체적인 내용에 대해서는 절을 달리하여 살펴보기로 한다.

(4) 감가상각의 회계처리

감가상각방법에 따라 당기의 감가상각 금액이 결정되면 다음과 같은 결산정리분개를 한다.

감가상각비의 결산정리분개

(차) 감가상각비 ××× (대) 감가상각누계액 ×××

차변에 분개된 감가상각비(depreciation expense)는 발생원천에 따라 제조활동과 관련하여 발생한 것은 매출원가로서 포괄손익계산서에 제조원가로 보고되며, 판매 및 관리활동과 관련하여 발생한 것은 포괄손익계산서에 판매비와 관리비로 보고된다.

대변에 분개된 감가상각누계액(accumulated depreciation)은 재무상태표에 해당 유형자산의 차감항목으로 표시한다. 예컨대 건물의 감가상각누계액은 재무상태표에 다음과 같이 표시한다.

재무상태표

건　　물	×××	
감가상각누계액	(×××)	
	×××	

여기서 유형자산의 취득원가에서 감가상각누계액을 차감한 후의 잔액을 유형자산의 장부금액(book value)이라 한다. 결국 감가상각누계액은 유형자산의 취득원가 중 감가상각비로 소멸된 원가를 누계한 것으로서 해당 유형자산의 취득원가에 대한 차감항목으로 평가계정에 불과한 것이다.

3. 감가상각방법

(1) 정액법(straight-line method)

정액법은 매기 동일한 금액을 상각하는 방법으로 균등상각법 또는 직선법이라고도 한다. 이는 감가상각대상금액을 내용연수 동안 균등하게 할당하여 상각하는 방법이다. 따라서 정액법에 의한 매기의 감가상각비는 다음과 같이 감가상각대상금액(취득원가 - 잔존가치)을 내용연수로 나누어 계산한다.

$$\text{정액법에 의한 매기 감가상각비} = \frac{\text{취득원가} - \text{잔존가치}}{\text{내용연수}}$$

만약 잔존가치가 없다면 정액법에 의한 매기의 감가상각비는 취득원가를 내용연수로 나눈 값이 될 것이다.

예제 10-5 A사는 20×1년 초에 기계장치를 ₩600,000에 취득하였다. 이 기계장치의 추정 잔존가치는 취득원가의 5%인 ₩30,000이고, 추정 내용연수는 5년이다. 정액법에 의한 매기의 감가상각비와 기말 장부금액을 계산하시오.

[해답]

연 도	계산과정	매기 감가상각비	감가상각누계액	기말 장부금액
20×1	₩570,000 ÷ 5년	₩114,000	₩114,000	₩486,000
20×2	570,000 ÷ 5년	114,000	228,000	372,000
20×3	570,000 ÷ 5년	114,000	342,000	258,000
20×4	570,000 ÷ 5년	114,000	456,000	144,000
20×5	570,000 ÷ 5년	114,000	570,000	30,000
합 계		570,000		

(2) 체감잔액법

체감잔액법(declining-balance method)은 감가상각 초기에는 많은 금액이 상각되고 기간이 경과함에 따라 상각액이 점차 감소하는 감가상각방법으로서, 대표적으로 정률법과 연수합계법이 있다.

① 정률법(fixed-percentage-of-declining-balance method)

정률법은 유형자산의 장부금액(미상각잔액)에 매기 동일한 상각률을 적용하는 방법으로 다음과 같이 매기의 감가상각비를 계산한다.

정률법에 의한 매기 감가상각비 = 장부금액(미상각잔액) × 상각률(정률)

장부금액은 취득원가에서 감가상각누계액을 차감한 잔액으로 감가상각을 하지 않고 남아 있는 미상각잔액을 의미한다. 여기서 장부금액은 잔존가치를 차감하지 않은 금액이라는 점에 유의하여야 한다. 왜냐하면 정률법에 의한 상각률은 잔존가치를 고려하여 다음과 같이 계산되기 때문이다.

$$상각률(정률) = 1 - \sqrt[n]{\frac{잔존가치}{취득원가}} \quad (n : 내용연수)$$

앞의 상각률은 다음의 과정에 의해 도출된다.

연 도	연도말의 장부가액
1	$C - Cr = C(1-r)$
2	$C(1-r) - C(1-r)r = C(1-r)^2$
⋮	⋮
n	$C(1-r)^{n-1} - C(1-r)^{n-1}r = C(1-r)^n = S$

$$\text{따라서} \quad (1-r)^n = \frac{S}{C}$$

$$(1-r) = \sqrt[n]{\frac{S}{C}}$$

$$\therefore \ r = 1 - \sqrt[n]{\frac{S}{C}}$$

(C : 취득원가, S : 잔존가치, n : 내용연수)

정률법에 의한 상각률의 계산 시 잔존가치가 없는 경우에는 상각률이 1이 되어 매기의 감가상각비를 계산할 수 없다. 따라서 세법에서는 정률법에 의할 경우 잔존가치를 취득원가의 5%로 하여 매기의 감가상각비를 계산하도록 하고 있다.

정률법에 의하면 장부금액, 즉 미상각잔액이 매년 감가상각한 금액만큼 감소하게 되므로 초기에 많은 금액이 상각되고 기간이 경과함에 따라 상각 금액이 점차 적어진다. 이와 같이 초기에 감가상각비를 많이 계상하고 나중에 적게 계상하는 감가상각방법을 가속상각법(accelerated depreciation method)이라고도 한다.

미국에서는 이러한 정률법과 유사한 방법으로서 이중체감법(double-declining-balance method)을 흔히 사용한다. 계산방법은 정률법과 모든 면에서 동일하나, 단지 그 상각률을 정액법의 두 배로 결정하는 점만이 다르다. 만일 내용연수가 10년이라면 정액법 상각률(1/10)의 2배인 0.2를 상각률로 하여 감가상각비를 계산하는 것이다.

예제 10-6 〈예제 10-5〉의 자료를 이용하여 정률법에 의한 매기의 감가상각비와 기말 장부금액을 계산하시오. 단, 정률법에 의한 상각률은 0.451이다.

[해답]

연 도	계산과정	매기 감가상각비	감가상각누계액	기말 장부금액
20×1	₩600,000 × 0.451	₩270,600	₩270,600	₩329,400
20×2	329,400 × 0.451	148,559	419,159	180,841
20×3	180,841 × 0.451	81,559	500,718	99,282
20×4	99,282 × 0.451	44,776	545,494	54,506
20×5	54,506 × 0.451	24,506*	570,000	30,000
합 계		570,000		

* 잔존가치가 취득원가의 5%인 ₩30,000이 되도록 마지막 연도에 끝 단위를 조정한다.

② 연수합계법(sum-of-the-years'-digits method)

연수합계법은 정률법과 마찬가지로 초기에 많은 금액을 상각하는 체감잔액법의 일종으로 감가상각대상금액(취득원가 − 잔존가치)을 내용연수의 합계에 대한 잔여 내용연수의 비율로 연도별로 배분하는 방법이다. 연수합계법에 의한 매기의 감가상각비는 다음과 같이 계산된다.

$$\text{연수합계법에 의한 매기 감가상각비} = (\text{취득원가} - \text{잔존가치}) \times \frac{\text{잔여내용연수}}{\text{내용연수합계}}$$

예컨대 내용연수가 3년인 경우 내용연수 합계는 6년(= 1 + 2 + 3)이 되고, 1차년도는 감가상각대상금액의 $\frac{3}{6}$, 2차년도는 $\frac{2}{6}$, 3차년도는 $\frac{1}{6}$로 상각하는 것이다. 내용연수의 합계는 자연수의 합을 구하는 공식인 $\frac{n(n+1)}{2}$을 이용하여 쉽게 구할 수 있다. 예컨대 내용연수가 5년인 경우 내용연수의 합계는 $\frac{5\times6}{2}$ = 15가 된다.

예제 10-7 〈예제 10-5〉의 자료를 이용하여 연수합계법에 의한 매기의 감가상각비와 기말 장부금액을 계산하시오.

[해답]

연 도	계산과정	매기 감가상각비	감가상각누계액	기말 장부금액
20×1	₩570,000 × 5/15	₩190,000	₩190,000	₩410,000
20×2	570,000 × 4/15	152,000	342,000	258,000
20×3	570,000 × 3/15	114,000	456,000	144,000
20×4	570,000 × 2/15	76,000	532,000	68,000
20×5	570,000 × 1/15	38,000	570,000	30,000
합 계		570,000		

지금까지의 예는 유형자산을 회계연도 초에 취득한 것으로 가정하였지만, 현실적으로는 대부분 기중에 취득한다. 기중에 취득한 경우의 초년도 감가상각비는 월할 계산에 따라 상각하는 것이 일반적이다. 월할 상각을 하는 경우 제2차년도의 감가상각비는 제1차년도 감가상각비의 잔여분과 제2차년도 감가상각비의 앞 부분을 더해서 계산하면 된다. 이를 다음의 예제에서 살펴보기로 한다.

예제 10-8 〈예제 10-5〉에서 기계장치를 20×1년 4월 1일에 취득하여 월할 상각을 하는 경우, 정액법, 정률법, 연수합계법에 의한 매기의 감가상각비를 계산하시오.

[해답]

(1) 정액법

연 도	계산과정	감가상각비
20×1	₩114,000 × 3/4	₩ 85,500
20×2	114,000 × 4/4	114,000
20×3	114,000 × 4/4	114,000
20×4	114,000 × 4/4	114,000
20×5	114,000 × 4/4	114,000
20×6	114,000 × 1/4	28,500
합 계		570,000

(2) 정률법

연 도	계산과정	감가상각비
20×1	₩600,000×0.451×3/4	₩202,950
20×2	600,000×0.451×1/4 + 329,400×0.451×3/4	179,070
20×3	329,400×0.451×1/4 + 180,841×0.451×3/4	98,309
20×4	180,841×0.451×1/4 + 99,282×0.451×3/4	53,972
20×5	99,282×0.451×1/4 + 54,506×0.451×3/4	29,631
20×6	54,506×0.451×1/4	6,068*
합 계		570,000

* 잔존가치가 취득원가의 5%인 ₩30,000이 되도록 마지막 연도에 끝 단위를 조정한다.

(3) 연수합계법

연 도	계산과정	감가상각비
20×1	₩570,000×5/15×3/4	₩142,500
20×2	570,000×5/15× 1/4 + 570,000×4/15×3/4	161,500
20×3	570,000×4/15× 1/4 + 570,000×3/15×3/4	123,500
20×4	570,000×3/15× 1/4 + 570,000×2/15×3/4	85,500
20×5	570,000×2/15× 1/4 + 570,000×1/15×3/4	47,500
20×6	570,000×1/15× 1/4	9,500
합 계		570,000

(3) 생산량비례법(units-of-production method)

생산량비례법은 내용연수를 기준으로 하지 않고 생산량 또는 사용량에 비례하여 매기의 감가상각비를 계산하는 방법이다. 즉, 감가상각대상금액(취득원가 − 잔존가치)에 대해 추정 총생산량에 대한 매기 실제 생산량의 비율을 곱하여 매기의 감가상각비를 계산하는 방법이다.

$$\text{생산량비례법에 의한 매기 감가상각비} = (\text{취득원가} - \text{잔존가치}) \times \frac{\text{매기실제생산량}}{\text{추정총생산량}}$$

생산량비례법의 일종으로 작업시간비례법(working hours method)이 있는데, 이는 작업시간에 비례하여 유형자산의 경제적 효익이 감소하는 경우에 적용되는 방법이다. 작업시간비례법에 의한 매기의 감가상각비는 위의 식에서 생산량 대신 작업시간의 비율로 계산하면 된다.

$$\text{작업시간비례법에 의한 매기 감가상각비} = (\text{취득원가} - \text{잔존가치}) \times \frac{\text{매기실제작업시간}}{\text{추정총작업시간}}$$

생산량비례법이나 작업시간비례법은 모든 유형자산에 적용되는 것이 아니라 생산량에 비례하여 감모하는 천연자원 또는 작업시간에 비례하여 경제적 효익이 감소하는 기계장치 등에 적용되는 방법이다.

한편, 사산을 기중에 취득한 경우에는 월할 상각하는 것이 원칙이지만, 생산량비례법의 경우에는 사용기간 동안의 생산량이나 작업량이 상각률에 이미 반영되어 있으므로 월할 상각을 할 필요가 없다.

예제 10-9 광산을 ₩300,000에 구입하였다. 이 곳에 매장되어 있는 광물의 양은 30만 톤으로 추정된다. 일정연도에 채굴한 광물의 양이 3만 톤일 경우, 당해연도의 감가상각비를 계산하시오.

[해답]

광산의 잔존가치는 ₩0이므로 당해연도의 감가상각비는 다음과 같이 계산된다.

₩300,000 × 3/30 = ₩30,000

예제 10-10 〈예제 10-5〉에서 기계장치를 5년간 각각 30시간, 25시간, 20시간, 15시간, 10시간 사용하는 경우 작업시간비례법에 의한 매기의 감가상각비와 기말 장부금액을 계산하시오.

[해답]

연 도	계산과정	감가상각비	감가상각누계액	기말 장부금액
20×1	₩570,000 × 30/100	₩171,000	₩171,000	₩429,000
20×2	570,000 × 25/100	142,500	313,500	286,500
20×3	570,000 × 20/100	114,000	427,500	172,500
20×4	570,000 × 15/100	85,500	513,000	87,000
20×5	570,000 × 10/100	57,000	570,000	30,000
합 계		570,000		

(4) 감가상각방법의 변경

기업은 특정자산에 대해 기업회계기준에서 정하고 있는 감가상각방법 중 하나를 선택하여 적용하고, 한번 선택한 방법은 정당한 사유가 없는 한 매기 계속하여 적용하여야 한다. 그러나 급격한 경제적 환경의 변화에 따라 종전의 감가상각방법을 다른 방법으로 변경하든지, 종전에 추정하였던 내용연수나 잔존가치를 변경할 수도 있다.

여기서 감가상각방법의 변경은 내용연수나 잔존가치의 변경과 마찬가지로 회계추정의 변경에 해당한다. 회계추정의 변경은 기업환경의 변화, 새로운 정보의 획득 또는 경험의 축적에 따라 지금까지 사용해 오던 회계적 추정치의 근거와 방법 등을 바꾸는 것을 말한다.

한국채택국제회계기준에서는 회계추정을 변경하는 경우에는 변경된 회계연도와 그 이후기간에 변경된 효과를 반영하는 전진적조정법 즉, 전진법으로 처리하도록 하고 있다.

예제 10-11 A사는 20×1년 초에 기계장치 ₩400,000을 구입하여 정액법으로 상각하고 있다. 기계장치의 내용연수는 4년, 잔존가치는 ₩40,000으로 추정하였다. 다음의 각각 독립적인 상황 변화에 따른 20×3년도의 회계처리를 하시오.

(1) 20×3년초에 감가상각방법을 정률법으로 변경하였다. 정률법에 의한 상각률은 계산의 편의상 50%로 한다.

(2) 20×3년에 내용연수를 2년 연장하였으며, 잔존가치를 ₩20,000으로 변경 추정하였다.

[해답]

(1) 20×2년말까지의 장부가액

취득원가	₩400,000
감가상각누계액	(180,000)
장부금액	₩220,000

∴ 20×3년도는 회계정책변경으로 전진법으로 처리하므로 당기 인식할 감가상각비는 다음과 같다.

(차) 감가상각비 110,000* (대) 감가상각누계액 110,000

*220,000×50% = 110,000

〈참고〉

만약 K-IFRS 도입 이전의 회계정책변경에 따라 소급법을 사용한다면 다음과 같다.

연 도	정 액 법		정 률 법		감가상각 누계액의 차이
	감가상각비	감가상각누계액	감가상각비	감가상각누계액	
20x1	90,000	90,000	200,000	200,000	110,000
20x2	90,000	180,000	100,000	300,000	120,000
20x3	90,000	270,000	50,000	350,000	80,000

〈소급적용된 회계정책변경의 누적효과 반영(20×2년도까지의 감가상각누계액의 차이)〉

(차) 회계정책변경누적효과 120,000 (대) 감가상각누계액 120,000
(미처분이익잉여금)

〈20×3년도의 감가상각비 계상(변경된 정률법 적용)〉

(차) 감가상각비	50,000	(대) 감가상각누계액	50,000

(2)

당초 취득원가	₩400,000
20×2년까지 감가상각누계액(차감)	180,000
20×2년말 장부금액	₩220,000
변경된 잔존가치(차감)	20,000
변경 후 감가상각대상금액	₩200,000
변경 후 잔여 내용연수	÷ 4년
변경 후 연간 감가상각비	₩50,000

(차) 감가상각비	50,000	(대) 감가상각누계액	50,000

제5절 유형자산의 처분

유형자산은 영업활동에 장기간 사용하기 위해 보유하는 자산이지만, 기업은 필요에 따라 이를 처분하기도 한다. 유형자산을 처분하면 기업은 더 이상 유형자산을 보유하고 있지 않기 때문에 이와 관련하여 장부상에 남아 있는 취득원가와 감가상각누계액을 제거하여야 한다.

이때 처분시점의 장부금액(취득원가 – 감가상각누계액)과 처분금액과의 차이는 유형자산처분손익으로 계상한다. 유형자산처분이익과 유형자산처분손실은 포괄손익계산서에 각각 영업외수익과 영업외비용으로 보고된다.

한편, 유형자산의 처분이 기말이 아닌 기중에 일어나는 경우에는 그 때까지의 감가상각비를 먼저 계상하고 난 뒤, 처분에 대한 분개를 하여야 한다. 이에 관한 회계처리를 다음의 예제에서 살펴보기로 한다.

예제 10-12 취득원가 ₩500,000, 내용연수 5년, 잔존가치 ₩50,000의 기계장치를 20×1년 초에 구입하고 정액법으로 상각하고 있다. 이 기계장치를 20×4년 4월 30일에 처분하고 현금 ₩250,000을 받은 경우 분개를 하시오.

[해답]

* 정액법에 의한 매기 감가상각비: (500,000 − 50,000) ÷ 5년 = ₩90,000
* 20×3년도까지의 감가상각누계액: ₩90,000 × 3 = ₩270,000
* 20×4년도 4개월분 감가상각비: ₩90,000 × 4/12 = ₩30,000
* 처분 시의 감가상각누계액: ₩270,000 + ₩30,000 = ₩300,000

〈20×4년도 4개월분 감가상각비 계상〉

(차)	감가상각비	30,000	(대)	감가상각누계액	30,000

〈처분에 대한 분개〉

(차)	현 금	250,000	(대)	기계장치	500,000
	감가상각누계액	300,000		유형자산처분이익	50,000

예제 10-13 〈예제 10-12〉의 기계장치를 정률법(상각률 40%)으로 상각한 경우 처분시점의 분개를 하시오.

[해답]

* 정률법에 의한 매기 감가상각비:
  20×1년: ₩500,000 × 40% = ₩200,000
  20×2년: ₩300,000 × 40% = ₩120,000
  20×3년: ₩180,000 × 40% = ₩72,000
* 20×3년도까지의 감가상각누계액: ₩200,000 + ₩120,000 + ₩72,000
  = ₩392,000
* 20×4년도(4개월분) 감가상각비: ₩108,000 × 40% × 4/12 = ₩14,400
* 처분 시의 감가상각누계액: ₩392,000 + ₩14,400 = ₩406,400

〈20×4년도 4개월분 감가상각비 계상〉

(차)	감가상각비	14,400	(대)	감가상각누계액	14,400

〈처분에 대한 분개〉

(차)	현　　금	250,000	(대)	기계장치	500,000
	감가상각누계액	406,400		유형자산처분이익	156,400

이러한 유형자산과 관련하여서는 취득 후 기말의 공정가치로 평가하는 재평가 문제, 기말의 회수가능액이 장부금액에 미달하는 경우 인식하는 손상차손의 문제 등이 있는데, 이에 대해서는 중급회계의 단계에서 이해하기 바란다.

제6절 무형자산

1. 무형자산의 의의

무형자산(intangible asset)은 재화의 생산이나 용역의 제공, 타인에 대한 임대 또는 관리에 사용할 목적으로 기업이 보유하고 있으며, 물리적 형체가 없지만 식별가능하고, 기업이 통제하고 있으며, 미래 경제적 효익이 있는 비화폐성자산을 말한다. 이에는 산업재산권, 라이선스와 프랜차이즈, 저작권, 컴퓨터소프트웨어, 개발비, 임차권리금, 광업권 및 어업권 등과 사업결합에서 발생한 영업권을 포함한다.

무형자산으로 정의되기 위한 세 가지 조건은 ① 식별가능성, ② 자원에 대한 통제, ③ 미래 경제적 효익의 존재이다. 무형자산이 식별가능하다는 것은 그 자산이 기업실체나 다른 자산으로부터 분리될 수 있거나 법적 권리를 창출할 수 있는 경우 등을 의미한다. 자원에 대한 통제란 그 자원으로부터 미래 경제적 효익을 획득할 수 있고, 그 효익에 대해 제3자의 접근을 제한할 수 있는 경우를 말한다. 무형자산의 미래 경제적 효익은 재화의 매출이나 용역수익, 원가절감 또는 그 자산의 사용에 따른 기타 효익의 형태로 발생한다.

무형자산도 유형자산과 마찬가지로 ① 미래 경제적 효익이 기업에 유입될 가능성이 매우 높고, ② 취득원가를 신뢰성 있게 측정할 수 있는 경우에 한하여 자산으로 인식한다. 따라서 내부적으로 창출된 영업권은 취득원가를 신뢰성 있게 측정할 수 없을 뿐만 아니라 기업이 통제하고 있는 식별가능한 자원도 아니기 때문에 자산으로 인식하지 않는다.

2. 무형자산의 취득과 취득 후 지출

무형자산도 다른 자산과 마찬가지로 최초로 인식할 때에는 취득원가로 측정한다. 외부로부터 유상으로 취득한 무형자산의 취득원가는 구입원가와 자산을 사용할 수 있도록 준비하는데 직접 관련되는 지출로 구성된다. 이때 매입할인 등이 있는 경우에는 이를 차감하여 취득원가를 산출한다.

기업이 발행한 지분증권과 교환하여 취득한 무형자산의 취득원가는 그 지분증권의 공정가치로 한다. 또한 매수기업결합으로 취득한 무형자산의 취득원가는 매수일의 공정가치로 한다. 국고보조 등에 의해 무형자산을 무상 또는 공정가치보다 낮은 대가로 취득한 경우에는 취득원가를 취득일의 공정가치로 하고, 국고보조금 등은 취득원가에서 차감하는 형식으로 표시한다.

다른 종류의 무형자산이나 다른 자산과의 교환으로 무형자산을 취득하는 경우에는 취득원가를 교환으로 제공한 자산의 공정가치로 하며, 교환으로 제공한 자산의 공정가치가 불확실한 경우에는 교환으로 취득한 자산의 공정가치를 취득원가로 할 수 있다. 그러나 동종 자산과의 교환인 경우에는 교환으로 취득한 자산의 취득원가는 교환으로 제공한 자산의 장부금액으로 한다.

그런데 기업 내부에서 창출된 무형자산의 경우에는 무형자산의 인식기준에 부합하는지를 평가하기가 쉽지 않다. 이는 미래 경제적 효익을 창출할 무형자산의 존재 여부와 인식시점의 식별이 어렵고, 그러한 자산의 원가를 신뢰성 있게 측정하기 어렵기 때문이다.

내부적으로 창출된 무형자산이 인식기준에 부합하는지를 평가하기 위해서는 무형자산의 창출과정을 연구단계와 개발단계로 구분한다. 연구단계에서 발생한 모든 지출은 발생한 기간의 비용으로 인식한다. 개발단계에서 발생한 지출은 무형자산의 인식기준을 모두 충족할 경우에만 자산으로 인식하고, 그 외의 경우에는 발생한 기간의 비용으로 인식한다.

미래 경제적 효익을 얻기 위한 지출이라도 무형자산의 정의와 인식기준을 충족하지 못하면 무형자산으로 인식할 수 없다. 따라서 창업비, 개업비와 같은 사업개시비용, 교육훈련비, 광고 및 판매촉진비, 사업이전비 등과 같이 미래 경제적 효익을 가져오는 지출이라도 인식기준을 충족하는 무형자산이나 다른 자산이 획득 또는 창출되지 않는다면 그 지출은 발생한 기간의 비용으로 인식한다.

한편, 무형자산도 유형자산과 마찬가지로 취득 또는 완성 후에 추가적인 지출이 있을 수 있다. 이는 다음의 요건을 모두 충족하는 경우에는 자본적 지출로 처리하고, 그렇지 않은 경우에는 발생한 기간의 비용으로 인식한다.

1. 관련 지출이 무형자산의 미래 경제적 효익을 실질적으로 증가시킬 가능성이 매우 높다.
2. 관련된 지출이 신뢰성 있게 측정될 수 있으며, 무형자산과 직접 관련된다.

취득 또는 완성 후의 지출로 인하여 무형자산으로부터의 경제적 효익이 증가될 지의 여부를 판단하는 것은 매우 어렵다. 또한 그러한 지출을 사업 전체가 아닌 특정 무형자산에 직접 귀속시키기도 어렵다. 따라서 취득 또는 완성 후의 지출을 무형자산의 자본적 지출로 처리하는 것은 매우 제한적인 경우에 한해야 한다.

한편, 무형자산의 취득 또는 완성 후의 지출이 단지 최초에 평가된 무형자산의 성능수준을 유지하기 위한 것이라면 발생한 기간의 비용으로 인식한다.

3. 무형자산의 상각

무형자산도 상각대상금액을 그 자산의 추정내용연수 동안 체계적인 방법에 의하여 비용으로 배분한다. 유형자산의 경우에는 감가상각(depreciation)이라는 용어를 사용하지만, 무형자산의 경우에는 상각(amortization)이라는 용어를 사용한다.

무형자산의 상각은 유형자산의 감가상각과는 달리 상각누계액 계정을 설정하지 않고 해당 무형자산을 직접 차감한다. 이를 직접상각법(direct write-off method)이라 한다. 예컨대 무형자산을 상각하는 경우의 분개는 다음과 같다.

(차) 무형자산상각비 ×××　　(대) 무형자산 ×××

무형자산상각비는 무형자산의 상각이 다른 자산의 제조와 관련된 경우에는 관련 자산의 제조원가로, 그 밖의 경우에는 판매비와 관리비로 계상한다. 예를 들면, 제조공정에서 사용된 무형자산의 상각비는 재고자산의 원가를 구성한다.

무형자산의 잔존가치는 없는 것을 원칙으로 한다. 다만, 경제적 내용연수보다 짧은 상각기간을 정한 경우에 상각기간이 종료될 때 제3자가 구입하는 약정이 있거나, 그 자산의 잔존가치가 거래시장에서 결정될 가능성이 매우 높다면 잔존가치를 인식할 수 있다.

무형자산의 상각은 내용연수가 유한한지 또는 비한정인지에 따라 다르다. 내용연수가 유한한 무형자산은 상각대상금액을 내용연수 동안 체계적인 방법으로 배분해야 한다. 무형자산의 내용연수가 법에 의하여 권리가 보호되는 기간이 정해져 있는 경우에는 그 기간을 사용하여 상각한다. 그러나 법에서 보장된 기간보다 경제적 내용연수가 짧을 것으로 기대되는 경우에는 짧은 것을 내용연수로 하여 상각한다.

그러나 내용연수가 불확실하거나 유한하다고 추정되지 않으면 이를 비한정 내용연수(indefinite life)를 갖는 무형자산으로 분류하고 상각하지 않는다. 이러한 무형자산은 상각을 하지 않는 대신, 무형자산의 손상 징후가 있을 때 또는 매 회계기간 말에 무형자산의 손상 여부를 검토하고, 그 자산이 손상되었으면 손상차손을 인식해야 한다.

무형자산의 상각방법도 자산의 경제적 효익이 소비되는 행태를 반영한 합리적인 방법이어야 한다. 무형자산의 상각대상금액을 내용연수 동안 합리적으로 배분하기 위해 다양한 방법을 사용할 수 있다. 이러한 상각방법에는 정액법, 체감잔액(정률법, 연수합계법), 생산량비례법이 있다. 다만, 합리적인 상각방법을 정할 수 없는 경우에는 정액법을 사용한다.

무형자산의 상각기간과 상각방법도 유형자산과 마찬가지로 매기 계속하여 적용하고 정당한 사유 없이 이를 변경할 수 없다. 한편, 무형자산의 상각은 무형자산을 취득한 시점이 아니라 사용가능한 시점부터 시작한다. 예컨대 특허권을 취득한 경우 취득한 시점부터 상각하는 것이 아니라 특허권과 관련된 기술 등을 사용할 수 있게 된 때부터 상각을 하는 것이다.

예제 10-14 A사는 20×1년 1월 1일에 현금 ₩10,000,000을 지급하고 신제품과 관련된 특허권을 취득하였다. 특허 등록에 소요된 부대비용은 ₩500,000이다. 특허권법에 의하면 특허권의 효력은 10년 지속되나, 경쟁사의 기술개발 등을 고려하면 5년 후에는 권리의 효력이 상실될 것으로 예상된다. 잔존가치는 0이고, 정액법으로 상각할 경우 취득시점과 상각시점의 분개를 하시오.

[해답]

(1) 취득시점

(차)	산업재산권(특허권)	10,500,000	(대)	현　　금	10,500,000

(2) 상각시점

(차)	무형자산상각비	2,100,000*	(대)	산업재산권	2,100,000

* ₩10,500,000 ÷ 5년 = ₩2,100,000

4. 무형자산의 종류

(1) 산업재산권

산업재산권이란 관계법령에 의해 해당 기관에 등록되어 특정 기업이 일정기간 동안 독점적 · 배타적으로 이용할 수 있는 법적 권리를 말한다. 이에는 특허권, 실용신안권, 의장권, 상표권 등이 있다. 이러한 산업재산권의 취득원가에는 취득에 소요된 원가뿐만 아니라 등록과 관련하여 발생하는 제반 부대비용을 포함하여야 한다.

산업재산권의 내용연수에 대해서는 특허권법 등 관계법령에서 정하고 있는데, 이 법정내용연수와 특정기업의 경제적 내용연수를 고려하여 보다 짧은 기간 내에 매기 정액법으로 상각하여야 한다.

(2) 개발비

개발비는 특정신제품 · 신기술의 개발 활동과정에서 발생한 비용을 말한다. 이러한 개발 활동에 의한 지출은 그 지출의 효과로 미래 경제적 효익을 얻을 수 있으면 무형자산으로 계상하여 내용연수 동안 비용으로 배분할 수 있다. 그러나 개발 활동에 따른 지출의 경제적 효익이 어느 시점부터 얼마나 실현되는지를 결정하기는 상당히 어렵다.

따라서 연구개발 활동을 연구단계와 개발단계로 나누어 연구단계의 지출은 모두 당기의 비용으로 계상하고, 개발단계의 지출 중에 일정한 요건을 충족하는 경우에 한하여 무형자산으로 계상하도록 하고 있다.

연구는 새로운 과학적 또는 기술적 지식을 얻기 위해 수행하는 독창적이고 계획적인 탐구활동을 말한다. 개발은 상업적인 생산 또는 사용 전에 연구결과나 관련 지식을 새롭거나 현저히 개량된 재료, 장치, 제품, 공정, 시스템 및 용역의 생산을 위한 계획이나 설계에 적용하는 활동을 말한다.

프로젝트의 연구단계에서는 미래 경제적 효익을 창출할 무형자산이 존재한다는 것을 입증할 수 없기 때문에 연구단계에서 발생한 지출은 발생한 기간의 비용으로 인식한다.

개발단계에서 발생한 지출은 다음의 조건을 모두 충족하는 경우에만 개발비의 과목으로 무형자산으로 인식하고, 그 외의 경우에는 경상개발비의 과목으로 하여 발생한 기간의 비용으로 인식한다.

❶ 무형자산을 사용 또는 판매하기 위하여 그 자산을 완성시킬 수 있는 기술적 실현가능성을 제시할 수 있다.

❷ 무형자산을 완성해 그것을 사용하거나 판매하려는 기업의 의도가 있다.

❸ 완성된 무형자산을 사용하거나 판매할 수 있는 기업의 능력을 제시할 수 있다.

❹ 무형자산이 어떻게 미래 경제적 효익을 창출할 것인가를 보여줄 수 있다. 예를 들면, 무형자산의 산출물, 그 무형자산에 대한 시장의 존재 또는 무형자산이 내부적으로 사용될 것이라면 그 유용성을 제시하여야 한다.

❺ 무형자산의 개발을 완료하고 그것을 판매 또는 사용하는 데 필요한 기술적, 금전적 자원을 충분히 확보하고 있다는 사실을 제시할 수 있다.

❻ 개발단계에서 발생한 무형자산 관련 지출을 신뢰성 있게 구분하여 측정할 수 있다.

이러한 연구개발 활동에 따른 지출의 회계처리 문제를 요약하면 다음과 같다.

연구비		당기비용
개발비	경상개발비	당기비용
	자본화 요건 충족 개발비	무형자산

무형자산으로 계상되는 개발비는 개발에 의해 생산되는 제품의 판매나 사용이 가능한 시점부터 경제적 내용연수 동안 상각한다. 개발비를 상각할 경우에도 상각누계액 계정을 설정하지 않고 대변에 개발비를 직접 차감시킨다. 개발비 상각비는 무형자산상각비로서 포괄손익계산서에 판매비와 관리비로 보고된다.

예제 10-15 (주)갑은 20×1년 초 신기술 개발을 위한 기초연구에 ₩100,000, 신기술을 이용한 신제품 A의 개발에 ₩500,000, 신제품 B의 개발에 ₩200,000을 지출하였다. 신제품 A의 개발은 미래 경제적 효익을 창출할 것이 확실하나, 신제품 B의 개발은 실패할 확률이 많다. 연구개발 활동에 따른 지출 및 개발비의 상각에 관한 분개를 하시오. 단, 개발비는 내용연수 5년 동안 매기 정액법으로 상각한다(잔존가치는 0으로 가정).

[해답]

(1) 연구개발비 지출에 따른 분개

(차)	연구비(비용)	100,000	(대)	현 금	800,000
	개발비(무형자산)	500,000			
	경상개발비(비용)	200,000			

(2) 개발비(무형자산)의 상각에 관한 분개

(차)	개발비상각비	100,000*	(대)	개 발 비	100,000

* ₩500,000 ÷ 5년 = ₩100,000

(3) 영업권

영업권(goodwill)은 대가를 지급하고 다른 회사를 합병하거나 영업의 일부를 양수할 때, 그 취득 대상물의 가치를 초과하여 지급한 금액을 말한다. 이를 초과수익력(earnings power of excess return)이라고 하는데, 우수한 경영진, 유리한 입지조건, 단골고객의 확보 등 여러 가지 요인에 의해 발생한다.

일상적인 거래에서는 흔히 권리금이라고도 하는데, 가령 위치가 좋거나 단골고객을 많이 확보하고 있다는 이유 등으로 가게를 인수할 때 별도로 지급하는 프리미엄(premium)이 여기에 해당한다.

영업권은 다소 추상적이고 주관적인 개념이기 때문에 이를 정확히 측정하기는 어렵다. 따라서 기업의 합병이나 영업 양수 등과 같이 실제 그 대가를 지급하고 유상으로 취득한 경우에만 영업권으로 인정하고, 내부적으로 자가 창설한 경우에는 유상으로 취득한 것이 아니므로 영업권으로 인정되지 않는다.

영업권은 내용연수를 결정하기 어려운 비한정 내용연수를 가진 무형자산이다. 따라서 다른 무형자산과는 달리 상각을 하지 않고, 그 대신 손상 징후가 있을 때 또는 매 회계기간 말에 손상 여부를 검토하여 손상차손을 인식해야 한다.

다른 회사를 합병하는 경우 영업권은 합병되는 회사의 순자산액, 즉 자산에서 부채를 차감한 금액보다 많은 금액을 지급하는 경우 발생한다. 여기서 자산과 부채의 금액은 장부상의 금액이 아니라 공정가치를 의미한다. 이의 회계처리는 상당히 복잡하나, 영업권의 개념을 이해하기 위한 간단한 내용을 다음의 예제에서 살펴보기로 한다.

예제 10-16 A사는 B사를 매수하여 합병하고자 한다. 합병 전 B사의 재무상태표는 다음과 같다(자산과 부채의 금액은 공정가치이다).

B사 재무상태표

제 자 산	800,000	제 부 채	500,000
		자 본	300,000

A사가 합병대가로 현금 ₩400,000을 지급한 경우 합병 시 A사의 분개를 하시오.

[해답]

(차)	제 자 산	800,000	(대)	제 부 채	500,000
	영 업 권	100,000		현 금	400,000

한편, 영업권과는 반대로 합병의 대가로 지급한 금액이 피합병회사의 순자산액보다 적을 경우에는 그 차이를 염가매수차익이라 한다. 염가매수차익은 식별가능한 자산, 부채와 이전대가의 공정가치를 재평가하고, 재평가 후에도 남은 초과분은 즉시 당기이익으로 인식한다. 이의 상세한 회계처리는 중급회계의 단계에서 이해하기 바란다.

(4) 기타의 무형자산

기타의 무형자산으로는 라이선스와 프랜차이즈, 저작권, 컴퓨터소프트웨어, 임차권리금, 광업권, 어업권 등이 있다.

라이선스(license)는 특정 권리자가 자신의 특정기술이나 지식을 일정기간 동안 사용하도록 허락하는 것을 말하며, 프랜차이즈(franchise)는 특정 상품이나 용역 등을 일정한 지리적 관할권 내에서 독점적으로 사용하여 영업을 할 수 있는 권리를 말한다.

저작권(copyright)은 문학, 학술, 예술 등의 범위에 속하는 창작물에 대하여 일정기간 동안 독점적으로 사용할 수 있는 권리를 말한다.

컴퓨터소프트웨어(computer software)는 컴퓨터프로그램과 이와 관련된 문서들을 총칭하는데, 무형자산의 인식요건을 충족하는 소프트웨어를 구입하여 사용하는 경우의 구입비용을 말한다. 단, 내부적으로 개발된 소프트웨어의 원가가 무형자산의 인식요건을 충족하면 개발비로 분류하며, 유형자산의 일부를 구성하는 소프트웨어(예를 들면, 수치제어 공작기계의 제어소프트웨어)는 유형자산으로 분류한다.

임차권리금은 토지 · 건물의 임대차에 부수하여 그 부동산이 가지는 특수한 장소적 이익의 대가로서 임대인이 임차인으로부터 수취하는 금액을 말한다.

광업권은 일정한 광구에서 광물을 독점적으로 채굴할 수 있는 권리를 말하며, 어업권은 일정한 수면에서 독점적 · 배타적으로 어업을 경영할 수 있는 권리를 말한다.

그런데 앞에서 언급한 바와 같이, 미래 경제적 효익을 가져오는 지출이라도 무형자산의 정의와 인식기준을 충족하지 못하는 창업비, 개업비, 교육훈련비, 광고 및 판매촉진비, 사업이전비 등은 무형자산으로 인식하지 않고 발생한 기간의 비용으로 인식한다.

이상의 무형자산의 종류에 대한 주요 내용을 요약하면 다음과 같다.

종 류	내 용
산업재산권	특허권, 실용신안권, 디자인권, 상표권 및 상호권 등
컴퓨터소프트웨어	유형자산의 일부를 구성하는 소프트웨어는 유형자산으로 분류(관련 유형자산의 일부로 볼 수 없는 소프트웨어만 무형자산)
개 발 비	자본화 요건을 모두 충족하는 개발비만 무형자산
영 업 권	기업 간의 매수합병에서만 인식(자가창출 영업권은 자산으로 인식하지 않음)
기타 무형자산	라이선스, 프랜차이즈, 저작권, 임차권리금, 광업권, 어업권 등

연습문제 객관식

10-1 다음 중 특정 수익창출활동에 직접적으로 관련되어 발생하는 것은 아니지만 일정기간 동안 수익창출활동에 기여할 것으로 기대하여 취득원가를 합리적이고 체계적으로 기간배분하여 비용인식하는 것을 무엇이라고 하는가?

① 매출원가 ② 감가상각비 ③ 광고선전비 ④ 판매비용

10-2 다음 중 유형자산으로 분류하기 위한 조건으로서 틀린 것은?

① 정상적인 영업활동에 사용할 목적으로 취득하여야 한다.
② 물리적인 실체가 존재하여야 한다.
③ 영업활동에 장기적으로 사용할 목적으로 보유하여야 한다.
④ 생산활동에 투입하거나 또는 판매목적으로 보유하고 있어야 한다.

10-3 유형자산과 관련된 한국채택국제회계기준의 설명 중 틀린 것은?

① 신규 취득한 유형자산의 감가상각방법은 동종의 기존 유형자산에 대한 감가상각방법과 무관하다.
② 다른 자산과의 교환으로 취득하는 경우 유형자산의 취득원가는 교환을 위하여 제공한 자산의 공정가치로 측정한다.
③ 신축을 위하여 사용 중인 기존 건물을 철거하는 경우 기존 건물의 장부가액은 제거하여 처분손실로 반영한다.
④ 유형자산의 진부화 또는 시장가치의 급격한 하락 등으로 인하여 유형자산의 미래 경제적 효익이 장부가액에 현저하게 미달할 가능성이 있는 경우에는 손상여부를 검토하여야 한다.

10-4 한국채택국제회계기준에서 유형자산의 취득원가에 대한 설명으로 틀린 것은?

① 유형자산의 취득과 관련하여 국공채 등을 불가피하게 매입하는 경우 당해 채권의 매입원가와 국공채의 현재가치와의 차액은 유형자산의 취득원가에 포함한다.
② 무상 증여로 취득한 자산의 가액은 취득한 자산의 공정가치를 취득원가로 한다.
③ 취득원가는 구입원가 또는 제작원가와 자산을 사용할 수 있도록 준비하는데 직접 관련이 있는 설치비, 운송비, 시운전비 기타 취득과 관련된 제세공과금 등을 포함한다.
④ 건물을 신축하기 위하여 사용 중인 기존 건물을 철거하는 경우 그 건물의 장부가액은 취득원가에 포함한다.

연습문제 객관식

10-5 다음의 유형자산 취득과 관련된 설명으로 틀린 것은?

① 유형자산 취득과 관련된 차입금에 대한 금융비용은 취득원가에 포함한다.

② 무상 증여로 취득한 유형자산은 취득한 공정가치를 수익으로 처리한다.

③ 교환으로 취득한 유형자산은 제공한 자산의 공정가치를 취득원가로 한다.

④ 유형자산 취득의 대가로 주식을 발행한 경우 발행한 주식의 시가를 유형자산의 취득원가로 한다.

10-6 유형자산을 취득한 후 추가적 지출이 발생하는 경우 회계처리의 성격이 다른 것은?

① 파손된 부품 등의 교체원가

② 용도 변경을 위한 지출원가

③ 개량, 증설, 확장 등에 지출된 원가

④ 지출원가로 인하여 내용연수가 연장되는 경우

10-7 자본적 지출을 수익적 지출로 잘못 처리한 경우의 영향이다. 틀린 것은?

① 당기순이익의 과소계상 ② 이익잉여금의 과소계상

③ 자기자본의 과소계상 ④ 자산의 과대계상

10-8 (주)A는 20x1년초에 기계장치를 ₩1,000,000에 구입하였는데, 잔존가치는 ₩200,000으로 추정되었다. 당해 설비가 5년간 이중체감법에 의해 상각될 경우 이 기계의 20x1년말 감가상각비는?

① ₩300,000 ② ₩400,000 ③ ₩450,000 ④ ₩500,000

10-9 (주)B는 20x1년 7월 1일에 취득가액 ₩5,000,000, 잔존가치 ₩0, 내용연수 5년의 기계장치를 구입하였다. 감가상각을 정액법으로 할 때, 20x1년 12월 31일에 계상할 감가상각비는 얼마인가?

① ₩500,000 ② ₩450,000 ③ ₩550,000 ④ ₩400,000

10-10 (주)C는 20x1년초 내용연수 10년, 잔존가치 ₩2,000의 기계를 ₩62,000에 구입하여 정액법으로 상각해 왔다. 20x5년 6월 30일에 기계를 ₩30,000에 매각하였다면 이 기계의 처분손익은 얼마인가?

① ₩5,000 손실 ② ₩3,000 손실 ③ ₩4,000 이익 ④ ₩5,000 이익

연습문제 객관식

10-11 다음의 한국채택국제회계기준상 무형자산에 관한 설명으로 틀린 것은?

① 무형자산의 상각방법은 자산의 경제적 효익이 소비되는 행태를 반영한 합리적인 방법이어야 한다.
② 무형자산의 상각방법에는 정액법, 체감잔액법, 생산량비례법이 있다.
③ 무형자산의 합리적인 상각방법을 정할 수 없는 경우에는 체감잔액법을 사용한다.
④ 무형자산의 상각이 다른 자산의 제조와 관련된 경우에는 관련 자산의 제조원가로, 그 밖의 경우에는 판매비와 관리비로 계상한다.

10-12 다음 중 가장 올바른 회계처리방법을 설명한 것은?

① 기계장치를 구입할 때 지급한 보험료는 비용처리한다.
② 연구비와 개발비는 전액 비용으로 처리한다.
③ 내부창출된 영업권은 무형자산으로 계상할 수 없다.
④ 사업결합으로 취득한 영업권은 일정기간 동안 상각하여 비용처리한다.

10-13 다음 중 한국채택국제회계기준상 무형자산에 해당되는 항목으로만 구성된 것은?

a. 특허권 b. 개발비 c. 연구비 d. 경상개발비 e. 상표권 f. 창업비

① a, c, d ② a, b, d ③ a, b, e ④ a, c, f

10-14 다음의 기업을 ₩1,100,000에 매입하였을 때 영업권은 얼마인가?

	장부가치	공정가치
자산	₩1,500,000	₩2,000,000
부채	₩1,000,000	₩1,200,000

① ₩100,000 ② ₩200,000 ③ ₩300,000 ④ ₩600,000

연습문제 객관식

10-15 20x1년 1월에 (주)A는 지질검사결과 1,000,000톤의 채굴가능한 매장량을 가진 광산을 ₩3,000,000에 매입하였다. 폐광 후의 광산부지는 ₩100,000으로 평가되었다. (주)A는 생산을 준비하는 과정에서 ₩600,000의 시설비를 지출하였다. 20x1년에 200,000톤이 채굴되어 100,000톤이 매각되었다. 20x1년의 이 광업권에 대한 총상각액은?

① ₩350,000 ② ₩580,000 ③ ₩600,000 ④ ₩700,000

10-16 20x1년초 (주)B는 다음과 같은 비용 지출이 있었다.

신제품 연구관련 지출	₩150,000
신제품 개발과 관련된 경상적 지출	₩400,000
신제품 개발과 관련한 비경상적 지출	₩300,000

(주)B가 정액법으로 무형자산을 상각하고 개발비 내용연수를 20년으로 추정하고 있을 때 20x1년 당기손익에 미치는 영향은 얼마인가?

① ₩580,000 ② ₩540,000 ③ ₩555,000 ④ ₩565,000

연습문제 주관식

10-1 유형자산의 취득과 관련된 다음의 거래를 분개하시오.

(1) 건물이 포함된 토지를 구입하고 구입대금 ₩300,000은 수표를 발행하여 지급하다(건물은 철거 예정).

(2) 토지 위에 세워진 건물의 철거비용 ₩50,000을 현금으로 지급하다.

(3) 건물을 신축하고 비용 ₩500,000을 3개월 만기의 약속어음을 발행하여 지급하다.

(4) 신축 건물에 대한 등록비 등 부대비용 ₩80,000을 현금으로 지급하다.

(5) 영업활동에 사용할 목적으로 건물이 포함된 토지를 구입하고, 구입대금 ₩800,000은 수표를 발행하여 지급하다. 구입 당시 토지와 건물의 공정가치 비율은 1 : 3이다.

(6) 공장 건설을 위한 공사비 계약금 ₩200,000을 현금으로 지급하다.

(7) 공장 건설을 위한 공사비 중도금 ₩300,000을 수표를 발행하여 지급하다.

(8) (6)과 (7)의 공사가 완공되어 잔금 ₩100,000을 3개월 만기 약속어음을 발행하여 지급하고, 취득세와 등록세 ₩50,000을 현금으로 지급하다.

(9) 액면금액 ₩3,000(공정가치 ₩3,500)의 보통주식 100주를 발행하여 건물을 취득하다.

(10) 정부로부터 공정가치 ₩300,000의 기계장치를 무상으로 증여받다.

10-2 유형자산의 취득 후 지출과 관련된 다음의 거래를 분개하시오.

(1) 건물의 냉난방장치를 설치하고 대금 ₩800,000을 수표로 지급하다.

(2) 태풍 피해로 인한 건물의 외벽 페인트 및 파손된 유리의 대체비용으로 현금 ₩500,000을 지급하다.

(3) 사용 중인 트럭의 도색 비용과 배터리 교체비용으로 현금 ₩600,000을 지급하다.

(4) 진부화된 기계장치의 부품을 현금 ₩300,000으로 교체하였는데, 이로 인해 생산성이 크게 향상될 것으로 기대된다.

(5) 자동차의 엔진 교체로 수표 ₩400,000을 발행하여 지급하였는데, 엔진 교체로 자동차의 수명이 2년 연장될 것으로 예상된다.

(6) 건물의 증축과 용도변경을 위한 공사비 ₩900,000을 2개월 만기의 약속어음을 발행하여 지급하다.

10-3 결산일이 12월 31일인 A사는 20×1년 1월 1일에 건물을 ₩1,000,000에 취득하였다. 이 건물의 추정 잔존가치는 취득원가의 5%인 ₩50,000이고, 추정 내용연수는 4년이다. (1) 정액법, (2) 정률법(상각률 50%), (3) 연수합계법에 의한 매기의 감가상각비와 기말 장부금액을 계산하시오.

연습문제 주관식

10-4 결산일이 12월 31일인 B사는 20×1년 10월 1일에 기계장치를 ₩650,000에 취득하였다. 이 기계장치의 추정 잔존가치는 ₩50,000이고, 추정 내용연수는 4년이다. 이 기계장치를 월할 상각을 하는 경우 연수합계법에 의한 매기의 감가상각비를 계산하시오.

10-5 (주)천일여객은 20×1년도에 취득원가 ₩8,500,000인 버스를 구입하였다. 이 버스의 예상 주행거리는 총 200,000㎞이며, 잔존가치는 ₩500,000으로 추정된다. 이 버스로 20×1년도에는 30,000㎞, 20×2년도에 50,000㎞ 주행하였다. 이 버스를 생산량비례법에 의해 감가상각하는 경우 (1) 20×1년도, (2) 20×2년도의 결산정리분개를 하시오.

10-6 결산일이 12월 31일인 C사는 20×1년 1월 1일에 차량운반구를 ₩600,000에 구입하여 정액법으로 상각하고 있다. 이 차량운반구의 내용연수는 10년, 잔존가치는 ₩0으로 추정하였다. 다음의 각각 독립적인 상황변화에 따른 20×6년도의 회계처리를 하시오.

(1) 20×6년부터 감가상각방법을 연수합계법으로 변경하였다.

(2) 20×6년도에 이 차량운반구의 내용연수를 5년 더 연장하고, 잔존가치를 ₩30,000으로 변경하였다.

10-7 결산일이 12월 31일인 D사는 20×1년 1월 1일에 취득원가 ₩1,000,000, 내용연수 5년, 잔존가치 ₩50,000의 건물을 구입하고 정액법으로 상각하고 있다. 이 건물을 20×3년 6월 30일에 처분하고 현금 ₩500,000을 받은 경우 분개를 하시오.

10-8 문제 10-7의 건물을 정률법(상각률 40%)으로 상각한 경우 처분시점의 분개를 하시오.

10-9 결산일이 12월 31일인 E사는 20×1년 7월 1일에 취득원가 ₩3,200,000, 내용연수 5년, 잔존가치 ₩200,000의 기계장치를 구입하고 연수합계법으로 상각하고 있다. 이 기계장치를 20×4년 12월 31일에 처분하고 현금 ₩500,000을 받은 경우 분개를 하시오.

10-10 결산일이 12월 31일인 F사는 20×1년 1월 1일에 취득원가 ₩1,000,000, 내용연수 10년, 잔존가치가 없는 건물을 구입하고 정액법으로 상각하고 있다. 20×6년 1월 1일에 이 건물을 리모델링하면서 ₩300,000을 현금으로 지출하였다(자본적 지출). 리모델링으로 인한 건물의 내용연수는 리모델링 시점으로부터 8년이 될 것으로 추정된다.

연습문제 주관식

(1) 리모델링 시점(20×6년 1월 1일)의 분개를 하시오.

(2) 20×6년 12월 31일의 결산정리분개를 하시오.

(3) 20×6년 말 재무상태표상의 건물 계정과 감가상각누계액 계정의 금액을 계산하시오.

10-11 결산일이 12월 31일인 G사는 20×1년 1월 1일에 신제품과 관련된 특허권을 취득하고 특허출원 및 등록비용으로 ₩500,000을 현금으로 지급하였다. 특허권은 향후 5년 이내에 그 경제적 가치가 소멸될 것으로 추정된다. 정액법으로 상각할 경우 (1) 취득시점, (2) 상각시점의 분개를 하시오.

10-12 결산일이 12월 31일인 H사는 20×1년 1월 1일에 기초과학연구에 ₩500,000, 신제품 A의 개발에 ₩300,000, 신제품 B의 개발에 ₩100,000을 현금으로 지출하였다. 신제품 A의 개발은 성공이 확실하나, 신제품 B의 개발은 실패할 확률이 많다.

(1) 연구개발비 지출에 따른 분개를 하시오.

(2) 무형자산의 상각에 관한 분개를 하시오. 단, 내용연수 5년 동안 정액법으로 상각(잔존가치 0)한다.

10-13 A사는 B사를 매수하여 합병하고자 한다. 합병 전 B사의 재무상태표는 다음과 같다(자산과 부채의 금액은 공정가치임).

B사 재무상태표

(단위 : 원)

현 금	100,000	매입채무	500,000
매출채권	200,000	단기차입금	400,000
상 품	300,000	장기차입금	300,000
건 물	400,000	자 본 금	200,000
비 품	500,000	이익잉여금	100,000
	1,500,000		1,500,000

A사가 합병대가로 액면금액 ₩2,500의 주식 100주를 발행하고, 합병교부금으로 현금 ₩200,000을 지급한 경우 합병 시 A사의 분개를 하시오.

11 장

금융자산과 기타 투자자산

재무상태표

자 산	부 채
유동자산	유동부채
당좌자산	비유동부채
단기금융자산	
당기손익인식금융자산	부채총계
상각후원가측정금융자산	
기타포괄손익인식금융자산	
재고자산	자 본
비유동자산	자 본 금
투자자산	자본잉여금
상각후원가측정금융자신	자본조정
기타포괄손익인식금융자산	기타포괄손익누계액
관계기업투자주식	이익잉여금
투자부동산	
유형자산	자본총계
무형자산	
기타비유동자산	
자산총계	부채 및 자본총계

11 장

금융자산과 기타 투자자산

제1절 금융자산의 분류

제7장에서 살펴 본 바와 같이, 금융자산은 현금 및 현금성자산과 기타 금융자산으로 구성되는데, 여기서는 현금 및 현금성자산과 대여금 및 수취채권을 제외한 금융자산에 대하여 설명하고자 한다.

현금 및 현금성자산을 제외한 기타 금융자산은 다음의 두 가지 기준에 따라 분류 · 측정한다.

① 계약상 현금흐름의 특성(원금과 이자로만 구성)
② 사업모형(금융상품의 보유목적)

이에 따라 금융자산은 공정가치측정금융자산과 상각후원가측정금융자산으로 분류하는데, 이 중 공정가치측정금융자산은 당기손익인식금융자산과 기타포괄손익인식금융자산으로 분류한다.

이러한 금융자산 중에서 주식 또는 채권의 형태를 갖는 증권형 금융자산, 즉 유가증권(securities)은 그 형태에 따라 지분상품과 채무상품으로 구분하는데, 주식 형태의 유가증권을 지분상품이라 하고, 채권 형태의 유가증권을 채무상품이라 한다.

지분상품(equity securities)은 회사, 조합 또는 기금 등의 순자산에 대한 소유지분을 나타내는 유가증권(예: 보통주, 우선주, 수익증권 등)과 일정 금액으로 소유지분을 취득할 수 있는 권리(예: 신주인수권 또는 콜옵션) 또는 소유지분을 처분할 수 있는 권리(예: 풋옵션)를 나타내는 유가증권 및 이와 유사한 유가증권을 말한다.

채무상품(debt securities)은 발행자에 대하여 금전을 청구할 수 있는 권리를 표시하는 유가증권 및 이와 유사한 유가증권을 말한다. 채무상품은 국채, 공채, 사채(전환사채 포함), 자산유동화채권 등을 포함한다.

이와 같이 유가증권은 그 형태에 따라 지분상품과 채무상품으로 분류되지만, 회계상으로는 위의 분류기준에 따라 채무상품은 상각후원가측정금융자산, 당기손익-공정가치측정금융자산, 기타포괄손익-공정가치측정금융자산으로 분류되고, 지분상품은 당기손익-공정가치측정금융자산과 기타포괄손익-공정가치측정금융자산으로 분류된다. 이에 대한 구체적인 내용을 설명하면 다음과 같다.

채무상품은 사업모형에 따라 다음과 같이 측정된다.

① 계약상 현금흐름의 수취 목적이면서 계약상 현금흐름의 특성을 충족하는 경우
→ 상각후원가로 측정(이하, 상각후원가측정금융자산이라 한다.)

② 계약상 현금흐름의 수취와 금융자산의 매도로 가치를 창출하는 목적이면서 계약상 현금흐름의 특성을 충족하는 경우
→ 기타포괄손익-공정가치로 측정(이하, 기타포괄손익인식금융자산이라 한다.)

③ 기타 사업모형(매도를 통한 현금흐름의 실현을 목적으로 자산을 관리)의 경우
→ 당기손익-공정가치로 측정(이하, 당기손익인식금융자산이라 한다.)

지분상품은 공정가치로 측정하는데, 단기매매목적의 경우에는 당기손익-공정가치로 측정(이하, 당기손익인식금융자산이라 한다.)하고, 단기매매목적이 아닌 경우에는 최초 인식 시점에 기타포괄손익-공정가치의 분류 · 측정(이하, 기

타포괄손익인식금융자산이라 한다.)을 선택할 수 있으며, 이후에 취소는 불가능하다.

따라서 금융자산은 크게 당기손익인식금융자산, 기타포괄손익인식금융자산, 상각후원가측정금융자산의 세 가지로 분류되는 것이다.

그런데 지분상품 중 보유목적이 여유자금의 단기 또는 장기의 투자수익을 얻고자 하는 수동적인 경우에는 위와 같이 분류하지만, 보유목적이 다른 회사를 지배 또는 통제하고자 하는 적극적인 경우에는 관계기업투자주식으로 분류한다.

관계기업투자주식은 다른 회사의 경영권에 중대한 영향력을 행사할 수 있는 주식을 말하는데, 다른 회사의 발행주식 중에서 20% 이상의 주식을 취득하면 특별한 사유가 없는 한 중대한 영향력이 있는 것으로 보고 관계기업투자주식으로 분류한다.

여기서 당기손익인식금융자산은 유동자산 중 단기투자(금융)자산으로 분류한다. 상각후원가측정금융자산과 기타포괄손익인식금융자산은 재무상태표일로부터 1년 내에 만기가 도래하거나 처분할 것이 확실한 경우에는 유동자산 중 단기투자(금융)자산으로 분류하고, 그렇지 않은 경우에는 비유동자산 중 장기투자(금융)자산으로 분류한다. 관계기업투자주식은 장기투자(금융)자산으로 분류한다.

이 중 상각후원가측정금융자산과 관련된 회계처리는 현재가치의 개념 등 복잡한 문제가 따르므로 여기서는 개념만 간단히 설명하고, 그 상세한 내용은 제12장 비유동부채에서 다루도록 한다. 이하에서는 당기손익인식금융자산, 기타포괄손익인식금융자산, 관계기업투자주식을 중심으로 이들 금융자산의 취득에서 처분에 이르기까지의 회계처리에 대해 상세히 살펴보기로 한다.

제2절 금융자산의 취득 및 보유

금융자산은 최초 인식시에 공정가치로 측정한다. 공정가치(fair value)란 합리적인 판단력과 거래의사가 있는 독립된 당사자 간에 거래될 수 있는 교환가격을 말하는데, 지분상품의 공정가치는 시장가격(예: 상장주식의 경우) 또는 합리적 방법에 따라 결정한 금액(예: 비상장주식의 경우)을 말한다. 채무상품도 최초 인식시 공정가치로 측정되는데, 채무상품은 미래 현금흐름의 금액과 시점을 명확하게 알 수 있으므로 미래 현금흐름의 현재가치로 공정가치를 측정한다.

금융자산은 최초 인식시의 공정가치가 취득원가로 되는데, 일반적으로 자산의 취득과 직접 관련된 거래원가(취득부대비용)는 당해 자산의 취득원가에 가산한다. 여기에는 대리인 또는 중개인에게 지급하는 수수료와 증권거래소의 거래수수료 및 세금을 포함하며, 금융비용과 보유에 따른 비용은 제외한다. 따라서 금융자산의 취득과 직접 관련된 거래원가도 당기의 비용으로 처리하지 않고 취득원가에 가산하여야 하는 것이다.

다만, 당기손익인식금융자산의 취득에 직접 관련된 거래원가는 취득원가에 가산하지 않고 당기비용으로 처리한다. 이는 후술하는 바와 같이, 당기손익인식금융자산은 취득 후 공정가치의 변동을 당기손익으로 인식하기 때문에 직접 관련 거래원가를 취득원가에 가산하더라도 그 만큼 공정가치의 변동에 따른 손익을 적게 인식하게 되어 직접 관련 거래원가를 취득원가에 가산하지 않고 당기비용으로 인식한 것과 그 결과가 동일하게 된다. 또한 당기손익인식금융자산은 빈번한 매매거래가 이루어지기 때문에 편의상 직접 관련 거래원가를 취득원가에 가산하지 않고 당기의 비용으로 인식하는 것이다.

예제 11-1 A사는 다음의 주식을 취득하고 현금을 지급하였다. 주식의 취득에 필요한 분개를 하시오.

종 목	주식수	주당 액면가	취득단가	거래수수료	취득목적
B사 상장주식	10주	₩1,000	₩1,500	₩10,000	당기손익인식
C사 상장주식	20주	₩2,000	₩2,500	₩20,000	기타포괄손익인식

[해답]

(차)	당기손익인식금융자산	15,000[1)]	(대)	현 금	95,000
	수수료비용	10,000			
	기타포괄손익인식금융자산	70,000[2)]			

1) 10주 × ₩1,500 = ₩15,000

2) 20주 × ₩2,500 + ₩20,000 = ₩70,000

기업이 금융자산을 보유하게 되면, 지분상품의 경우에는 배당금을, 채무상품의 경우에는 이자를 정기적으로 받게 된다. 이를 받았을 경우에는 각각 당기의 배당금수익 또는 이자수익으로 처리하여 포괄손익계산서에 영업외수익으로 보고한다.

배당금수익은 배당이 선언되었을 때 수익으로 인식할 수도 있으나, 일반적으로 배당금을 수령하였을 때 수익으로 인식한다. 이자수익은 이자가 발생하였을 때 인식하므로 이자를 받을 때 수익으로 계상하였으면 결산정리분개에 의해 당기의 발생 분을 이자수익으로 수정하여야 한다.

예제 11-2 〈예제11-1〉에서 B사로부터 주당 ₩100, C사로부터 주당 ₩200의 현금배당을 받은 경우 분개를 하시오.

[해답]

(차)	현 금	5,000	(대)	배당금수익	5,000*

* 10주 × ₩100 + 20주 × ₩ 200 = ₩5,000

제3절 금융자산의 평가 및 처분

1. 금융자산의 평가

공정가치측정금융자산을 최초 인식한 후 기말에 공정가치의 변동이 있으면 변동된 공정가치로 측정한다. 공정가치의 최선의 추정치는 활성시장에서 공시되는 가격이다. 예를 들어 한국거래소(Korea Exchange: KRX)에서 거래되는 상장기업 주식의 공정가치는 시가(market value)이다. 그러나 비상장기업의 주식과 같이 활성시장이 없는 경우에는 합리적인 평가기법을 사용하여 공정가치를 결정한다.

여기서는 공정가치측정금융자산 중 당기손익인식금융자산과 기타포괄손익인식금융자산의 평가 문제에 대해 살펴보기로 한다.

(1) 당기손익인식금융자산의 평가

당기손익인식금융자산은 기말 현재 공정가치로 평가하고, 공정가치와 장부금액(취득원가 또는 전기말 공정가치)과의 차이는 당기손익인식금융자산평가이익 또는 당기손익인식금융자산평가손실로 하여 당기손익(영업외수익과 영업외비용)으로 처리한다.

이러한 금융자산의 평가손익은 미실현보유손익(unrealized holding gains or losses)이다. 미실현보유손익은 보유 금융자산에 대하여 발생한 공정가치의 순변동액을 말한다. 이는 금융자산의 평가시점에 매각하면 공정가치로 받을 수 있지만, 매각하지 않고 보유하고 있는 상태에서는 아직 손익이 실현되지 않았기 때문에 미실현보유손익이라 한다. 미실현보유손익은 당기의 손익에 반영하지 않는 것이 원칙이지만, 예외적으로 시장성이 있는 당기손익인식금융자산에 대해서는 당기의 손익에 반영한다.

당기손익인식금융자산의 평가는 기말에 이루어지므로, 당기손익인식금융자산평가손익은 기말 공정가치와 장부금액과의 차액을 말한다.

당기손익인식금융자산평가손익 = 기말 공정가치 − 장부금액(취득원가 또는 전기말 공정가치)

(2) 기타포괄손익인식금융자산의 평가

기타포괄손익인식금융자산은 기말 현재 공정가치로 평가하고, 공정가치와 장부금액(취득원가 또는 전기말 공정가치)과의 차이는 기타포괄손익인식금융자산평가이익 또는 기타포괄손익인식금융자산평가손실로 하고, 이는 당기손익인식금융자산과는 달리 당기손익이 아닌 기타포괄손익으로 인식한다.

이러한 기타포괄손익인식금융자산평가손익의 당기발생액은 포괄손익계산서에서 당기순손익과 총포괄손익 사이에 표시하고, 기타포괄손익인식금융자산평가손익의 기말 잔액은 재무상태표의 자본항목 중 기타포괄손익누계액으로 표시한다.

기타포괄손익인식금융자산평가손익도 미실현보유손익이다. 그러나 기타포괄손익인식금융자산평가손익은 당기손익인식금융자산평가손익과는 달리 당기의 손익에 반영하지 않고 기타포괄손익으로 처리하는데 그 이유는 다음과 같다.

첫째, 기타포괄손익인식금융자산은 장기간 보유할 목적으로 취득하였기 때문에 평가손익이 가까운 장래에 실현될 가능성이 낮으며, 다음 연도에도 계속 보유할 경우 새로운 평가손익이 발생하여 누적된다. 따라서 매년 평가손익을 당기손익에 반영하기보다는 기타포괄손익인식금융자산이 처분될 때까지 손익의 인식이 연기되어야 한다는 것이다.

둘째, 기타포괄손익인식금융자산의 투자금액은 거액인 경우가 많으므로 평가손익도 거액일 가능성이 많다. 따라서 이를 당기의 손익에 반영하게 되면 장기간 보유할 계획인 금융자산의 평가손익으로 인하여 당기의 손익에 큰 영향을 받게 된다는 것이다.

기타포괄손익인식금융자산을 공정가치로 평가하는 경우 기타포괄손익인식금융자산의 공정가치가 장부금액(취득원가 또는 전기말 공정가치)을 초과한 경우에는 기타포괄손익인식금융자산평가이익을 계상하고 재무상태표에 자본의 가산항목인 기타포괄손익누계액으로 보고한다. 반대로 공정가치가 장부금액보다 하락한 경우에는 기타포괄손익인식금융자산평가손실을 계상하고 재무상태표에 자본의 차감항목인 기타포괄손익누계액으로 보고한다.

여기서 기타포괄손익인식금융자산을 공정가치로 평가할 경우 기타포괄손익누계액으로 계상되어 있는 평가 전 기타포괄손익인식금융자산평가손익의 잔액을 고려하여 회계처리하여야 한다. 즉, 기타포괄손익인식금융자산평가이익(손실)이 발생한 경우 기타포괄손익인식금융자산평가손실(이익)과 먼저 상계한 후 잔액을 기타포괄인식금융자산평가이익(손실)으로 계상하여야 하는 것이다. 이를 다음의 예제에서 살펴보기로 한다.

예제 11-3 A사는 20x1년 중에 다음의 금융자산(당기손익인식금융자산)을 취득하였으며 20x2년말 현재 보유하고 있다. 당해 금융자산의 취득원가 및 각 기말의 공정가치가 다음과 같을 때, 연도별로 기말 결산정리분개를 하시오.

종 목	취득원가	20×1년말 공정가치	20×2년말 공정가치
B사 채무상품	₩300,000	₩400,000	₩350,000
C사 지분상품	₩200,000	₩180,000	₩210,000

[해답]

1. 20×1년말 결산정리분개

(1) B사 채무상품

(차) 당기손익인식금융자산 100,000 (대) 당기손익인식금융자산평가이익 100,000

(2) C사 지분상품

(차) 당기손익인식금융자산평가손실 20,000 (대) 당기손익인식금융자산 20,000

2. 20×2년말 결산정리분개

(1) B사 채무상품

(차) 당기손익인식금융자산평가손실 50,000 (대) 당기손익인식금융자산 50,000

(2) C사 지분상품

(차) 당기손익인식금융자산 30,000 (대) 당기손익인식금융자산평가이 30,000

예제 11-4 〈예제 11-3〉에서 A사의 보유 금융자산이 기타포괄손익인식금융자산일 경우 연도별로 기말 결산정리분개를 하고, 20×2년말의 재무상태표의 자본항목에 표시될 기타포괄손익누계액의 금액을 계산하시오.

[해답]

1. 20×1년말 결산정리분개

(1) B사 채무상품

(차) 기타포괄손익인식금융자산 100,000 (대) 기타포괄손익인식금융자산평가이 100,000

(2) C사 지분상품

(차) 기타포괄손익인식금융자산평가손실 20,000 (대) 기타포괄손익인식금융자산 20,000

2. 20×2년말 결산정리분개

(1) B사 채무상품

(차) 기타포괄손익인식금융자산평가이 50,000 (대) 기타포괄손익인식금융자산 50,000

(2) C사 지분상품

(차) 기타포괄손익인식금융자산 30,000 (대) 기타포괄손익인식금융자산평가손실 20,000

기타포괄손익인식금융자산평가이익 10,000

3. 20×2년말 기타포괄손익누계액의 금액

(1) B사 채무상품 = ₩100,000 - ₩50,000 = ₩50,000

(2) C사 지분상품 = - ₩20,000 + ₩30,000 = ₩10,000

---

(3) 상각후원가측정금융자산의 평가

상각후원가측정금융자산의 취득 시에는 취득원가로 계상된다. 그러나 상각후원가측정금융자산의 취득원가와 만기액면금액에 차이가 있을 경우에는 상각후원가로 평가하여 재무상태표에 보고한다. 상각후원가측정금융자산을 상각후원가로 측정할 때에는 취득원가와 만기액면금액의 차이를 상환기간에 걸쳐 유효이자율법에 의하여 상각하여 취득원가와 이자수익에 가감한다. 이의 구체적인 회계처리는 현재가치의 개념 등을 이해하여야 하므로 제12장에서 상세히 설명하기로 한다.

2. 금융자산의 처분

금융자산을 처분하는 경우 금융자산의 처분금액이 처분 당시의 장부금액보다 크면 처분이익이 발생하고, 금융자산의 처분금액이 처분 당시의 장부금액보다 작으면 처분손실이 발생한다. 처분이익은 영업외수익으로, 처분손실은 영업외비용으로 포괄손익계산서에 보고한다.

금융자산의 처분에 있어 유의하여야 할 점은 기타포괄손익인식금융자산평가손익이 재무상태표에 기타포괄손익누계액으로 누적되어 남아 있는 경우이다. 이는 처분되는 시점에 해당 기타포괄손익인식금융자산이 채무상품의 경우에는 기타포괄손익인식금융자산과 함께 장부에서 제거되어 당기의 손익에 영향을 미치게 된다. 그러나 지분상품이나 금융부채의 경우에는 제거되지 않고 그대로 자본항목으로 남게 되어 당기의 손익에 영향을 미치지 않게 된다. 당기손익인식금융자산의 경우에는 이미 평가손익이 당기손익으로 반영되었기 때문에 처분 시에 이를 고려할 필요는 없다. 이를 예제를 통해 살펴보기로 한다.

예제 11-5 A사는 20x1년 중에 다음의 금융자산(당기손익인식금융자산)을 취득하여, 20x2년 중에 처분하였다. 각 금융자산의 취득원가, 20x1년말 공정가치, 처분금액은 다음과 같다. (1) 취득시점, (2) 20x1년말, (3) 처분시점의 필요한 분개를 하시오.

종 목	취득원가	20×1년말 공정가치	처분금액
B사 채무상품	₩100,000	₩150,000	₩200,000
C사 지분상품	₩200,000	₩170,000	₩150,000

[해답]

1. B사 채무상품

(1) 취득시점

(차) 당기손익인식금융자산	100,000	(대) 현 금	100,000

(2) 20×1년말

(차) 당기손익인식금융자산	50,000	(대) 당기손익인식금융자산평가이익	50,000

(3) 처분시점

(차) 현 금	200,000	(대) 당기손익인식금융자산	150,000
		당기손익인식금융자산처분이익	50,000

2. C사 지분상품

(1) 취득시점

(차) 당기손익인식금융자산	200,000	(대) 현 금	200,000

(2) 20×1년말

(차) 당기손익인식금융자산평가손실	30,000	(대) 당기손익인식금융자산	30,000

(3) 처분시점

(차) 현 금	150,000	(대) 당기손익인식금융자산	170,000
		당기손익인식금융자산처분손실	20,000

예제 11-6 〈예제 11-5〉의 금융자산이 기타포괄손익인식금융자산일 경우 필요한 분개를 하시오.

[해답]

1. B사 채무상품

(1) 취득시점

(차) 기타포괄손익인식금융자산	100,000	(대) 현　　금	100,000

(2) 20×1년말

(차) 기타포괄손익인식금융자산	50,000	(대) 기타포괄손익인식금융자산평가이익	50,000

(3) 처분시점

(차) 현　　금	200,000	(대) 기타포괄손익인식금융자산	150,000
기타포괄손익인식금융자산평가이익	50,000	기타포괄손익인식금융자산처분이익	100,000

2. C사 지분상품

(1) 취득시점

(차) 기타포괄손익인식금융자산	200,000	(대) 현　　금	200,000

(2) 20×1년말

(차) 기타포괄손익인식금융자산평가손실	30,000	(대) 기타포괄손익인식금융자산	30,000

(3) 처분시점

(차) 현　　금	150,000	(대) 기타포괄손익인식금융자산	170,000
		기타포괄손익인식금융자산처분손실	20,000

예제 11-7 〈예제 11-4〉에서 20x3년 중에 B사 채무상품을 ₩320,000, C사 지분상품을 ₩180,000에 처분하였을 경우의 분개를 하시오.

[해답]

1. B사 채무상품

(차) 현 금	320,000	(대) 기타포괄손익인식금융자	350,000
기타포괄손익인식금융자산평가이익	50,000	기타포괄손익인식금융자산처분이익	20,000

2. C사 지분상품

(차) 현 금	180,000	(대) 기타포괄손익인식금융자산	210,000
기타포괄손익인식금융자산처분손실	30,000		

제4절 관계기업투자주식

1. 관계기업투자주식의 취득

관계기업투자주식은 다른 회사의 경영권에 중대한 영향력을 행사할 수 있는 주식을 말하는데, 다른 회사의 발행주식 중에서 20% 이상의 주식을 취득하면 특별한 사유가 없는 한 중대한 영향력이 있는 것으로 보고 관계기업투자주식으로 분류한다.

관계기업투자주식을 보유한 기업은 투자회사라 하고, 그 주식을 발행한 기업은 피투자회사라 한다. 여기서 중대한 영향력이란 투자회사가 피투자회사의 재무정책과 영업정책에 관한 의사결정에 실질적인 영향을 미칠 수 있는 능력을 말한다.

관계기업투자주식의 취득은 다른 자산과 마찬가지로 취득원가로 기록한다. 즉, 주식의 매입금액에 매입과 관련하여 지출한 수수료, 증권거래세 등의 취득부대비용을 포함한 금액을 취득원가로 한다. 이러한 관계기업투자주식은 재무상태표에 투자자산으로 보고된다.

예제 11-8 A사 발행주식의 30%에 해당하는 500주를 주당 ₩1,000에 매입하고, 증권거래세 ₩15,000과 함께 현금으로 지급하였다. 취득시점의 분개를 하시오.

[해답]

(차)	관계기업투자주식 (투자자산)	515,000	(대)	현 금	515,000

2. 지분법의 적용

관계기업투자주식은 지분법(equity method)을 적용하여 회계처리한다. 지분법은 관계기업투자주식을 취득할 때 원가로 인식하고, 취득시점 이후 발생한 지분변동액을 당해 관계기업투자주식에 가감하여 보고하는 회계처리 방법을 말한다. 지분변동액은 피투자회사의 순자산 변동액 중 투자회사의 지분율에 해당하는 금액을 말한다.

지분법의 기본 입장은 피투자회사를 투자회사의 일부로 간주하는 것이다. 따라서 피투자회사가 당기에 순이익을 보고하면 피투자회사의 순자산금액이 그만큼 증가하므로 순이익 중 투자회사의 지분율만큼 관계기업투자이익을 계상하는 동시에 관계기업투자주식의 장부금액을 증가시키는 것이다.

반대로 피투자회사가 당기에 순손실을 보고하면 피투자회사의 순자산금액이 그만큼 감소하므로 손손실 중 투자회사의 지분율만큼 관계기업투자손실을 계상하는 동시에 관계기업투자주식의 장부금액을 감소시키는 것이다. 관계기업투자이익과 관계기업투자손실은 포괄손익계산서에 당기의 손익으로서 영업외수익과 영업외비용으로 보고한다.

한편, 피투자회사가 투자회사에 배당금을 지급하면, 이는 피투자회사의 이익잉여금을 감소시켜 순자산금액을 그만큼 감소시키므로, 수령한 배당금만큼 관계기업투자주식의 장부금액을 감소시켜야 한다.

다시 말하면, 피투자회사의 순이익 발생은 투자회사의 지분율만큼 관계기업투자주식의 장부금액을 증가시키고, 그 후 현금배당을 받게 되면 그만큼 관계기업투자주식을 회수한 것으로 간주하여 관계기업투자주식의 장부금액을 감소시키는 것이다. 예컨대 피투자회사가 순이익을 보고하여 관계기업투자주식을 10억 원 증가시켰는데, 이 중 2억 원을 배당으로 받게 되면 남아 있는 투자회사의 몫은 이를 차감한 8억 원이라는 것이다.

이에 비해 관계기업투자주식이 아닌 당기손익인식금융자산이나 기타포괄손익인식금융자산의 경우에는 현금배당을 받게 되면 이를 단순히 배당금수익으로 처리한다. 왜냐하면 이 경우에는 피투자회사의 순이익 보고 시에 아무런 회계처리도 하지 않았기 때문이다.

예제 11-9 A사는 B사 발행주식의 30%인 1,000주를 주당 ₩1,000에 현금으로 매입하였다. 당기말에 B사는 당기순이익 ₩300,000을 보고하고, 주주에게 총 ₩100,000의 배당금을 지급하였다. A사의 필요한 분개를 하시오.

[해답]

(1) 주식 취득시점

(차) 관계기업투자주식 1,000,000 (대) 현　　금 1,000,000

(2) 순이익 보고시점

(차) 관계기업투자주식 90,000 (대) 관계기업투자이익 90,000*

* ₩300,000 × 30% = ₩90,000

(3) 배당금 수령시점

(차) 현 금	30,000	(대) 관계기업투자주식	30,000**

** ₩100,000 × 30% = ₩30,000

따라서, 재무상태표에 보고되는 관계기업투자주식의 금액은 ₩1,060,000이 되고, 관계기업투자이익 ₩90,000은 포괄손익계산서에 영업외수익으로 보고된다.

3. 관계기업투자주식의 처분

관계기업투자주식의 처분은 당기손익인식금융자산의 경우와 동일하게 회계처리한다. 즉, 관계기업투자주식의 처분금액이 처분시점의 장부금액보다 많으면 관계기업투자주식처분이익을 계상하고, 관계기업투자주식의 처분금액이 처분시점의 장부금액보다 적으면 관계기업투자주식처분손실을 계상하면 된다. 관계기업투자주식처분이익과 관계기업투자주식처분손실은 포괄손익계산서에 영업외수익과 영업외비용으로 보고한다.

예제 11-10 〈예제 11-9〉에서 다음 연도에 A사가 B사 주식 전부를 ₩1,100,000에 처분하였을 경우의 분개를 하시오.

[해답]

(차) 현 금	1,100,000	(대) 관계기업투자주식	1,060,000
		관계기업투자주식처분이익 (영업외수익)	40,000

제5절 기타의 투자자산

증권형 금융자산을 제외한 투자자산으로는 금융기관이 취급하는 장기금융상품, 장기대여금, 투자부동산 등이 있다.

1. 금융기관이 취급하는 장기금융상품

금융기관이 취급하는 장기금융상품은 재무상태표일로부터 1년 이후에 만기가 도래하는 금융자산을 말한다. 여기에는 만기가 1년 이후에 도래하는 장기성예금과 특정예금 등이 포함된다.

장기성예금은 만기가 1년 이후에 도래하는 정기예금이나 정기적금을 포함한다. 특정예금은 사용에 제한이 있는 예금으로서 금융기관이 대출을 해 주면서 요구하는 구속성예금(양건예금, 보상잔액 또는 꺾기 : compensating balances), 채권자와의 계약에 따라 사채의 상환 목적으로 적립하는 감채기금(bond sinking fund) 등이 대표적인 예이다. 특정예금은 그 내용을 재무제표의 주석으로 보고하여야 한다.

이러한 장기금융상품이 추후 재무상태표일 현재 그 만기가 1년 이내에 도래하면 단기금융상품으로서 유동자산으로 재분류하여야 한다.

2. 장기대여금

장기대여금은 상환기한이 재무상태표일 현재 1년 후에 도래하는 대여금이다. 이러한 장기대여금이 추후 재무상태표일 현재 그 만기가 1년 이내에 도래하면 단기대여금으로서 유동자산으로 재분류하여야 한다. 대여금에 대하여는 장

· 단기를 불문하고 미래 회수불능액을 추산하여 대손충당금을 설정하여야 한다. 또한 장기대여금의 경우는 재무상태표금액을 향후 받을 원금과 이자의 현재가치로 평가하여야 한다. 현재가치의 개념에 대해서는 제12장에서 설명하기로 한다.

3. 투자부동산

투자부동산이란 임대수익이나 시세차익을 얻기 위하여 보유하고 있는 부동산을 말한다. 그러나 이러한 부동산 중 재화의 생산이나 용역의 제공 또는 관리활동에 사용하기 위하여 보유하거나 정상적인 영업활동과정에서 판매를 목적으로 보유하고 있는 것은 투자부동산이 아니라 유형자산이나 재고자산으로 분류하여야 한다.

투자부동산은 최초 인식시점에 원가로 측정하며, 그 이후에는 원가모형이나 공정가치모형 중 하나를 선택하여 적용한다. 공정가치모형을 선택한 경우 투자부동산의 공정가치 변동으로 발생하는 손익은 발생한 기간의 당기손익에 반영하고, 감가상각을 하지 않는다. 원가모형을 선택한 경우에는 유형자산과 마찬가지로 감가상각을 하고 손상차손을 검토하여 당기의 손익에 반영하여야 한다.

연습문제 객관식

11-1 금융상품을 당기손익인식금융자산으로 분류할 경우 다음 설명 중 틀린 것은?

① 시장성이 있어야 하고, 단기시세차익을 목적으로 하여야 한다.

② 기말의 평가방법은 공정가치법이다.

③ 기말평가차이는 영업외수익 또는 영업외비용으로 처리한다.

④ 당기손익인식금융자산은 비유동자산으로 분류된다.

11-2 기타포괄손익인식금융자산의 평가에 대한 설명 중 옳지 않은 것은?

① 기타포괄손익인식금융자산평가손익은 영업외손익으로 포괄손익계산서에 당기손익으로 반영된다.

② 장부금액이 공정가치보다 높을 경우에는 기타포괄손익인식금융자산평가손실로 계상한다.

③ 당기손익인식금융자산이나 상각후원가측정금융자산으로 분류되지 않는 금융상품에 대한 평가이다.

④ 시장성있는 기타포괄손익인식금융자산은 장부상 금액을 공정가치에 일치시켜야 한다.

11-3 한국채택국제회계기준상 단기시세차익 목적으로 시장성있는 사채를 취득하는 경우 가장 적합한 계정과목은 무엇인가?

① 상각후원가측정금융자산　② 기타포괄손익인식금융자산

③ 당기손익인식금융자산　④ 관계기업투자주식

11-4 (주)A가 보유하고 있는 금융상품을 당기손익인식금융자산으로 분류한 경우 한국채택국제회계기준에 따라 평가할 경우 당기손익인식금융자산평가손실은?

	주당 액면가	주당 취득원가	주당 시가
A주식 100주	₩5,000	₩6,000	₩7,000
B주식 200주	₩10,000	₩15,400	₩12,000
C주식 300주	₩5,000	₩4,000	₩5,000
D주식 400주	₩5,000	₩5,000	₩3,000

① ₩800,000　② ₩1,000,000　③ ₩1,080,000　④ ₩1,200,000　⑤ ₩1,480,000

연습문제 객관식

11-5 20x1년 12월 31일 ㈜갑은 ㈜A와 ㈜B의 두 종류 주식을 단기투자목적으로 보유하고 있다. 20x1년 12월 31일 재무상태표에 당기손익인식금융자산으로 보고해야 할 금액은?

구분	취득원가	시 가
(주)A	₩40,000	₩30,000
(주)B	₩60,000	₩72,000
합 계	₩100,000	₩102,000

① ₩100,000 ② ₩102,000 ③ ₩108,000 ④ ₩98,000

11-6 다음 중 한국채택국제회계기준상 금융상품에 대한 설명으로 틀린 것은?

① 기타포괄손익인식금융자산으로 분류된 경우 재무상태표일 현재의 공정가치로 평가하여 재무상태표에 기록한다.

② 당기손익인식금융자산의 공정가치 평가손익은 그 영향이 중요한 경우에는 당기손익으로 처리한다.

③ 상각후원가측정금융자산으로 분류되는 경우에는 상각후원가로 평가하여야 한다.

④ 기타포괄손익인식금융자산평가손익은 기타포괄손익누계액에 반영하며, 포괄손익계산서의 총포괄손익계산시 가감한다. 따라서 당기손익에 반영하지 않는다.

11-7 (주)갑은 20x1년 중 단기투자목적으로 다음과 같은 금융상품을 취득하였다. 20x2년 중 거래와 20x2년 12월 31일 시가와 관련된 자료는 다음과 같다.

	취득원가	20x1년 12월 31일 (시가)	20x2년 처분가액	20x2년 12월 31일 (시가)
A	₩1,250,000	₩1,100,000	-	₩1,180,000
B	₩1,530,000	₩1,620,000	₩1,600,000	-
C	₩1,220,000	₩1,090,000	-	₩1,160,000
D	₩1,500,000	₩1,550,000	₩1,830,000	-

(주)갑의 20x2년도 당기손익인식금융자산처분손익과 20x2년 12월 31일 장부가액은?

	처분손익	장부가액		처분손익	장부가액
①	처분이익 ₩400,000	₩2,190,000	②	처분이익 ₩300,000	₩2,190,000
③	처분이익 ₩330,000	₩2,340,000	④	처분이익 ₩260,000	₩2,340,000

연습문제 주관식

11-1 B사가 보유하고 있는 주식의 다음 거래에 대해 당기손익인식금융자산일 경우와 기타포괄손익인식금융자산일 경우로 나누어 분개를 하고, 이 거래가 재무상태표와 포괄손익계산서에 어떻게 보고되는지 설명하시오.

1) A사의 주식 200주를 주당 ₩1,000에 취득하고, 증권거래세 ₩6,000을 현금으로 지급하였다.

(2) 기말 현재 A사 주식의 공정가치는 주당 ₩1,200이다.

(3) A사로부터 주당 ₩100의 배당금을 현금으로 수령하였다.

11-2 C사가 보유하고 있는 주식의 다음 거래에 대해 당기손익인식금융자산일 경우와 기타포괄손익인식금융자산일 경우로 나누어 분개를 하시오.

(1) 20×1년 11월 5일 A사의 주식 100주를 주당 ₩1,000에 취득하고, 수수료 ₩15,000을 현금으로 지급하였다.

(2) 20×1년 12월 5일 B사의 주식 200주를 주당 ₩1,500에 취득하고, 수수료 ₩25,000을 현금으로 지급하였다.

(3) 20×1년 12월 31일 현재 A사 주식의 공정가치는 주당 ₩800이고, B사 주식의 공정가치는 주당 ₩2,000이다.

(4) 20×2년 2월 28일 A사로부터 주당 ₩100의 배당금을, B사로부터 주당 ₩150의 배당금을 현금으로 수령하였다.

(5) 20×2년 3월 5일 A사 주식 50주를 주당 ₩900에, B사 주식 100주를 주당 ₩1,700에 처분하였다.

11-3 기타포괄손익인식금융자산으로 분류되는 주식의 다음 거래에 대해 필요한 분개를 하고, 20x3년말에 남아 있는 기타포괄손익인식금융자산과 기타포괄손익인식금융자산평가손익의 금액을 계산하시오.

(1) 20×1년 5월 1일에 D사의 주식 10주(주당 ₩15,000)를 취득하고 수수료 ₩10,000과 함께 당좌수표로 지급하였다.

(2) 20×1년 12월 31일의 결산시점에 D사 주식의 공정가치가 주당 ₩13,000이다.

(3) 20×2년 12월 31일의 결산시점에 D사 주식의 공정가치가 주당 ₩17,000이다.

(4) 20×3년 9월 1일에 위 주식 중 5주를 주당 ₩15,000에 매각하고 수수료 ₩5,000을 제외한 잔액을 현금으로 받다.

연습문제 주관식

(5) 20×3년 12월 31일의 결산시점에 B사 주식의 공정가치가 주당 ₩14,000이다.

11-4 다음 일련의 거래를 분개하시오.

(1) A사 발행주식의 25%에 해당하는 200주를 주당 ₩1,000에 매입하고, 증권거래세 ₩6,000과 함께 현금으로 지급하였다.

(2) 당기말에 A사는 당기순이익 ₩200,000을 보고하였다.

(3) 당기말 A사 주식의 공정가치는 주당 ₩1,100이다.

(4) A사는 주주에게 주당 ₩100의 배당금을 현금으로 지급하였다.

(5) 다음 연도에 A사 주식 전부를 주당 ₩1,200에 처분하였다.

12장

비유동부채

제1절 비유동부채의 의의와 종류
제2절 사채와 상각후원가측정금융자산
제3절 기타의 비유동부채

재무상태표

자　산	부　채
	유동부채
유동자산	비유동부채
	사　채
당좌자산	장기차입금
재고자산	충당부채
	기타비유동부채
비유동자산	부채총계
	자　본
투자자산	자 본 금
유형자산	자본잉여금
무형자산	자본조정
기타비유동자산	기타포괄손익누계액
	이익잉여금
	자본총계
자산총계	부채 및 자본총계

12장

비유동부채

제1절 비유동부채의 의의와 종류

비유동부채(non-current liabilities)란 상환기일이 재무상태표일로부터 1년(또는 정상적인 영업주기) 내에 도래하지 않는 장기부채를 말한다. 상환기일이 1년 내에 도래하는 것은 유동부채에 해당한다. 유동부채에 대해서는 제8장의 수취채권과 지급채무에서 이미 설명하였다.

비유동부채는 유동부채와는 달리 미래 현금흐름이 장기에 걸쳐 발생하기 때문에 현금흐름의 명목금액과 현재가치의 차이가 중요할 수 있다. 따라서 비유동부채의 경우에는 현재가치 평가의 개념이 도입되게 된다. 모든 비유동부채에 대해 현재가치로 평가하는 것은 아니고, 사채나 장기차입금과 같이 매기 일정금액의 이자를 지급하고 일정기간 후에 원금을 상환하는 경우에 현재가치로 평가할 수 있다.

이러한 비유동부채는 편의상 장기차입부채, 충당부채, 기타 비유동부채로 구분할 수 있다.

비유동부채의 구분	계정과목의 예
장기차입부채	장기차입금, 사채
충당부채	제품보증충당부채
기타 비유동부채	임대보증금, 이연법인세부채, 장기성매입채무, 장기선수금 등

장기차입부채는 다른 실체로부터 장기차입한 부채로서 이자를 지급해야 하

는 부채이다. 장기차입부채의 대표적인 예가 장기차입금과 사채이다. 장기차입부채로 분류해 놓은 장기차입금이나 사채 중 원금의 전부 또는 일부의 상환기한이 1년 이내로 도래하게 되면 유동성장기부채로서 유동부채로 재분류하야 한다.

충당부채는 미래의 지급시기 또는 지급금액은 확정되지 않았지만, 과거의 사건이나 거래의 결과에 의하여 미래에 반드시 지급해야 하거나 지급할 가능성이 높은 부채이다. 충당부채의 대표적인 예가 제품보증충당부채이다.

기타 비유동부채는 장기차입부채나 충당부채로 분류되지 않는 장기부채이다. 이의 예로는 임대보증금, 이연법인세부채, 장기성매입채무, 장기선수금 등이 있다.

본 장에서는 사채에 대한 회계처리를 집중적으로 다루며, 사채 이외의 기타 비유동부채로는 장기차입금, 장기성매입채무, 충당부채에 대해서만 설명하기로 한다.

제2절 사채와 상각후원가측정금융자산

사채의 회계처리를 이해하기 위해서는 현재가치의 평가에 대한 개념을 이해하여야 하므로 이를 먼저 설명하기로 한다. 또한 사채를 취득한 회사의 입장에서는 투자자산인 채무상품, 즉 상각후원가측정금융자산이 되므로, 제11장에서 설명하지 않은 상각후원가측정금융자산의 회계처리에 대해서도 함께 설명하기로 한다. 상각후원가측정금융자산의 회계처리를 제11장에서 설명하지 않은 이유는 상각후원가측정금융자산에 있어서도 현재가치의 개념이 적용되기 때문이다.

1. 화폐의 시간적 가치와 현재가치의 계산

1년 후에 ₩10,000을 받는 것보다는 지금 ₩10,000을 받는 것이 낫다. 왜냐하면 지금 받은 ₩10,000을 은행에 예금한다면 그 만큼 이자가 발생하기 때문이다. 이와 같이 화폐는 시간적 가치를 갖는데, 이는 이자의 발생이라는 형태로 나타난다.

만약에 지금의 ₩10,000이 1년 후에 이자를 포함하여 ₩11,000이 된다면, ₩11,000은 현재 ₩10,000의 1년 후의 미래가치(future value)에 해당한다. 반대로 1년 후의 ₩11,000의 현재가치(present value)는 ₩10,000이 된다. 이와 같이 현재가치와 미래가치는 동전의 앞뒷면의 관계에 있는 것이다.

화폐의 현재가치를 계산한다는 것은 미래의 현금유입액을 일정한 율(이자율 혹은 할인율)로 할인하여 현재시점의 화폐가치로 전환하는 과정을 의미한다. 따라서 현재가치를 계산하기 위해서는 미래의 현금유입금액, 현금이 유입되는 기간, 이자율(할인율)의 세 가지 요소가 필요하다.

위의 예에서는 미래의 현금유입금액은 ₩11,000이고, 현금이 유입되는 기간은 1년, 이자율은 연 10%가 된다. 이때 미래의 현금유입금액 ₩11,000의 현재가치는 ₩10,000이 된다. 반대로 현재의 ₩10,000에 대한 1년 후의 미래가치는 ₩11,000이 되는데, 이는 다음과 같이 계산될 것이다.

₩10,000 × (1 + 0.1) = ₩11,000

그러면 1년 후의 현금유입액 ₩11,000에 대한 현재가치 ₩10,000은 다음과 같이 계산된다.

₩11,000 ÷ (1 + 0.1) = ₩10,000

현금이 유입되는 기간이 2년이면 현재 ₩10,000의 2년 후의 미래가치는 다음과 같이 계산될 것이다.

₩10,000 × (1 + 0.1) × (1 + 0.1) = ₩12,100

그러면 2년 후의 현금유입액 ₩12,100에 대한 현재가치 ₩10,000은 다음과 같이 계산된다.

₩12,100 ÷ (1 + 0.1) ÷ (1 + 0.1) = ₩10,000

따라서 미래가치와 현재가치를 구하는 일반적인 식은 다음과 같이 나타낼 수 있다.

$$미래가치 = 현재가치 \times (1 + r)^n$$
$$현재가치 = 미래가치 \div (1 + r)^n$$
r : 이자율, n : 기간

위의 예는 단일금액에 대한 현재가치의 계산에 대한 것이다. 이와는 달리 어떤 현금흐름이 매년 일정액으로 나타난다면 이를 연금(annuity)이라 하는데, 이 경우에는 매년의 현금흐름의 현재가치를 합하여 연금의 현재가치를 계산한다. 예컨대 액면 ₩100,000의 사채를 매입하여 3년 동안 매년 10%의 이자를 받기로 하였다면 이자수입의 합계(₩30,000)에 대한 현재가치는 다음과 같이 계산될 것이다.

이자수입 합계(₩30,000)의 현재가치
= 1년 후 ₩10,000의 현재가치 + 2년 후 ₩10,000의 현재가치 + 3년 후 ₩10,000의 현재가치
= ₩10,000 ÷ 1.1 + ₩10,000 ÷ 1.1^2 + ₩10,000 ÷ 1.1^3
= ₩10,000 × 0.9091 + ₩10,000 × 0.8264 + ₩10,000 × 0.7513
= ₩24,868

따라서 연금의 현재가치를 구하는 일반적인 식은 다음과 같이 나타낼 수 있다.

$$\text{연금의 현재가치} = \sum_{t=1}^{n} \frac{A}{(1+r)^t}$$

A : 연금, r : 이자율, n : 기간

이와 같은 단일금액의 현재가치와 연금의 현재가치는 위의 일반적인 식에 따라 계산기로 계산할 수도 있지만, 본서의 부록에 있는 현재가치표를 이용하면 쉽게 구할 수 있다. 부록의 현재가치표는 여러 가지 이자율에 따라 미래 n기간의 ₩1에 대한 현재가치를 환산하여 표로 나타낸 것이다.

따라서 해당 이자율과 기간에 맞는 율을 찾아 미래의 현금유입액을 곱하면 현재가치가 계산되는 것이다. 예컨대 위의 예에서 이자율은 10%, 기간은 3년이므로, 정상연금의 현재가치표에서 찾으면 2.4868이 된다. 매년의 이자수입금액은 ₩10,000이므로 이에 2.4868을 곱하면 3년 동안의 이자수입합계(₩30,000)의 현재가치는 ₩24,868이 되는 것이다.

2. 사채의 의의와 종류

주식회사가 거액의 장기자금을 조달하기 위한 방법으로는 장기차입금과 사채가 있다. 장기차입금은 자금을 빌려주는 상대방이 거액의 장기성 자금을 가지고 있는 경우에 가능하기 때문에, 조달 원천이 은행 등 소수의 금융기관에 한정되게 된다.

이에 비해 사채(bonds)는 주식회사가 회사의 채무임을 표시하는 증서를 발행하고 증권시장의 일반 투자자들로부터 거액의 장기자금을 조달할 수 있는 방법이다. 사채의 권면에는 액면금액, 이자율, 이자지급일 및 만기일 등이 기재되며, 사채발행회사는 사채의 권면에 기재되어 있는 내용에 따라 사채권자에게 이자와 원금을 지급하게 된다.

액면금액(face value)은 만기에 사채발행자가 상환하게 되는 원금을 말하며, 반드시 발행금액과 일치하지는 않는다. 이자율은 발행회사가 지급하게 될 액면금액 기준의 연간 이자율을 말하며, 액면이자율(face interest rate) 혹은 표시이자율(stated interest rate)이라고 한다. 이자지급일(interest payment date)은 연간 4회 혹은 2회나 1회 등으로 구분하여 표시한다. 만기일(maturity date)은 사채의 원금지급일을 말하는데, 우리나라에서는 3년에서 5년 사이의 사채가 많이 발행된다.

사채는 발행회사의 입장에서는 부채이지만, 사채를 매입한 회사의 입장에서는 투자자산이 된다. 이 중에서 매입회사가 만기까지 보유하고자 하는 적극적인 의도가 있는 경우에는 상각후원가측정금융자산으로, 그렇지 않은 경우에는 기타포괄손익인식금융자산이나 당기손익인식금융자산으로 분류된다. 여기서는 발행회사의 입장에서 사채에 관한 회계처리를 먼저 설명하고, 이와 대조되는 매입회사 입장에서의 상각후원가측정금융자산의 회계처리도 함께 설명하기로 한다.

사채를 재무상태표에 보고할 때에는 종류별로 구분하고 그 내용을 주석으로 기재하여야 한다. 사채는 그 계약내용이나 조건에 따라 다음과 같은 여러 가지 종류가 있다.

(1) 담보부사채와 무담보부사채

담보를 제공하고 발행하는 사채는 담보부사채(mortgage bonds)이고, 담보를 제공하지 아니하고 발행하는 사채는 무담보부사채(debenture bonds)이다. 신용도가 높은 기업은 주로 무담보부사채를 발행한다.

(2) 기명식사채와 무기명식사채

사채권면에 사채권자의 이름이 명기되어 있는 사채는 기명식사채

(registered bonds)이고, 이름이 명기되어 있지 않은 사채는 무기명식사채 (coupon bonds or bearer bonds)이다. 무기명식사채는 사채권자의 이름이 명기되어 있지 않아 사채의 양도가 자유롭다.

(3) 이자부사채와 무이자부사채

이자부사채는 사채권면에 이자율이 표시되어 있는 사채를 말한다. 무이자부사채는 사채권면에 이자율의 표시가 없는 사채로서 사채의 기간 동안 이자의 지급이 없고, 사채의 만기금액, 즉 액면금액에 사채에 대한 이자가 실질적으로 포함되어 있다. 따라서 무이자부사채는 항상 할인발행되어 발행금액이 액면금액보다 낮다.

(4) 수의상환사채, 일시상환사채, 연속상환사채

사채의 만기 이전에 상환할 수 있는 사채를 수의상환사채(callable bonds)라 하고, 원금을 만기에 일시 상환하는 사채를 일시상환사채(term bonds), 원금을 여러 차례 분할하여 상환하는 사채를 연속상환사채(serial bonds)라 한다.

(5) 전환사채와 신주인수권부사채

일정 조건 하에서 발행회사의 주식으로 전환할 수 있는 권리가 있는 사채를 전환사채(convertible bonds: CB)라 하고, 사채권자에게 발행회사의 신주를 인수할 권리를 부여한 사채를 신주인수권부사채(bonds with stock warrants)라 한다. 전환사채는 주식으로 전환하기 위해 사채를 포기해야 하는 반면, 신주인수권부사채는 사채를 보유하면서 동시에 신주를 유상으로 취득할 수 있다는 점이 다르다.

3. 사채의 발행

사채는 대부분 액면금액으로 발행되며, 이자는 사채권면에 기재된 액면이자율에 액면금액을 곱하여 결정된다. 사채권면에 기재되는 액면이자율은 기업의 현금사정을 고려하여 임의로 결정되는 경향이 있다. 따라서 액면이자율은 사채를 매입하고자 하는 일반투자자들이 요구하는 수준의 이자율과 일치하지 않을 수 있다.

일반투자자들이 사채를 매입하지 않고 다른 자본시장에 투자하여 받을 수 있는 이자율을 액면이자율과 구분하여 시장이자율(market interest rate)이라 한다. 만약 액면이자율과 시장이자율에 차이가 있으면 일반투자자들은 보다 많은 이자를 받을 수 있는 곳에 투자하려고 할 것이다.

예컨대 액면이자율이 연 10%인데 시장이자율이 12%라면, 투자자들은 당연히 사채를 매입하지 않을 것이다. 따라서 액면이자율이 시장이자율보다 낮은 경우에는 사채의 발행금액을 액면금액보다 낮게 함으로써 일반투자자들을 유인하고자 할 것이다.

이와 같이 액면이자율이 시장이자율보다 낮아서 부득이 액면금액보다 낮은 금액으로 사채를 발행하는 것을 사채의 할인발행이라 한다. 반대로 액면이자율이 시장이자율보다 높아서 액면금액보다 높은 금액으로 사채를 발행하는 것을 사채의 할증발행이라 한다. 액면이자율과 시장이자율이 같다면 액면발행이 될 것이다.

> 액면이자율 〈 시장이자율 → 할인발행
> 액면이자율 〉 시장이자율 → 할증발행
> 액면이자율 = 시장이자율 → 액면발행

사채의 발행금액은 결국 시장이자율을 기준으로 결정되는데, 이는 일반투자자의 입장에서 보면 사채의 투자로부터 회수하게 될 미래 현금흐름의 현재가치와 같게 된다. 사채의 투자로부터 회수하게 될 미래 현금흐름은 다음의 두 가지로 구성되어 있다.

하나는 만기에 지급받게 될 원금(액면금액)이고, 또 하나는 매년 액면이자율에 따라 지급받게 되는 이자이다. 이를 현재가치로 계산하는 경우, 전자는 단일금액의 현재가치가 되고, 후자는 연금의 현재가치가 된다.

예컨대 액면금액 ₩100,000, 액면이자율 연 10%, 만기 3년의 사채를 발행하였다면, 이 사채의 투자로부터 회수하게 될 미래 현금흐름은 3년 뒤에 지급받게 될 원금(액면금액) ₩100,000과 매년 ₩10,000씩 지급받게 되는 3년간의 이자 ₩30,000으로 구성된다.

사채의 발행금액은 시장이자율을 기준으로 결정되므로 위의 미래 현금흐름을 현재가치로 계산하기 위해서는 액면이자율이 아닌 시장이자율로 할인하여야 한다. 시장이자율은 결국 사채발행자가 실질적으로 부담하게 되는 이자율로 실질이자율이라고도 한다. 여기서 시장이자율이 12%라면 위 사채로부터 회수하게 될 미래 현금흐름의 현재가치는 다음과 같이 ₩95,198로 계산될 것이다.

❶ 3년 뒤에 지급받게 될 원금(액면금액) ₩100,000의 현재가치
= ₩100,000 × 0.7118(부록의 단일금액의 현재가치표 활용) = ₩71,180

❷ 매년 ₩10,000씩 지급받게 되는 3년간의 이자 ₩30,000의 현재가치
= ₩10,000 × 2.4018(부록의 정상연금의 현재가치표 활용) = ₩24,018

① + ② = ₩95,198

여기서 사채의 발행금액이 ₩95,198이 되는데, 액면금액 ₩100,000과의 차이 ₩4,802는 할인발행된 금액이다. 이를 사채할인발행차금(discount on bonds payable)이라 한다. 할증발행의 경우에는 사채할증발행차금(premium on bonds payable)이 될 것이다.

사채를 발행하면 사채계정은 만기에 상환해야 할 액면금액으로 기록한다. 이 액면금액과 발행금액과의 차이는 사채할인발행차금 또는 사채할증발행차금으로서 사채의 평가계정으로 재무상태표에는 사채에 차감 또는 가산하는 형식으로 보고된다.

위의 예에서 사채의 발행회사는 다음과 같이 분개해야 한다.

(차)	현 금	95,198	(대)	사 채	100,000
	사채할인발행차금	4,802			

여기서 사채할인발행차금은 재무상태표에 다음과 같이 보고되는 것이다.

재무상태표

	사 채	100,000
	사채할인발행차금	(4,802)
		95,198

한편, 사채를 발행할 때에는 사채권의 인쇄비, 광고비 또는 위탁수수료 등의 비용이 발생한다. 이와 같이 사채발행과 관련하여 직접적으로 발생하는 비용을 사채발행비라 한다. 사채발행비는 사채발행을 위하여 지급된 것이기 때문에 비용으로 계상하지 않고, 사채의 발행가격에서 사채발행비를 차감하고 남은 금액을 사채의 발행금액으로 한다. 즉, 사채발행비는 사채할인발행차금에 포함되는 것이다. 반대로 할증발행의 경우에는 사채발행비를 차감한 금액이 사채할증발행차금이 된다.

예컨대 위의 예에서 사채발행비로 ₩198을 현금으로 지급하였다면, 사채의 발행금액은 ₩95,198에서 ₩198을 차감한 ₩95,000이 되고, 사채할인발행차금은 ₩4,802에 사채발행비 ₩198을 가산한 ₩5,000이 되는 것이다. 따라서 사채발행비가 있는 경우 사채발행의 분개는 다음과 같이 된다.

(차) 현 금	95,000	(대) 사 채	100,000
사채할인발행차금	5,000		

4. 사채발행차금의 상각

사채발행비가 없는 경우 위의 예에서 사채의 발행금액은 ₩95,198이고, 만기에 상환해야 될 금액은 액면금액인 ₩100,000이다. 즉, 사채발행일의 부채금액은 ₩95,198인데, 만기의 부채금액은 ₩100,000이라는 것이다. 따라서 두 금액 간의 차이인 사채할인발행차금 ₩4,802을 사채의 상환기간 동안에 배분하여 부채를 증가시키는 회계처리가 필요하다.

다시 말하면, 사채를 할인 또는 할증발행한 경우 사채할인발행차금 또는 사채할증발행차금은 사채의 상환기간 동안 매기 일정한 방법으로 상각하여 만기일에는 동 금액이 ₩0이 되어 사채의 액면금액과 장부금액이 일치되도록 회계처리를 하여야 하는 것이다.

사채발행차금의 상각방법은 유효이자율법에 의한다. 유효이자율법(effective interest rate method)이란 사채의 장부금액에 유효이자율을 곱하여 계산한 유효이자와 액면이자율에 의해 계산된 현금이자와의 차액을 매기 상각하는 방법을 말한다.

유효이자율(effective interest rate)이란 사채발행 시의 발행금액과 미래 현금지급액(원금(액면금액)과 이자지급액)의 현재가치를 일치하게 해 주는 이자율을 말한다. 위의 예에서 사채발행비가 없는 경우 유효이자율은 시장이자율인 12%이다.

이하에서는 사채할인발행차금의 상각과정과 분개의 방법에 대해 살펴보기로 한다.

첫째 연도의 사채의 장부금액은 발행금액인 ₩95,198이므로 유효이자는 ₩11,424(₩95,198×12%)이 된다. 그런데 실제로 지급받게 되는 이자는 액면금액(₩100,000)에 액면이자율(10%)을 곱한 ₩10,000이 된다. 따라서 유효이자 ₩11,424과 현금이자 ₩10,000의 차액 ₩1,424이 첫째 연도의 사채할인발행차금 상각액이 되는 것이다.

한편, 유효이자율법에서 사채의 이자비용은 사채의 장부금액에 유효이자율을 곱한 유효이자비용을 의미한다. 그런데 사채의 액면이자율에 의한 현금이자를 지급하게 되는 경우에는 다음과 같은 분개를 할 것이다.

(차) 이자비용 10,000 (대) 현 금 10,000

사채의 이자비용은 유효이자인 ₩11,424인데도 불구하고 현금이자인 ₩10,000만 이자비용으로 계상되어 있다. 따라서 그 차액 ₩1,424을 이자비용으로 추가하고 사채할인발행차금을 상각하기 위한 다음의 분개가 필요하다.[9]

(차) 이자비용 1,424 (대) 사채할인발행차금 1,424

이와 같이 사채할인발행차금의 상각액은 이자비용에 가산하게 되고, 사채할증발행차금의 상각액은 이자비용에서 차감하게 된다. 이와 같이 사채할인발행차금을 상각하면 남은 사채할인발행차금의 잔액은 ₩3,378이 된다.

둘째 연도의 사채의 장부금액은 액면금액 ₩100,000에서 사채할인발행차금의 잔액 ₩3,378을 차감한 ₩96,622이 된다. 이는 첫째 연도의 장부금액 ₩95,198에 상각된 사채할인발행차금 ₩1,424을 더한 값과 같다. 그러면 유효이자는 ₩11,595(₩96,622×12%)이 된다. 현금이자는 첫째 연도와 동일한

9) 일반적으로는 본문에 제시된 두 가지 분개를 통합하여 다음과 같이 회계처리한다.

(차) 이자비용	11,424	(대)	현 금	10,000
			사채할인발행차금	1,424

₩10,000이므로, 둘째 연도의 사채할인발행차금의 상각액은 ₩1,595이 되고, 상각 후 사채할인발행차금의 잔액은 ₩1,783이 된다. 이때의 분개는 다음과 같다.

(차) 이자비용 1,595 (대) 사채할인발행차금 1,595

셋째 연도의 사채의 장부금액은 액면금액 ₩100,000에서 사채할인발행차금의 잔액 ₩1,783을 차감한 ₩98,217이 된다. 이는 둘째 연도의 장부금액 ₩96,622에 둘째 연도에 상각된 사채할인발행차금 ₩1,595을 더한 값과 같다. 그러면 유효이자는 ₩11,786(₩98,217×12%)이 되는데, 마지막 연도이므로 만기일의 장부금액과 액면금액을 일치시키기 위해 ₩11,783으로 끝자리를 조정한다. 현금이자는 동일한 ₩10,000이므로, 셋째 연도의 사채할인발행차금의 상각액은 ₩1,783이 되고, 상각 후 사채할인발행차금의 잔액은 ₩0이 되는 것이다. 이때의 분개는 다음과 같다.

(차) 이자비용 1,783 (대) 사채할인발행차금 1,783

이와 같이 마지막 연도에는 사채할인발행차금이 ₩0이 되어 사채의 장부금액은 액면금액과 같은 ₩100,000이 되는 것이다.

이상의 유효이자율법에 의한 사채할인발행차금의 상각과정을 표로 정리하면 다음과 같다.

연 도	유효이자(A) (이자비용)	현금이자(B)	사채할인발행차금		장부금액(E)
			상각(C)	잔액(D)	
	전기말(E)×12%	액면금액×10%	A − B	전기말(D) − C	액면금액 − D (전기말(E) + C)
발행 시				₩4,802	₩95,198
1차년도말	₩11,424	₩10,000	₩1,424	3,378	96,622
2차년도말	11,595	10,000	1,595	1,783	98,217
3차년도말	11,783	10,000	1,783	0	100,000

사채의 할증발행의 경우에는 할인발행의 역으로 생각할 수 있으므로 그 상각과정과 분개의 내용을 다음의 예제에서 살펴보기로 한다.

예제 12-1 액면금액 ₩100,000, 액면이자율 연 10%, 만기 3년의 사채를 발행하였으며, 사채의 발행 당시 시장이자율(유효이자율)은 8%이다. 다음의 물음에 답하시오.

(1) 사채발행시의 분개를 하시오.

(2) 사채할증발행차금의 상각표를 작성하시오.

(3) 사채할증발행차금의 상각에 대한 연도별 분개를 하시오.

[해답]

(1) 사채발행시의 분개

〈시장이자율 8%로 할인한 사채의 미래 현금흐름의 현재가치 계산〉

① 3년 뒤에 지급받게 될 원금(액면금액) ₩100,000의 현재가치

= ₩100,000 × 0.7938(부록의 단일금액의 현재가치표 활용) = ₩79,380

② 매년 ₩10,000씩 지급받게 되는 3년간의 이자 ₩30,000의 현재가치

= ₩10,000 × 2.5771(부록의 정상연금의 현재가치표 활용) = ₩25,771

① + ② = ₩105,151

따라서 사채의 발행금액이 ₩105,151이 되는데, 액면금액 ₩100,000과의 차이 ₩5,151은 사채할증발행차금이다.

〈사채발행시의 분개〉

(차)	현 금	105,151	(대)	사 채	100,000
				사채할증발행차금	5,151

(2) 사채할증발행차금의 상각표

<table>
<tr><th rowspan="3">연 도</th><th>유효이자(A)
(이자비용)</th><th>현금이자(B)</th><th colspan="2">사채할증발행차금</th><th>장부금액(E)</th></tr>
<tr><th></th><th></th><th>상각(C)</th><th>잔액(D)</th><th></th></tr>
<tr><th>전기말(E)×8%</th><th>액면금액×10%</th><th>B − A</th><th>전기말(D) − C</th><th>액면금액 + D
(전기말(E) − C)</th></tr>
<tr><td>발행 시</td><td></td><td></td><td></td><td>₩5,151</td><td>₩105,151</td></tr>
<tr><td>1차년도말</td><td>₩8,412</td><td>₩10,000</td><td>₩1,588</td><td>3,563</td><td>103,563</td></tr>
<tr><td>2차년도말</td><td>8,285</td><td>10,000</td><td>1,715</td><td>1,848</td><td>101,848</td></tr>
<tr><td>3차년도말</td><td>8,152</td><td>10,000</td><td>1,848</td><td>0</td><td>100,000</td></tr>
</table>

(3) 사채할증발행차금의 상각에 대한 연도별 분개[10)]

〈1차년도말〉

1) 현금이자 지급

(차)	이자비용	10,000	(대)	현 금	10,000

2) 사채할증발행차금 상각

(차)	사채할증발행차금	1,588	(대)	이자비용	1,588

〈2차년도말〉

1) 현금이자 지급

(차)	이자비용	10,000	(대)	현 금	10,000

2) 사채할증발행차금 상각

(차)	사채할증발행차금	1,715	(대)	이자비용	1,715

10) 할인발행의 경우와 같이 각 회계연도말 이자비용 인식을 위한 분개는 통합하여 다음과 같이 회계처리한다.

(차)	이자비용	8,412	(대)	현 금	10,000
	사채할증발행차금	1,588			

〈3차년도말〉

1) 현금이자 지급

(차)	이자비용	10,000	(대)	현　　금	10,000

2) 사채할증발행차금 상각

(차)	사채할증발행차금	1,848	(대)	이자비용	1,848

→ 여기서 차변과 대변에 있는 이자비용은 서로 상쇄하여 분개하여도 된다.

5. 사채의 상환

사채는 대부분 만기에 액면금액으로 상환(만기상환)하는 것이 일반적이나, 경우에 따라서는 만기 이전에 조기에 상환(조기상환)할 수도 있다.

만기일이 되면 사채할인발행차금이나 사채할증발행차금은 모두 상각되어 사채의 장부금액은 액면금액과 동일하게 된다. 만기상환의 경우 사채의 상환금액은 액면금액이므로 별도의 사채상환손익이 발생하지 않는다. 따라서 만기상환의 경우에는 차변은 사채계정으로, 대변은 현금계정으로 하여 각각 액면금액으로 분개하면 된다.

그러나 조기상환의 경우에는 액면금액으로 기록되어 있는 사채계정은 물론, 사채할인발행차금이나 사채할증발행차금으로 남아 있는 계정도 제거하여야 하고, 사채의 장부금액과 상환금액과의 차액을 사채상환손익으로 계상하여야 한다. 사채상환손익은 포괄손익계산서에 영업외손익으로 보고된다.

예제 12-2 다음의 거래를 분개하시오.

(1) 예제〈12-1〉의 사채에 대해 3차년도 초에 현금 ₩101,000으로 매입 상환하였다.

(2) 예제〈12-1〉의 사채에 대해 만기에 액면금액으로 현금 상환하였다.

[해답]

(1) (차)	사 채	100,000	(대)	현 금	101,000
	사채할증발행차금	1,848		사채상환이익	848
(2) (차)	사 채	100,000	(대)	현 금	100,000

6. 상각후원가측정금융자산의 회계처리

(1) 취득

다른 금융자산과 마찬가지로 상각후원가측정금융자산을 취득하는 경우에도 취득원가로 계상한다. 취득원가는 취득하면서 제공한 대가의 금액을 말한다. 예컨대 액면금액 ₩100,000, 액면이자율 연 10%, 만기 3년의 사채를 만기보유 목적으로 취득하였다고 하자. 시장이자율(유효이자율)이 12%이면 사채의 예에서 본 바와 같이 할인발행이 되어 사채의 발행금액은 ₩95,198이 되고, 사채를 취득한 회사에서는 이 금액이 취득원가로 된다. 따라서 사채를 만기보유목적으로 취득한 회사에서는 취득 시 다음과 같은 분개를 한다.

(차)	상각후원가측정금융자산	95,198	(대)	현 금	95,198

만약 시장이자율이 8%이면 할증발행이 되어 사채의 발행금액은 ₩105,151이 된다. 이때 사채를 취득한 회사는 다음과 같은 분개를 한다.

(차)	상각후원가측정금융자산	105,151	(대)	현 금	105,151

(2) 평가

당기손익인식금융자산과 기타포괄손익인식금융자산은 공정가치로 평가하지만, 상각후원가측정금융자산은 기말에 이러한 평가를 하지 않는다. 단지, 상각후원가측정금융자산의 취득원가와 액면금액이 다른 경우에만 상각후원가로 평가한다. 상각후원가란 채무상품의 취득원가에서 할인 또는 할증차금의 상각누적액을 가산 또는 차감한 금액을 말한다. 할인 또는 할증차금은 최초 취득원가와 액면금액과의 차이를 말한다.

상각후원가측정금융자산을 상각후원가로 측정할 때에는 취득원가와 액면금액과의 차이를 상환기간에 걸쳐 유효이자율법에 의하여 상각하여 취득원가와 이자수익에 가감한다. 취득원가와 액면금액과의 차이를 상환기간에 걸쳐 취득원가에 가감하게 되면 결국 만기일에 상각후원가측정금융자산의 장부금액은 액면금액과 동일하게 되는 것이다.

앞의 예에서 할인발행된 경우 할인차금은 사채의 취득원가(₩95,198)와 액면금액(₩100,000)과의 차이인 ₩4,802이다. 이와 같이 할인발행된 경우는 이 차이금액을 상환기간에 걸쳐 유효이자율법에 의하여 상각하여 취득원가와 이자수익에 가산하여야 한다.

유효이자율법에 의한 할인차금의 상각방법은 앞에서 설명한 사채할인발행차금의 경우와 같다. 따라서 사채를 매입한 회사는 상환기간 동안 다음과 같은 분개를 하여야 한다.

〈1차년도말〉

1) 현금이자 수령

(차)	현 금	10,000	(대)	이자수익	10,000

2) 할인차금 상각

(차)	상각후원가측정금융자산	1,424	(대)	이자수익	1,424

〈2차년도말〉

1) 현금이자 수령

(차)	현 금	10,000	(대)	이자수익	10,000

2) 할인차금 상각

(차) 상각후원가측정금융자산 1,595 (대) 이자수익 1,595

〈3차년도말〉

1) 현금이자 수령

(차) 현 금 10,000 (대) 이자수익 10,000

2) 할인차금 상각

(차) 상각후원가측정금융자산 1,783 (대) 이자수익 1,783

→ 결국 3차년도말이 되면 상각후원가측정금융자산의 장부금액은 액면금액인 ₩100,000이 되는 것이다.

할증발행된 경우의 할증차금은 사채의 취득원가(₩105,151)와 액면금액(₩100,000)과의 차이인 ₩5,151이다. 이와 같이 할증발행된 경우는 이 차이금액을 상환기간에 걸쳐 유효이자율법에 의하여 상각하여 취득원가와 이자수익에서 차감하여야 한다. 따라서 사채를 매입한 회사는 상환기간 동안 다음과 같은 분개를 하여야 한다.

〈1차년도말〉

1) 현금이자 수령

(차) 현 금 10,000 (대) 이자수익 10,000

2) 할증차금 상각

(차) 이자수익 1,588 (대) 상각후원가측정금융자산 1,588

〈2차년도말〉

1) 현금이자 수령

(차) 현 금 10,000 (대) 이자수익 10,000

2) 할증차금 상각

(차) 이자수익 1,715 (대) 상각후원가측정금융자산 1,715

〈3차년도말〉

1) 현금이자 수령

(차) 현 금 10,000 (대) 이자수익 10,000

2) 할증차금 상각

(차) 이자수익 1,848 (대) 상각후원가측정금융자산 1,848

→ 이 경우에도 마찬가지로 3차년도말이 되면 상각후원가측정금융자산의 장부금액은 액면금액인 ₩100,000이 되는 것이다.

제3절 기타의 비유동부채

1. 장기차입금

장기차입금(long-term debt)은 금융기관 등으로부터 자금을 차입한 것으로서 재무상태표일로부터 1년 이후에 상환일이 도래하는 차입금을 말한다. 장기차입금을 조달한 경우에는 이를 장기차입금 계정의 대변에 기록하고 상환 시에는 차변에 기록하여 제거한다.

장기차입금을 조달한 후 시간이 경과하면 상환기일이 1년 이내로 도래하게 된다. 이럴 경우에는 장기차입금을 유동성장기부채(current maturities of long-term debt)로 재분류하여 재무상태표에 유동부채로 보고한다.

예제 12-3 다음 일련의 거래를 분개하시오.

(1) 은행으로부터 장기차입금 ₩300,000을 빌려 당좌예금하다.

(2) 결산일 현재 위 장기차입금의 만기가 3개월 후에 도래하여 유동성장기부채로 재분류하다.

[해답]

(1) (차)	당좌예금	300,000	(대)	장기차입금	300,000
(2) (차)	장기차입금	300,000	(대)	유동성장기부채	300,000

2. 장기성매입채무

장기성매입채무는 1년 이후에 지급기일이 도래하는 장기외상매입금과 장기지급어음을 말한다. 상환기간이 장기인 만큼 장기외상매입금보다는 어음을 주고 매입하는 장기지급어음이 대부분이다. 장기지급어음의 회계처리는 앞에서 살펴 본 사채의 경우와 유사하다. 단지 사채의 경우에는 사채할인발행차금의 계정을 사용하는데 비하여, 장기지급어음의 경우에는 현재가치할인차금의 계정을 사용한다. 현재가치할인차금은 재무상태표에 다음과 같이 장기지급어음에서 차감하는 형식으로 표시한다.

재무상태표

	장기지급어음	×××
	현재가치할인차금	(×××)
		×××

3. 충당부채

충당부채(provisions for charges)란 과거의 사건이나 거래의 결과에 의한 현재의 의무로서, 지출의 시기 또는 금액이 불확실하지만 그 의무를 이행하기 위하여 자원이 유출될 가능성이 매우 높고 또한 당해 금액을 신뢰성 있게 추정할 수 있는 의무를 말한다.

한국채택국제회계기준에서는 다음의 세 가지 요건을 충족하는 경우 충당부채를 인식하도록 규정하고 있다.

① 과거사건이나 거래의 결과로 현재의무가 존재한다. 현재의무는 명시적 또는 묵시적 조항에 따른 계약, 법률 등의 법적의무(legal obligation)뿐만 아니라 과거의 실무관행, 발표된 경영방침 또는 구체적인 약속 등을 통하여 기업이 특정 책임을 부담하겠다는 것을 상대방에게 표명하고, 그 결과 기업이 해당 책임을 이행할 것이라는 정당한 기대를 상대방이 가지게 되었을 때 발생하는 의무인 의제의무(constructive obligation)를 포함한다.

② 해당 의무를 이행하기 위하여 경제적 효익이 내재된 자원이 유출될 가능성이 높다. 유출가능성이 높다는 의미는 일반적으로 발생할 가능성이 50%를 초과하는 경우를 말한다.

③ 해당 의무의 이행에 소요되는 금액을 신뢰성 있게 추정할 수 있다. 이러한 추정치는 과거의 경험, 전문가의 의견 등을 참고한 최선의 추정치(best estimate)로 측정한다.

충당부채와 유사한 개념으로 우발부채(contingent liabilities)가 있는데, 이는 ① 과거사건은 발생하였으나 기업이 전적으로 통제할 수 없는 하나 또는 그 이상의 불확실한 미래사건의 발생 여부에 의해서만 그 존재가 확인되는 잠재적인 의무 또는 ② 과거사건이나 거래의 결과로 발생한 현재의 의무이지만 그 의무를 이행하기 위하여 자원이 유출될 가능성이 매우 높지 않거나, 또는 그 가능성은 매우 높으나 당해 의무를 이행하여야 할 금액을 신뢰성 있게 추정할 수 없는 의무를 말한다. 우발부채는 부채의 인식기준을 충족하지 못하기 때문에 부채로 인식하지 아니하고 재무상태표에 주석으로 표시한다.

충당부채는 그 금액이 확정되어 있지 않고 추정을 필요로 한다는 점에서 외상매입금이나 미지급금과 같은 확정부채와는 다르다. 충당부채를 추정하여 인식하면 동시에 관련 비용도 인식하게 되는데, 이는 발생주의에 근거한 회계처리라 할 수 있다. 즉 당기에 발생한 것으로 볼 수 있는 비용을 인식하여 이를 관련 수익과 대응시키기 위한 수익 · 비용 대응의 원칙의 산물인 것이다.

충당부채의 예로는 제품보증충당부채, 공사보증충당부채, 소송관련 손해배상충당부채 등이 있다.

예컨대 제품보증충당부채(provision for product warranties)는 기업이 고객에게 판매된 상품이나 제품의 품질, 성능에 결함이 있을 경우 이에 대한 수리 또는 보상을 해 주겠다는 약정에 따라 그 비용을 예상하여 미리 설정하는 부채이다.

이때 실제 수리 또는 보상비용은 차기 이후에 발생하나 관련 매출수익은 당기에 보고되므로, 수익 · 비용 대응의 원칙에 따라 앞으로 발생할 비용을 미리 추정하여 당기의 비용으로 계상하고, 비용으로 계상되는 제품보증비의 상대 계정으로 제품보증충당부채라는 부채 계정을 설정하는 것이다.

제품보증충당부채를 설정한 후 실제 수리 또는 보상금액을 지출하게 되면 제품보증비라는 비용을 인식하는 것이 아니라, 설정된 제품보증충당부채를 차감하면 된다.

충당부채 중 그 전부 또는 일부의 사용시기를 합리적으로 예측할 수 없는 경우에는 비유동부채로 분류할 수 있으며, 1년 이내에 사용되는 경우에 한하여 유동부채로 분류한다.

제품보증충당부채를 설정하는 방법은 대손충당금의 설정방법과 유사한데, 이의 회계처리를 다음의 예제에서 살펴보기로 한다.

예제 12-4 다음 일련의 거래를 분개하시오.

(1) 20×1년 중에 판매된 제품에 대하여 향후 2년간의 제품보증을 하고, ₩1,000,000의 제품을 현금으로 판매하였다. 과거의 경험상 제품보증비는 매출액의 2%가 발생될 것으로 예상된다. 이와 관련된 20x1년도의 분개를 하시오.

(2) 20×2년 중에 제품보증비로 ₩15,000을 지출하였다.

(3) 20×3년 중에 제품보증비로 ₩5,000을 지출하였다.

[해답]

(1)	(차)	현 금	1,000,000	(대)	매 출	1,000,000
		제품보증비	20,000		제품보증충당부채	20,000
(2)	(차)	제품보증충당부채	15,000	(대)	현 금	15,000
(3)	(차)	제품보증충당부채	5,000	(대)	현 금	5,000

연습문제 객관식

다음 설명 중 맞으면 O, 틀리면 X를 표시하시오.(1 ~ 6번)

12-1 화폐의 현재가치와 미래가치의 차이를 화폐의 시간가치라고 한다.

12-2 발행조건과 발생시점이 동일할 경우, 사채등급이 AAA인 사채는 BB인 사채보다 유효이자율이 낮기 때문에 높은 가격으로 발행된다.

12-3 액면이자율이 10%이고, 시장이자율이 8%이면 사채는 할인발행된다.

12-4 사채 발행시 액면이자율과 시장이자율이 달라도 연간 이자비용과 현금 이자비용은 동일하다.

12-5 장기차입부채일지라도 시간이 흘러 1년 이내로 상환이 임박한 부채는 기말 재무상태표에 유동성부채로 재분류하여 표시한다.

12-6 사채가 할인발행되어 유효이자율법을 적용할 경우, 사채의 이자비용은 매년 증가하며, 사채할인발행차금의 장부금액은 매년 감소한다.

12-7 다음 중 재무상태표상 비유동부채로 분류되는 것은?

① 단기차입금 ② 매입채무 ③ 미지급금 ④ 제품보증충당부채

12-8 다음 중 부채에 대한 설명으로 틀린 것은?

① 부채는 과거의 거래나 사건의 결과로 기업실체가 미래에 경제적 자원을 다른 경제실체에게 이전해야 하는 현존하는 의무이다.

② 재무상태표일에 1년 이내 만기나 상환일이 도래하는 장기성부채는 유동부채로 재분류한다.

③ 부채는 1년을 기준으로 유동부채와 비유동부채로 분류한다.

④ 정상적인 영업주기 내에 소멸할 것으로 예상되는 매입채무와 미지급비용 등이 보고기간 종료일로부터 1년 이내에 결제되지 않으면 비유동부채로 분류한다

연습문제 객관식

12-9 다음 중 유동부채에 대한 설명으로 적절하지 않은 것은?

① 1년 또는 정상적인 영업주기 내에 상환해야 할 경제적 의무를 말한다.

② 유동부채에는 매입채무, 선수금, 사채, 충당부채 등이 있다.

③ 매입채무는 외상매입금과 지급어음을 말한다.

④ 단기차입금이란 차용증서나 어음을 발행하고 일시적으로 자금을 차입한 것을 말한다.

12-10 다음 중 유동부채로만 구성되어 있는 것은?

㉠ 미지급법인세	㉡ 미지급비용	㉢ 미지급금	㉣ 미지급배당금
㉤ 선수수익	㉥ 미지급급여		

① ㉠㉡㉢㉣ ② ㉠㉡㉢㉤㉦ ③ ㉠㉡㉢㉣㉥㉦ ④ ㉠㉡㉢㉣㉤㉥

12-11 다음 중 비유동부채인 것은?

① 선수금 ② 미지급금 ③ 매입채무 ④ 이연법인세

12-12 다음 중 비유동부채로만 짝지어진 것은?

① 사채, 유동성장기부채, 장기성매입채무

② 사채, 장기차입금, 장기성매입채무

③ 사채, 장기차입금, 미지급법인세, 유동성장기부채

④ 사채, 선수수익, 장기성매입채무

12-13 기업이 발행한 사채의 발행금액은 어떻게 계산되는가?

① 만기금액의 현재가치

② 만기금액의 현재가치 + 이자지급액

③ 만기금액 + 이자지급액의 현재가치

④ 만기금액의 현재가치 + 이자지급액의 현재가치

연습문제 객관식

12-14 사채에 대한 설명 중 틀린 것은?

① 액면이자율이 시장이자율보다 낮으면 사채는 할인발행된다.

② 액면이자율이 시장이자율보다 높으면 사채는 할증발행된다.

③ 사채할인발행차금은 발행금액에서 차감하는 형식으로 표시한다.

④ 사채할인발행차금 상각액은 액면이자비용에 가산된다.

12-15 사채할인발행차금에 대한 설명으로 옳은 것은?

① 사채할인발행차금은 사채의 액면이자율이 시장이자율보다 낮은 때 발생한다.

② 사채할인발행차금 상각액은 사채에서 차감하는 형식으로 기록하여야 한다.

③ 사채할인발행차금 상각액은 유효이자율법에 따라 상각되며 그 상각액은 만기에 가까워질수록 감소한다.

④ 사채할인발행차금은 정액법으로 상각할 수 있다.

12-16 (주)A가 20x2년초 액면금액 ₩100,000, 이자율 5%의 사채를 발행하였다. 이 사채의 만기는 20x4년 12월 31일이고 이자지급일은 매년말이다. 유효이자율이 8%였다면 20x3년 말 사채의 장부금액은 얼마인가?

① ₩92,266 ② ₩94,647 ③ ₩97,219 ④ ₩100,000

연습문제 객관식

12-1 결산일이 12월 31일인 A사는 20×1년 1월 1일에 다음과 같은 조건의 사채를 발행하였다.

액면금액 : ₩100,000	만　기 : 3년
액면이자율 : 연 8%	이자지급 : 매년 말 1회
시장이자율 : 연 8%	

(1) 20×1년 1월 1일 사채발행의 분개를 하시오.

(2) 20×1년 12월 31일 이자비용의 분개를 하시오.

(3) 20×2년 12월 31일 이자비용의 분개를 하시오.

(4) 20×3년 12월 31일 이자비용과 사채상환의 분개를 하시오.

12-2 결산일이 12월 31일인 B사는 20×1년 1월 1일에 다음과 같은 조건의 사채를 발행하였다.

액면금액 : ₩100,000	만　기 : 3년
액면이자율 : 연 8%	이자지급 : 매년 말 1회
시장이자율 : 연 10%	

(1) 20×1년 1월 1일 사채발행의 분개를 하시오.

(2) 20×1년 12월 31일 이자비용의 분개를 하시오.

(3) 20×2년 12월 31일 이자비용의 분개를 하시오.

(4) 20×3년 12월 31일 이자비용과 사채상환의 분개를 하시오.

〈현재가치표 자료〉 단일금액 ₩1의 현재가치(3년, 10%) = 0.7513

정상연금 ₩1의 현재가치(3년, 10%) = 2.4868

12-3 결산일이 12월 31일인 C사는 20×1년 1월 1일에 다음과 같은 조건의 사채를 발행하였다.

액면금액 : ₩100,000	만　기 : 3년
액면이자율 : 연 8%	이자지급 : 매년 말 1회
시장이자율 : 연 6%	

연습문제 객관식

(1) 20×1년 1월 1일 사채발행의 분개를 하시오.

(2) 20×1년 12월 31일 이자비용의 분개를 하시오.

(3) 20×2년 12월 31일 이자비용의 분개를 하시오.

(4) 20×3년 12월 31일 이자비용과 사채상환의 분개를 하시오.

〈현재가치표 자료〉 단일금액 ₩1의 현재가치(3년, 6%) = 0.8396

정상연금 ₩1의 현재가치(3년, 6%) = 2.6730

12-4 결산일이 12월 31일인 D사는 20×1년 1월 1일에 다음과 같은 조건의 사채를 발행하였다.

액면금액 : ₩100,000	만 기 : 3년
액면이자율 : 연 8%	이자지급 : 6월 30일과 12월 31일 연 2회
시장이자율 : 연 10%	

(1) 20×1년 1월 1일 사채발행의 분개를 하시오.

(2) 20×1년 6월 30일 이자비용의 분개를 하시오.

(3) 20×1년 12월 31일 이자비용의 분개를 하시오.

(4) 20×2년 6월 30일 이자비용의 분개를 하시오.

(5) 20×2년 12월 31일 이자비용의 분개를 하시오.

(6) 20×3년 6월 30일 이자비용의 분개를 하시오.

(7) 20×3년 12월 31일 이자비용의 분개를 하시오.

〈현재가치표 자료〉 단일금액 ₩1의 현재가치(n=6회, 5%) = 0.7462

정상연금 ₩1의 현재가치(n=6회, 5%) = 5.0757

12-5 결산일이 12월 31일인 E사는 20×1년 10월 1일에 다음과 같은 조건의 사채를 발행하였다.

액면금액 : ₩100,000	만 기 : 3년
액면이자율 : 연 8%	이자지급 : 사채발행 후 1년마다 후급
시장이자율 : 연 10%	

연습문제 객관식

(1) 20×1년 10월 1일 사채발행의 분개를 하시오.

(2) 20×1년 12월 31일 이자비용의 분개를 하시오.

(3) 20×2년 9월 30일 이자비용의 분개를 하시오.

(4) 20×2년 12월 31일 이자비용의 분개를 하시오.

(5) 20×3년 9월 30일 이자비용의 분개를 하시오.

(6) 20×3년 12월 31일 이자비용의 분개를 하시오.

(7) 20×4년 9월 30일 이자비용의 분개를 하시오.

〈현재가치표 자료〉 단일금액 ₩1의 현재가치(3년, 10%) = 0.7513
정상연금 ₩1의 현재가치(3년, 10%) = 2.4868

12-6 결산일이 12월 31일인 F사는 20×1년 1월 1일에 다음과 같은 조건의 사채를 발행하였다.

액면금액 : ₩100,000	만　기 : 5년
액면이자율 : 연 10%	이자지급 : 매년 말 1회
시장이자율 : 연 12%	

(1) 20×3년 1월 1일에 현금 ₩98,000으로 전액 상환했을 때의 분개를 하시오.

(2) 시장이자율이 연 8%일 경우, 20×3년 1월 1일에 현금 ₩98,000으로 전액 상환했을 때의 분개를 하시오.

〈현재가치표 자료〉 단일금액 ₩1의 현재가치(5년, 12%) = 0.5674
단일금액 ₩1의 현재가치(5년, 8%) = 0.6806
정상연금 ₩1의 현재가치(5년, 12%) = 3.6048
정상연금 ₩1의 현재가치(5년, 8%) = 3.9927

12-7 결산일이 12월 31일인 G사는 20×1년 1월 1일에 다음과 같은 조건의 사채를 만기보유목적으로 취득하였다.

액면금액 : ₩100,000	만　기 : 3년
액면이자율 : 연 8%	이자지급 : 매년 말 1회
시장이자율 : 연 10%	

(1) 취득 시점의 분개를 하시오.

(2) 20×1년 12월 31일 이자수익의 분개를 하시오.

(3) 20×2년 12월 31일 이자수익의 분개를 하시오.

(4) 20×3년 12월 31일 이자수익의 분개를 하시오.

〈현재가치표 자료〉 단일금액 ₩1의 현재가치(3년, 10%) = 0.7513
정상연금 ₩1의 현재가치(3년, 10%) = 2.4868

12-8 결산일이 12월 31일인 H사는 20×1년 1월 1일에 다음과 같은 조건의 사채를 만기보유목적으로 취득하였다.

액면금액 : ₩100,000	만 기 : 3년
액면이자율 : 연 8%	이자지급 : 매년 말 1회
시장이자율 : 연 6%	

(1) 취득 시점의 분개를 하시오.

(2) 20×1년 12월 31일 이자수익의 분개를 하시오.

(3) 20×2년 12월 31일 이자수익의 분개를 하시오.

(4) 20×3년 12월 31일 이자수익의 분개를 하시오.

〈현재가치표 자료〉 단일금액 ₩1의 현재가치(3년, 6%) = 0.8396
정상연금 ₩1의 현재가치(3년, 6%) = 2.6730

12-9 다음 일련의 거래를 분개하고, 물음에 답하시오.

(1) 판매된 제품에 대하여 2년간의 제품보증을 실시하고, 20×1년도에 ₩5,000,000의 제품을 현금으로 판매하였다. 과거의 경험상 제품보증비는 매출액의 3%가 발생될 것으로 예상된다.

(2) 20×1년도에 제품보증비로 ₩100,000을 지출하였다.

(3) 20×2년도 제품의 현금 매출액은 ₩6,000,000이다.

(4) 20×2년도에 제품보증비로 ₩200,000을 지출하였다.

(5) 20×1년도의 포괄손익계산서상의 제품보증비와 재무상태표상의 제품보증충당부채의 금액은 얼마인가?

(6) 20×2년도의 포괄손익계산서상의 제품보증비와 재무상태표상의 제품보증충당부채의 금액은 얼마인가?

13 장

자 본

제1절 자본의 의의와 분류
제2절 자본금과 자본잉여금
제3절 자본조정과 기타포괄손익누계액
제4절 이익잉여금
제5절 자본변동표

재무상태표

자 산	부 채
유동자산	유동부채
당좌자산	비유동부채
재고자산	부채총계
비유동자산	자 본
투자자산	자 본 금
유형자산	자본잉여금
무형자산	자본조정
기타비유동자산	기타포괄손익누계액
	이익잉여금
	자본총계
자산총계	부채 및 자본총계

13장

자 본

제1절 자본의 의의와 분류

1. 자본의 의의

기업의 경영활동을 위해서는 많은 자금이 필요하다. 만약 기업이 내부적으로 조달할 수 있는 자금이 충분하지 않다면 외부적으로 조달할 수밖에 없다. 외부적으로 자금을 조달하는 방법으로는 은행과 같은 채권자로부터 자금을 차입하는 방법이 있고, 주식 발행을 통하여 주주로부터 자금을 조달하는 방법이 있다.

전자에 의한 자금을 타인자본 또는 채권자지분이라 하고, 후자에 의한 자금을 자기자본 또는 소유주지분(owner' s equity)이라 한다. 이렇게 조달된 자금은 재무상태표에 대변에 기록되는데, 전자는 부채에 해당하며, 후자는 자본에 해당한다. 자본은 기업의 자산에서 채권자지분인 부채를 차감하고 남은 잔여지분(residual equity), 즉 기업의 순자산을 말하는 것이다.

자 산 = 부 채 + 자 본
(타인자본) (자기자본)
(채권자지분) (소유주지분)
∴ 자 본 = 자 산 - 부 채
(순자산)

자본을 이처럼 잔여지분이라 하는 이유는 자산이나 부채는 그 자체로서 독립적으로 측정될 수 있으나, 자본은 그 자체로서 독립적으로 측정될 수 있는 성질의 것이 아니기 때문이다.

자본은 발생원천의 관점에서 보면 납입자본(paid-in capital)과 유보이익(retained earnings)으로 구분할 수 있다. 납입자본은 주식발행 등 자본거래를 통하여 주주가 기업에 출자한 금액을 말한다. 유보이익은 손익거래에서 발생한 순이익 중 배당 등으로 사외에 유출되지 않고 사내에 유보되어 있는 금액을 말한다.

자본을 이와 같이 납입자본과 유보이익으로 구분하는 것은 중요한 의미를 가진다. 기업은 경영활동을 통하여 벌어들인 이익으로만 배당을 해야 하며, 납입자본으로 배당을 해서는 안 된다는 것이다. 납입자본으로 배당을 하는 것은 진정한 의미의 배당이 아니고, 주주들에 납입자본을 환급하는 것이기 때문이다.

이러한 납입자본의 환급은 자본의 잠식을 초래하고 기업의 존립을 위태롭게 한다. 자본을 납입자본과 유보이익으로 분명하게 구분하면 유보이익이 있는 경우에만 주주들에게 배당을 하게 된다. 이 구분을 명확히 해 두지 않으면 유보이익을 초과하여 배당하는 잘못을 범할 우려가 있는 것이다. 이와 같이 자본을 납입자본과 유보이익으로 명확히 구분하는 것은 회사의 납입자본을 충실히 유지하여 주주들을 보호하기 위함이다.

2. 자본의 분류

자본은 다음과 같이 분류된다.

분 류	세부 내역
자 본 금	보통주자본금, 우선주자본금
자본잉여금	주식발행초과금, 기타자본잉여금(자기주식처분이익, 감자차익 등)
자본조정	자본의 차감항목 : 자기주식, 주식할인발행차금, 감자차손, 자기주식처분손실, 배당건설이자 등 자본의 가산항목 : 주식매수선택권, 미교부주식배당금 등
기타포괄손익누계액	기타포괄손익인식금융자산평가손익, 외화재무제표환산손익, 파생금융상품평가손익, 재평가잉여금 등
이익잉여금	법정적립금, 임의적립금, 미처분이익잉여금

여기서 자본금과 자본잉여금은 납입자본으로서 자본거래에서 발생되며, 기타포괄손익누계액과 이익잉여금은 손익거래에서 발생된다. 이익잉여금에는 실현된 손익이 반영되고, 기타포괄손익누계액에는 미실현손익의 기말 잔액이 나타난다. 자본조정은 성격상 자본거래에 해당하나 최종 납입된 자본으로 볼 수 없거나 자본의 차감 성격의 항목으로 자본금이나 자본잉여금으로 분류할 수 없는 항목을 말한다.

제2절 자본금과 자본잉여금

1. 주식의 발행

주식회사는 자본을 조달하기 위하여 주식을 발행한다. 주식을 발행하는 경우는 회사를 설립할 때와 설립 후 필요에 따라 증자를 할 때이다. 상법에서는 주식회사의 정관에 정해진 수권자본(authorized capital stock)의 범위 내에서 이사회의 의결로 주식을 발행할 수 있도록 규정하고 있다. 회사를 설립할 때에는 수권주식 수의 1/4 이상의 주식을 발행하여야 한다.

주식의 종류에는 보통주(common stock)와 우선주(preferred stock)가 있다. 보통주란 주식회사가 여러 종류의 주식을 발행하는 경우 다른 주식에 대하여 표준이 되는 주식을 말한다. 우선주란 보통주에 비하여 특정 사항에 대한 우선적인 권리를 부여한 주식을 말한다.

보통주의 주주는 주주총회에서 자신이 소유한 주식의 지분비율만큼 의결권을 행사할 수 있으며, 배당을 통하여 기업의 이익을 분배받을 권리를 가진다. 또한 회사가 자금조달을 위해 추가로 신주를 발행할 때에는 우선적으로 신주를 인수할 권리를 가진다. 그러나 회사의 청산 시에는 채무 및 우선주를 변제하고 남는 잔여재산에 대해서만 청구권을 가진다.

우선주의 주주는 통상 보통주에 우선하여 일정배당을 지급받을 권리가 보장된다. 그러나 우선배당의 권리가 주어지는 반면 많은 경우에 의결권이 인정되지 않거나 약정률을 초과한 잔여이익에 대한 분배권을 인정하지 않는 등 불리한 조건이 부여되기도 한다.

이와 같이 서로 다른 두 종류 이상의 주식을 발행하는 경우 자본금은 다음과 같이 재무상태표에 보통주자본금과 우선주자본금으로 구분하여 표시하여야 한다.

재무상태표

	자본금	×××	
	보통주자본금		×××
	우선주자본금		×××

주식에도 사채와 마찬가지로 액면금액이 있는데, 주식의 발행에 따라 기록되는 자본금 계정은 반드시 액면금액으로 기록되어야 한다. 회사가 주식을 발행할 때에는 주주로부터 주식청약을 받으면서 일정액의 청약증거금을 받고 주식을 발행한다. 주식을 액면금액으로 발행하고 주주로부터 현금을 받은 경우에는 다음과 같은 분개를 하면 된다.

(차) 현　　금　　×××　　(대) 자 본 금　　×××

그러나 주식도 액면금액으로만 발행되지 않는다. 액면금액을 초과하여 발행되는 경우는 할증발행이 되고, 액면금액에 미달하게 발행되는 경우는 할인발행이 된다. 주식이 할증발행된 경우 주식의 액면금액을 초과하여 발행된 금액은 주식발행초과금 계정으로 기록한다. 주식발행초과금은 자본잉여금으로 재무상태표에 보고된다.

주식을 액면금액에 미달하게 발행하는 할인발행은 투자자의 보호를 위해 회사설립 후 2년이 경과하고 주주총회의 결의와 법원의 인가를 얻은 특별한 경우에만 인정되는데, 주식의 액면금액에 미달하게 발행된 금액은 주식할인발행차금 계정으로 기록한다.

주식할인발행차금 계정은 차변에 분개되지만, 재무상태표에는 자본조정으로 하여 자본에서 차감하는 형식으로 표시한다. 주식할인발행차금은 주식발행초과금이 있으면 먼저 상계하고 나머지는 주식발행연도로부터 3년 이내의 기간에 매기 균등액을 상각한다. 그 상각액은 당기의 비용으로 계상하지 아니하고 이익잉여금의 처분항목으로 취급하며, 처분할 이익잉여금이 부족하거나 결손이 있는 경우에는 차기 이후 연도에 이월하여 상각할 수 있다.

한편, 사채를 발행할 때의 사채발행비와 마찬가지로, 주식을 발행할 때도 주식의 발행에 필요한 인쇄비, 광고비, 수수료 등의 주식발행비가 발생한다. 주식발행비는 사채발행비와 마찬가지로 이를 차감한 금액을 주식의 발행금액으로 한다. 따라서 할증발행된 경우 주식발행비가 지출된 경우에는 지출 전의 주식발행초과금에서 주식발행비를 차감한 금액을 주식발행초과금으로 한다. 반대로 할인발행된 경우의 주식발행비는 주식할인발행차금에 포함된다.

예제 13-1 A사는 액면가 ₩500인 보통주 200주를 발행하였다. 다음의 각 상황에 따른 분개를 하시오.

(1) 발행금액이 주당 ₩500인 경우

(2) 발행금액이 주당 ₩700인 경우

(3) 발행금액이 주당 ₩300인 경우

(4) 발행금액이 주당 ₩700이고, 주식발행비가 ₩10,000인 경우

(5) 발행금액이 주당 ₩300이고, 주식발행비가 ₩10,000인 경우

[해답]

		차변	금액		대변	금액
(1)	(차)	현 금	100,000	(대)	자 본 금	100,000
(2)	(차)	현 금	140,000	(대)	자 본 금	100,000
					주식발행초과금 (자본잉여금)	40,000
(3)	(차)	현 금	60,000	(대)	자 본 금	100,000
		주식할인발행차금 (자본조정)	40,000			
(4)	(차)	현 금	130,000	(대)	자 본 금	100,000
					주식발행초과금	30,000
(5)	(차)	현 금	50,000	(대)	자 본 금	100,000
		주식할인발행차금	50,000			

→ 어느 경우이든 자본금계정은 액면금액 ₩100,000으로 분개된다.

2. 자본의 증감

(1) 증자

기업이 추가적으로 주식을 발행하여 자본금을 증가시키는 것을 증자라 한다. 증자에는 주식발행의 대가로 현금 또는 현물을 받는 경우가 있고, 대가 없이 기존 주주의 지분율에 따라 주식을 교부하는 경우가 있는데, 전자를 실질적 증자 또는 유상증자라 하고, 후자를 형식적 증자 또는 무상증자라 한다.

유상증자의 경우에는 대금 납입액만큼 자산과 자본이 동시에 증가하며, 회계처리도 처음 주식을 발행할 때와 마찬가지로 하면 된다. 그러나 무상증자의 경우에는 대금 납입이 없으므로 자산과 자본의 총계에는 변함이 없다. 다만, 자본의 구성요소 간의 변동이 있을 뿐이다. 즉, 무상증자의 경우에는 추가로 발행된 주식의 액면금액만큼 자본금을 증가시키면서, 그 재원이 되는 자본잉여금 또는 이익준비금 등의 자본 항목을 감소시키는 것이다.

무상증자와 유사하게 대금의 납입 없이 주식수가 증가하는 것으로 주식배당이 있다. 주식배당(stock dividend)은 현금이 아닌 주식으로 배당을 하는 것이다. 주식배당은 현금배당과 마찬가지로 이익잉여금의 처분항목으로 하고 있다. 즉, 주식배당의 경우에는 배당으로 지급된 주식의 액면금액만큼 자본금을 증가시키면서, 이익잉여금을 감소시키는 것이다.

예제 13-2 다음의 거래를 분개하시오.

(1) 액면가 ₩500인 보통주 100주를 주당 ₩600에 발행하여 유상증자를 하였다.

(2) 액면가 ₩500인 보통주 100주가 발행되어 있는데, 20%의 무상증자를 하였다. 자본전입이 되는 무상증자의 재원은 주식발행초과금이다.

(3) 액면가 ₩500인 보통주 100주가 발행되어 있는데, 10%의 주식배당을 실시하기로 하고 주식을 발행하였다.

[해답]

(1) (차)	현　　금	60,000	(대)	자 본 금	50,000
				주식발행초과금	10,000
(2) (차)	주식발행초과금	10,000	(대)	자 본 금	10,000
(3) (차)	미처분이익잉여금	5,000	(대)	자 본 금	5,000

→ 이와 같이 무상증자와 주식배당은 자본총계에는 변동이 없고 자본항목 간의 변동이 있을 뿐이다.

(2) 감자

기업이 사업규모를 줄이거나 결손보전을 위해 자본금을 감소시키는 것을 감자라 한다. 감자에도 실질적 감자인 유상감자와 형식적 감자인 무상감자가 있다. 유상감자는 자본금의 감소로 소멸되는 주식의 대가를 주주에게 실질적으로 지급하는 것을 말한다. 무상감자는 감자의 대가를 지급하지 않고 무상으로 자본금을 감소시키는 것이다.

유상감자의 경우, 감소하는 주식의 액면금액보다 지급하는 대가가 더 적으면 감자차익이 발생하고, 지급하는 대가가 더 많으면 감자차손이 발생한다. 감자차익은 자본잉여금으로 분류되며, 감자차손은 감자차익이 있는 경우 우선 상계하고 남은 잔액은 자본조정으로 자본의 차감항목으로 분류한 후, 추후 결손금 처리순서에 따라 처리한다.

무상감자의 경우에는 감자의 대가가 없으므로 자산과 자본의 총계에는 변함이 없다. 무상감자는 주로 거액의 결손금이 있어 장기간 이익배당을 할 수 없거나 주가하락으로 인해 신주발행을 할 수 없는 경우 미처리결손금과 자본금을 상계하는 형태로 이루어진다. 이때 감소되는 자본금보다 상계하는 미처리결손금이 적을 경우에는 감자차익(자본잉여금)이 발생한다. 그러나 감소되는 자본금보다 상계하는 미처리결손금이 더 많을 수는 없으므로 무상감자의 경우에는 감자차손이 발생하지 않는다.

예제 13-3 다음의 거래를 분개하시오.

(1) 액면가 ₩500의 주식을 발행하고 있는 회사는 주당 ₩400에 100주를 매입 소각하였다.

(2) 추가로 100주를 주당 ₩800에 매입 소각하였다.

(3) 미처리결손금 ₩400,000을 보전하기 위해 액면가 ₩1,000의 주식 1,000주를 주당 ₩500의 주식으로 변경하였다.

[해답]

	차변	금액	대변	금액
(1) (차)	자 본 금	50,000	(대) 현 금	40,000
			감자차익	10,000
			(자본잉여금)	
(2) (차)	자 본 금	50,000	(대) 현 금	80,000
	감자차익	10,000		
	감자차손	20,000*		
	(자본조정)			
(3) (차)	자 본 금	500,000	(대) 미처리결손금	400,000
			감자차익	100,000

* 먼저 발생한 감자차익을 제거하고, 잔액을 감자차손으로 한다.

(3) 자기주식

자기주식(treasury stock)이란 회사가 이미 발행한 자기회사의 주식을 다시 구입하여 보유하고 있는 것을 말한다. 상법에서는 원칙적으로 자기주식의 취득을 금지하고 있으나, 자기주식을 매입하여 소각하려는 경우, 종업원에게 보상형태로 자기주식을 분배하기 위한 경우, 또는 다른 기업을 합병할 때 자기주식을 지급하기 위한 경우 등에는 자기주식의 취득을 허용하고 있다.

자기주식에 대해서는 의결권을 인정하지 않으며, 배당의 권리 등 주주로서의 기본적인 권리가 배제된다. 또한 자기주식은 증권시장에서 거래되지 않기 때문에 주식으로서의 효력이 일시적으로 정지된 상태라 할 수 있다. 따라서 유통주식(outstanding stock)의 수는 발행주식수에서 자기주식의 보유수를 차감하여 계산한다.

자기주식의 회계처리방법으로는 원가법(cost method)과 액면금액법(par value method)이 있다. 액면금액법은 자기주식을 액면금액으로 기록하는 방법이고, 원가법은 자기주식을 취득원가로 기록하는 방법인데, 우리나라에서는 원가법을 보편적으로 사용하고 있다.

원가법에 의하면 자기주식을 취득하였을 때는 그 취득원가를 자산으로 계상하지 않고, 자본조정으로 하여 자본의 차감항목으로 차변에 기록한다. 추후 자기주식을 취득원가보다 높은 가격으로 처분하면 그 차액을 자기주식처분이익으로 하여 자본잉여금으로 분류한다. 만약 자기주식을 취득원가보다 낮은 가격으로 처분한 경우에는 그 차액을 자기주식처분이익계정에서 먼저 차감하고, 남은 잔액은 자기주식처분손실로 하여 자본조정으로 자본의 차감항목으로 분류한 후, 결손금 처리순서에 따라 처리한다.

예제 13-4 다음의 거래를 분개하시오.

(1) 액면가 ₩500의 자기회사 주식 100주를 주당 ₩600에 취득하였다.

(2) 위의 주식 30주를 주당 ₩800에 처분하였다.

(3) 추가로 위의 주식 50주를 주당 ₩400에 처분하였다.

[해답]

(1)	(차)	자기주식 (자본조정)	60,000	(대)	현　　금	60,000
(2)	(차)	현　　금	24,000	(대)	자기주식	18,000
					자기주식처분이익 (자본잉여금)	6,000
(3)	(차)	현　　금	20,000	(대)	자기주식	30,000
		자기주식처분이익	6,000			
		자기주식처분손실 (자본조정)	4,000			

3. 자본잉여금

자본잉여금(capital surplus)은 주식의 납입, 주금의 환급, 자본의 수정 등 자본거래에서 발생하는 잉여금이다. 이는 영업활동에 의한 손익거래에서 발생하는 이익잉여금(earned surplus)과는 구별되어야 한다. 자본잉여금은 배당 등으로 사외에 유출되어서는 안 되고, 자본전입이나 결손보전 이외의 용도로는 사용할 수 없다.

자본잉여금에는 주식발행초과금과 기타자본잉여금이 있고, 기타자본잉여금에는 자기주식처분이익, 감자차익 등이 있다. 이들의 회계처리에 대해서는 이미 설명하였으므로, 여기서는 개념만 간단히 정리하기로 한다.

(1) 주식발행초과금

주식을 발행하는 경우 주식의 발행금액이 액면금액을 초과하는 경우 그 초과하는 금액을 주식발행초과금이라 한다.

(2) 자기주식처분이익

자기주식을 취득한 후 취득원가보다 더 많은 대가를 받고 처분한 경우 그 차액을 자기주식처분이익이라 한다.

(3) 감자차익

기업이 주주에게 감자의 대가를 지급하고 자본금을 감소시키는 경우 감소하는 자본금보다 지급하는 대가가 더 적을 경우 그 차이금액을 감자차익이라 한다. 무상감자의 경우에는 감소하는 자본금보다 상계하는 이월결손금이 더 적을 경우 발생한다.

제3절 자본조정과 기타포괄손익누계액

1. 자본조정

자본조정(capital adjustment)은 당해 항목의 성격으로 보아 자본거래에 해당하나 최종 납입된 자본으로 볼 수 없거나 자본의 가감 성격으로 자본금이나 자본잉여금으로 분류할 수 없는 항목을 말한다. 자본조정에는 자기주식, 주식할인발행차금, 감자차손, 자기주식처분손실, 배당건설이자, 주식매수선택권, 미교부주식배당금 등이 있다.

이 중 자기주식, 주식할인발행차금, 감자차손, 자기주식처분손실, 배당건설이자는 자본의 차감항목이며, 주식매수선택권, 미교부주식배당금은 자본의 가산항목이다. 자본조정 중 자기주식은 별도 항목으로 구분하여 표시하고, 나머지는 기타자본조정으로 통합하여 표시할 수 있다.

자기주식, 주식할인발행차금, 감자차손, 자기주식처분손실의 회계처리에 대해서는 이미 설명하였고, 나머지의 회계처리에 대해서는 중급회계의 단계에서 이해하기 바란다.

2. 기타포괄손익누계액

총포괄손익(comprehensive income)은 일정기간 동안 주주와의 자본거래를 제외한 모든 거래나 사건에서 인식한 순자산(자본)의 변동을 말한다. 총포괄손익은 당기에 발생한 수익에서 비용을 차감한 금액으로서 당기순손익과 기타포괄손익으로 구분한다.

기초자본(순자산) ± 주주와의 자본거래 ± 총포괄손익 = 기말자본(순자산)
총포괄손익 = 수익 − 비용 = 당기순손익 ± 기타포괄손익

총포괄손익의 대부분은 당기순손익으로 구성된다. 그러나 제11장에서 설명한 기타포괄손익인식금융자산평가손익과 같이 미실현손익은 당기순손익에 포함하지 않고 기타포괄손익으로 구분한다. 왜냐하면 이들 미실현손익은 단기간 내에 미래 현금흐름에 영향을 미치지 않을 것이므로 이를 당기순손익에 포함시키면 미래 현금흐름의 예측을 오도할 수 있기 때문이다.

이와 같이 당기에 발생한 당기순손익 및 당기에 발생 또는 변동된 기타포괄손익은 포괄손익계산서에 보고된다. 여기서 당기순손익은 재무상태표의 이익잉여금으로 대체되며, 기타포괄손익은 재무상태표의 기타포괄손익누계액으로 대체되는 것이다. 이렇게 함으로써 재무상태표의 이익잉여금과 기타포괄손익누계액은 이들의 누적액으로 보고되게 되는 것이다.

이러한 기타포괄손익으로는 기타포괄손익인식금융자산평가손익, 재평가잉여금, 외화재무제표환산손익, 현금흐름위험회피 파생금융상품평가손익 등이 있다. 기타포괄손익인식금융자산평가손익의 회계처리에 대해서는 이미 설명하였고, 나머지의 회계처리에 대해서는 중급회계의 단계에서 이해하기 바란다.

제4절 이익잉여금

1. 이익잉여금의 의의

이익잉여금(earned surplus)은 손익거래에서 발생한 순이익을 원천으로 한

잉여금으로 회사 내에 유보되어 있는 유보이익(retained earnings)을 말한다. 잉여금을 자본거래에 의한 자본잉여금과 손익거래에 의한 이익잉여금으로 구분하는 것은 중요한 의미를 가진다. 왜냐 하면 기업은 경영활동을 통하여 벌어들인 이익으로만 배당을 해야 하며, 자본거래에 의한 자본잉여금으로 배당을 해서는 안되기 때문이다.

자본잉여금이 사외에 유출되면 자본의 잠식을 초래하고 기업의 존립을 위태롭게 한다. 그러나 이익잉여금은 기업이 획득한 이익의 축적으로 이루어져 있기 때문에, 이를 분배한다든지 또는 이에 과세하더라도 자본의 잠식이 이루어지지 않는다는 것이다. 이와 같이 잉여금을 자본잉여금과 이익잉여금으로 명확히 구분하는 것은 회사의 자본을 충실히 유지하여 주주들을 보호하기 위함이다.

2. 이익잉여금의 종류

(1) 법정적립금

법정적립금은 상법 등의 법령이나 규정에 의하여 기업의 이익잉여금 중 일부 금액을 이익의 처분에 의하여 사내에 강제로 적립한 금액으로 자본잉여금과 마찬가지로 자본전입이나 결손보전 이외의 목적으로는 사용할 수 없다. 법정적립금으로는 이익준비금, 재무구조개선적립금 등이 있다.

상법에서는 매 결산기마다 금전에 의한 이익배당의 1/10 이상에 해당하는 금액을 자본금의 1/2에 달할 때까지 이익준비금으로 적립하도록 하고 있다. 재무구조개선적립금은 증권거래법에 근거한 유가증권의 발행 및 공시 등에 관한 규정에 의거하여 적립되는 법정적립금이다.

(2) 임의적립금

임의적립금이란 법령이 아닌 정관이나 주주총회의 결의에 의하여 이익잉여금의 일부를 사내에 적립한 금액을 말한다. 예컨대 사업확장이나 부채의 상환 등에 필요한 자금마련을 위하여 배당을 제한할 필요가 있다고 판단될 때 임의적립금을 설정하게 된다. 임의적립금으로는 사업확장적립금, 감채적립금, 배당평균적립금, 재해손실적립금 등 기업의 목적에 따라 다양하게 설정할 수 있다. 이러한 임의적립금은 해당 목적에 사용한 후에는 소멸되지 않고 미처분이익잉여금으로 다시 이입된다.

(3) 미처분이익잉여금

미처분이익잉여금이란 이익잉여금 중 처분이 제한된 이익잉여금(법정적립금, 임의적립금)을 제외한 나머지 금액을 말한다. 이는 전기이월미처분이익잉여금에 당기순손익을 가감하고, 회계정책변경의 누적효과, 중대한 전기오류수정손익 및 중간배당액이 있으면 이를 가감한 금액을 말한다. 미처분이익잉여금은 다음에 설명하는 여러 가지의 형태로 처분되는데, 이를 차감하고 나면 차기이월미처분이익잉여금이 된다.

3. 이익잉여금의 처분

당기말 미처분이익잉여금은 다음의 세 가지 형태로 처분된다.

첫째, 법정적립금이나 임의적립금으로 적립하여 사내에 유보하는 것이다. 이는 이익잉여금 상호 간의 변동만 있는 것으로 이익잉여금의 총액에는 변동이 없다. 여기에는 앞에서 설명한 이익준비금과 재무구조개선적립금과 같은 법정적립금과 사업확장적립금이나 배당평균적립금과 같은 임의적립금이 있다.

둘째, 배당 등으로 처분하여 사외에 유출되는 것이다. 우리나라에서는 주주총회의 결의에 의하여 배당이 결정된다. 통상 주주총회는 결산시점으로부터 3개월 이내에 있게 되는데, 주주총회에서 배당이 결정되면 미처분이익잉여금을 차감하고 미지급배당금을 계상한다. 이후 실제 배당이 지급되면 미지급배당금을 제거시키게 된다.

셋째, 특정 자본조정 항목과 상계하는 것이다. 이에는 주식할인발행차금의 상각, 감자차손 및 자기주식처분손실의 결손금 처리순서에 따른 처리 등이 있다. 이의 회계처리에 대해서는 중급회계의 단계에서 이해하기 바란다.

예제 13-5 주주총회에서 다음과 같은 이익잉여금의 처분을 결의하였다.

이익준비금 적립	₩150,000
배당평균적립금 적립	50,000
현금배당	100,000

(1) 주주총회 결의일의 분개를 하시오.

(2) 배당을 지급한 시점의 분개를 하시오.

[해답]

(1) (차)	미처분이익잉여금	300,000	(대)	이익준비금	150,000
				배당평균적립금	50,000
				미지급배당금	100,000
(2) (차)	미지급배당금	100,000	(대)	현 금	100,000

4. 이익잉여금처분계산서

당기말 미처분이익잉여금에 대한 처분이 주주총회에서 결의되면 그 시점에 이익잉여금처분계산서(statement of appropriation of retained earnings) 또는 결손금처리계산서를 작성하여야 한다. 이익잉여금처분계산서는 이익잉여금의 처분사항을 명확히 보고하기 위한 재무보고서로 상법 등에서 그 작성을 요구하는 경우에 재무상태표의 이익잉여금에 대한 보충정보로서 주석으로 공시하도록 하고 있다.

이익잉여금처분계산서는 미처분이익잉여금, 임의적립금 등의 이입액, 이익잉여금처분액, 차기이월미처분이익잉여금으로 구분하여 표시한다. 이익잉여금처분계산서의 양식은 다음과 같다.

이익잉여금처분계산서

20××년 ×월 ×일부터
20××년 ×월 ×일까지
처분예정일 20××년 ×월 ×일

과　　목	금　　액	
Ⅰ. 미처분이익잉여금		×××
1. 전기이월미처분이익잉여금	×××	
2. 회계정책변경누적효과	×××	
3. 전기오류수정	×××	
4. 중간배당액	×××	
5. 당기순이익	×××	
Ⅱ. 임의적립금 등의 이입액		×××
1. 사업확장적립금	×××	
2. 배당평균적립금	×××	
합　계		×××
Ⅲ. 이익잉여금처분액		×××
1. 이익준비금	×××	
2. 기타법정적립금	×××	
3. 배 당 금	×××	
4. 감채적립금	×××	
Ⅳ. 차기이월미처분이익잉여금		×××

(1) 미처분이익잉여금

앞에서 설명한 바와 같이 미처분이익잉여금은 전기이월미처분이익잉여금에 당기순손익을 가감하고, 회계정책의 변경으로 인한 누적효과, 중대한 전기오류수정손익 및 중간배당액이 있으면 이를 가감하여 산출한다.

(2) 임의적립금 등의 이입액

임의적립금은 설정한 후, 소기의 목적을 달성하였거나 적립금에 대한 회사의 정책이 변동되는 경우에는 미처분이익잉여금으로 환원시키게 된다. 이를 임의적립금의 이입이라 한다. 임의적립금의 이입이 있으면 이를 미처분이익잉여금에 가산하여 배당 등으로 처분하게 된다. 임의적립금의 이입에 대한 분개는 다음과 같이 임의적립금을 설정할 때의 분개와 반대로 하면 된다.

(차) 임의적립금	×××	(대) 미처분이익잉여금	×××

(3) 이익잉여금처분액

미처분이익잉여금과 임의적립금이입액의 합계액은 당기의 처분가능한 이익잉여금으로서 앞에서 설명한 여러 가지 형태로 처분되는 것이다. 이익잉여금처분액은 이익준비금, 기타법정적립금, 이익잉여금처분에 의한 상각 등, 배당금, 임의적립금으로 구분하여 표시한다. 이익잉여금처분에 의한 상각 등은 주식할인발행차금상각, 감자차손 및 자기주식처분손실 잔액 등이 있다. 배당금의 경우는 현금배당과 주식배당으로 구분하여 표시한다.

(4) 차기이월미처분이익잉여금

미처분이익잉여금에 임의적립금 등의 이입액을 가산하고 이익잉여금처분액을 차감하면 차기이월미처분이익잉여금이 된다.

예제 13-6 A사의 20×1년 12월 31일 현재 20×1년도의 당기순이익을 포함하기 전의 이익잉여금 구성은 다음과 같다.

이익준비금	₩500,000
배당평균적립금	400,000
미처분이익잉여금	300,000

A사의 20×1년도 당기순이익은 ₩200,000이며, 20×2년 3월 16일 주주총회에서 다음과 같이 임의적립금의 이입과 이익잉여금의 처분에 대한 결의를 하였다.

배당평균적립금 이입	₩300,000
이익준비금 적립	150,000
현금배당	250,000

(1) 결산일의 분개를 하시오.

(2) 주주총회일의 분개를 하시오.

(3) 이익잉여금처분계산서를 작성하시오.

[해답]

(1)	(차)	손 익	200,000	(대)	미처분이익잉여금	200,000
(2)	(차)	배당평균적립금	300,000	(대)	미처분이익잉여금	300,000
		미처분이익잉여금	400,000		이익준비금	150,000
					미지급배당금	250,000

(3)

이익잉여금처분계산서

20×1년 1월 1일부터
20×1년 12월 31일까지
A사 처분확정일 20×2년 3월 16일 (단위 : 원)

과 목	금 액	
Ⅰ. 미처분이익잉여금		500,000
1. 전기이월미처분이익잉여금	300,000	
2. 당기순이익	200,000	
Ⅱ. 임의적립금 등의 이입액		300,000
1. 배당평균적립금	300,000	
합 계		800,000
Ⅲ. 이익잉여금처분액		(400,000)
1. 이익준비금	150,000	
2. 배 당 금	250,000	
Ⅳ. 차기이월미처분이익잉여금		400,000

5. 결손금처리계산서

영업활동의 결과 당기순손실이 발생하면 이익잉여금이 감소한다. 이때 이익잉여금이 부의 금액(결손금)이 되면 당기말 미처분이익잉여금이 아닌 미처리결손금이 나타나게 된다. 미처리결손금이 발생하면 회사는 이를 다른 잉여금과 상계하여 제거할 수 있다. 이를 결손금의 처리라 한다.

결손금의 처리는 다음의 순서에 의한다.

1. 임의적립금이입액
2. 기타법정적립금이입액
3. 이익준비금이입액
4. 자본잉여금이입액

여기서 ①, ②, ③은 이익잉여금이며, ④는 자본잉여금이다. 즉 결손금의 처리는 이익잉여금에서 먼저 이입시켜 보전하고, 남은 금액이 있으면 자본잉여금에서 이입하여 보전하는 것이다. 회사는 결손금의 처리 내역을 나타내기 위해 이익잉여금처분계산서 대신에 결손금처리계산서를 작성하여야 한다.

결손금처리계산서는 미처리결손금, 결손금처리액, 차기이월미처리결손금으로 구분하여 표시한다. 결손금처리계산서의 양식은 다음과 같다.

결손금처리계산서

20××년 ×월 ×일부터
20××년 ×월 ×일까지
처리예정일 20××년 ×월 ×일

과 목	금 액	
Ⅰ. 미처리결손금		×××
1. 전기이월미처분이익잉여금 (또는 전기이월미처리결손금)	×××	
2. 회계정책변경누적효과	×××	
3. 전기오류수정	×××	
4. 중간배당액	×××	
5. 당기순이익(또는 당기순손실)	×××	
Ⅱ. 결손금처리액		×××
1. 임의적립금이입액	×××	
2. 법정적립금이입액	×××	
3. 자본잉여금이입액	×××	
Ⅲ. 차기이월미처리결손금		×××

제5절 자본변동표

자본변동표(statement of changes in owner's equity)는 자본의 크기와 그 변동에 관한 정보를 제공하는 재무보고서로서, 자본을 구성하고 있는 자본금, 자본잉여금, 자본조정, 기타포괄손익누계액, 이익잉여금(또는 결손금)의 변동에 관한 포괄적인 정보를 제공한다.[12)]

앞에서 설명한 이익잉여금처분계산서는 자본의 일부인 이익잉여금의 변동사항만 나타낼 뿐 자본을 구성하는 모든 항목의 변동사항을 포괄적으로 제시하지는 못한다. 이에 비해 자본변동표는 자본 구성항목의 모든 변동사항을 나타내는 표로서 재무상태표, 포괄손익계산서, 현금흐름표와 함께 기본재무제표의 하나로 작성된다.

자본변동표는 재무제표 간의 연계성을 제고시키며 재무제표의 이해가능성을 높인다. 재무상태표에 표시되어 있는 자본의 기초잔액과 기말잔액을 모두 제시함으로써 재무상태표와 연결할 수 있고, 자본의 변동내용은 포괄손익계산서와 현금흐름표에 나타난 정보와 연결할 수 있어 정보이용자들이 더욱 명확히 재무제표 간의 관계를 파악할 수 있게 된다.

자본변동표에는 자본금, 자본잉여금, 자본조정, 기타포괄손익누계액, 이익잉여금(또는 결손금)의 각 항목별로 기초잔액, 변동사항, 기말잔액을 표시한다. 자본변동표의 양식은 다음과 같다.

12) 자본변동표는 일정기간 동안의 주주지분변동에 관한 정보를 제공하지만, 이익잉여금내의 구성항목간 변동에 관한 정보는 제공되지 않는다.

자본변동표

A사 20×1년 1월 1일부터 20×1년 12월 31일까지 (단위 : 원)

구 분	자본금	자본잉여금	자본조정	기타포괄손익누계액	이익잉여금	총 계
20×1. 1. 1(보고금액)	2,000	1,800	–	1,000	1,200	6,000
회계정책변경누적효과					800	800
전기오류수정					500	500
수정후 이익잉여금					2,500	7,300
기타 이익잉여금처분액					(1,500)	(1,500)
처분후 이익잉여금					1,000	5,800
중간배당					(500)	(500)
유상증자	1,000	400				1,400
당기순이익					600	600
자기주식 취득			(200)			(200)
기타포괄손익인식금융자산평가이익				500		500
20×1. 12. 31	3,000	2,200	(200)	1,500	1,100	7,600

* 전년도와 비교 가능하도록 전년도의 내용은 이 표의 밑에 연결하여 작성한다.

(1) 자본금의 변동

자본금의 변동은 유상증자(감자), 무상증자(감자)와 주식배당 등에 의하여 발생하며, 자본금은 보통주자본금과 우선주자본금으로 구분하여 표시한다. 자본변동표 양식의 예에서는 유상증자로 인한 자본금의 증가 ₩1,000을 나타내고 있다.

(2) 자본잉여금의 변동

자본잉여금의 변동은 유상증자(감자), 무상증자(감자), 결손금처리 등에 의하여 발생하며, 주식발행초과금과 기타자본잉여금으로 구분하여 표시한다. 자본변동표 양식의 예에서는 유상증자로 인한 주식발행초과금의 증가 ₩400을 나타내고 있다.

(3) 자본조정의 변동

자본조정의 변동은 자기주식, 주식할인발행차금, 주식매수선택권, 감자차손, 자기주식처분손실 등의 항목으로 구분하여 표시한다. 자본변동표 양식의 예에서는 자기주식의 취득 ₩200을 나타내고 있다.

(4) 기타포괄손익누계액의 변동

기타포괄손익누계액의 변동은 기타포괄손익인식금융자산평가손익, 외화재무재표환산손익, 파생금융상품평가손익, 재평가잉여금 등의 항목으로 구분하여 표시한다. 자본변동표 양식의 예에서는 기타포괄손익인식금융자산평가이익 ₩500을 나타내고 있다.

(5) 이익잉여금의 변동

이익잉여금의 변동에 관한 사항은 이익잉여금처분계산서의 내용과 동일하다. 자본변동표 양식의 예에서 수정후 이익잉여금(₩2,500)은 전기이월미처분이익잉여금(₩1,200)에 회계정책변경의 누적효과(₩800)와 전기오류수정이익(₩500)을 가산한 금액이다. 여기에 기타 이익잉여금처분액(₩1,500)과 중간배당액(₩500)을 차감하고 당기순이익(₩600)을 가산한 금액이 차기이월미처분이익잉여금(₩1,100)이 된다.

연습문제 객관식

다음 설명 중 맞으면 O, 틀리면 X를 표시하시오.(1~3번)

13-1 주식회사제도는 시장의 다수 자금 공급자로부터 거액의 자금을 쉽게 조달할 수 있다는 점에서 부채로 조달하는 경우보다 유리하다.

13-2 주식회사제도는 자금조달의 편의성은 있지만, 그 소유권 이전이 용이하지 않다는 점이 단점이다.

13-3 주식을 통한 자금조달의 경우 그 대가는 배당의 형태로 지급되며, 만기상환일이 있다는 것이 특징이다.

13-4 재무상태표상 자본금에 대한 설명 중 맞는 것은?

① 자본금은 액면발행, 할인발행, 할증발행에 따라 표시되는 금액이 다르다.
② 자본금은 보통주자본금, 우선주자본금으로 구분하지 않고 통합 기록한다.
③ 자본금은 총납입금액에서 주식발행비용을 차감하여 표시된다.
④ 자본금은 반드시 발행주식수 × 액면금액으로 계산된 형식적인 금액이다.

13-5 다음 설명에 해당하는 것으로 바르게 연결된 것은?

> ㉠은 주식의 액면금액에 발행한 주식수를 곱한 형식적 금액이다.
> ㉡은 주주와의 거래로부터 발생한 잉여금이다.
> ㉢은 주주와의 거래를 제외한 영업활동 결과로 발생한 미실현손익으로 총포괄손익에 반영되는 것이다.

	㉠	㉡	㉢
①	자본금	이익잉여금	자본조정
②	자본금	자본잉여금	기타포괄손익
③	자본금	자본잉여금	자본조정
④	자본금	이익잉여금	자본잉여금

연습문제 객관식

13-6 다음 중 자본에 대한 설명으로 틀린 것은?

① 주식할인발행차금은 주식발행초과금과 우선적으로 상계하여 처리한다.

② 무상증자와 주식배당은 그 재원에서 차이가 난다.

③ 주식배당을 하는 경우 순자산가액의 변동을 초래한다.

④ 무상증자는 자본총계의 변동을 초래하지는 않지만, 발행주식수가 증가한다.

13-7 다음은 자본에 대한 설명이다. 틀린 것은?

① 액면금액을 초과하여 주식을 발행하는 경우 그 액면을 초과하는 금액은 주식발행초과금으로 하여 자본잉여금으로 계상한다.

② 자기주식을 취득하는 경우에는 자본의 가산항목으로 하여 자본조정에 표시한다.

③ 이익잉여금처분계산서에 포함된 배당은 재무상태표에 부채로 인식하지 아니하며, 재무상태표에는 이익잉여금처분 전의 재무상태를 표시한다.

④ 자기주식처분손실은 자기주식처분이익이 있는 경우 우선 상계처리하고, 잔액은 자본조정으로 계상한 후, 결손금의 처리순서에 준하여 처리한다.

13-8 결손금의 처리 순서로 마지막으로 이입되는 항목은?

① 감자차익　② 배당평균적립금　③ 이익준비금　④ 사업확장적립금

13-9 다음 중 기타포괄손익누계액 항목이 아닌 것은?

① 기타포괄손익인식금융자산평가손익　② 재평가잉여금

③ 현금흐름위험회피 파생상품평가손익　④ 자기주식처분손실

13-10 다음 자료에서 자본잉여금으로 기록되어야 할 금액은?

· 감 자 차 익 :	₩900,000	· 이 익 준 비 금 :	₩200,000
· 사업확장적립금 :	₩500,000	· 주식발행초과금 :	₩750,000
· 자기주식처분이익 :	₩400,000	· 자기주식처분손실 :	₩200,000
· 감 자 차 손 :	₩300,000	· 주식할인발행차금 :	₩250,000

① ₩1,300,000　② ₩1,650,000　③ ₩1,850,000　④ ₩2,050,000

연습문제 객관식

13-11 (주)서울은 자본금 ₩100,000,000, 자본잉여금 ₩5,000,000, 이익준비금 ₩500,000이 있고, 당해 연도의 당기순이익은 ₩400,000이다. 현금배당을 ₩250,000 할 경우 이익준비금으로 적립해야 할 최소 금액은 얼마인가?

① ₩25,000 ② ₩40,000 ③ ₩50,000 ④ ₩100,000

13-12 한국채택국제회계기준에 의하여 이익잉여금처분으로 취급되는 항목이 아닌 것은?

① 기타법정적립금의 적립 ② 배당건설이자의 상각

③ 주식할인발행차금 상각 ④ 사채할인발행차금 상각

연습문제 객관식

13-1 액면가 ₩300인 보통주 500주를 발행하였다. 다음의 각 상황에 따른 분개를 하시오.

(1) 발행금액이 주당 ₩300인 경우

(2) 발행금액이 주당 ₩400인 경우

(3) 발행금액이 주당 ₩200인 경우

(4) 발행금액이 주당 ₩400이고, 주식발행비가 ₩10,000인 경우

(5) 발행금액이 주당 ₩200이고, 주식발행비가 ₩10,000인 경우

13-2 다음의 거래를 분개하시오.

(1) 액면가 ₩100인 보통주 500주를 주당 ₩120에 발행하여 유상증자를 하였다.

(2) 액면가 ₩100인 보통주 500주가 발행되어 있는데, 10%의 무상증자를 하였다. 자본전입이 되는 무상증자의 재원은 이익준비금이다.

(3) 액면가 ₩100인 보통주 500주가 발행되어 있는데, 10%의 주식배당을 실시하였다.

13-3 다음의 거래를 분개하시오.

(1) 액면가 ₩1,000의 주식을 발행하고 있는 회사는 주당 ₩900에 100주를 매입 소각하였다.

(2) 추가로 100주를 주당 ₩1,200에 매입 소각하였다.

(3) 미처리결손금 ₩400,000을 보전하기 위해 발행주식을 2주당 1주의 비율로 감소시키기로 하였다. 감자 전 발행주식 총수는 1,000주이며, 주당 액면금액은 ₩1,000이다.

13-4 다음의 거래를 분개하시오.

(1) 액면가 ₩1,000의 자기회사 주식 100주를 주당 ₩500에 취득하였다.

(2) 위의 주식 50주를 주당 ₩600에 처분하였다.

(3) 추가로 위의 주식 30주를 주당 ₩300에 처분하였다.

13-5 A사의 20×1년 12월 31일 현재 20×1년도의 당기순이익을 포함하기 전의 이익잉여금 구성은 다음과 같다.

이익준비금	₩800,000
사업확장적립금	600,000
미처분이익잉여금	400,000

연습문제 객관식

A사의 20×1년도 당기순이익은 ₩300,000이며, 20×2년 3월 16일 주주총회에서 다음과 같이 임의적립금의 이입과 이익잉여금의 처분에 대한 결의를 하였다.

사업확장적립금 이입	₩200,000
이익준비금 적립	150,000
현금배당	100,000

(1) 결산일의 분개를 하시오.

(2) 주주총회일의 분개를 하시오.

(3) 이익잉여금처분계산서를 작성하시오.

(4) 이익잉여금 처분 후의 재무상태표에 계상되는 이익잉여금의 구성을 설명하시오.

13-6 B사의 20×1년 말 재무상태표상 자본의 내역은 다음과 같다.

1. 자 본 금		₩1,000,000
2. 자본잉여금		500,000
3. 자본조정		(300,000)
4. 이익잉여금		
이익준비금	100,000	
임의적립금	200,000	
미처분이익잉여금	300,000	600,000
자본총계		1,800,000

B사의 20×2년 중 자본의 변동 내역은 다음과 같다.

① 액면가 ₩5,000의 주식 100주를 주당 ₩6,000에 발행하였다.

② 자기주식 20주를 주당 ₩7,000에 취득하였다.

③ 20×2년도의 당기순이익은 ₩150,000이다.

④ 주주총회의 결의로 이익준비금 ₩50,000을 적립하고, 배당평균적립금 ₩150,000을 적립하기로 하였다. 또한 주주에게 현금배당 ₩200,000을 지급하기로 결의하고 즉시 지급하였다.

연습문제 객관식

〈물음〉

(1) 자본의 변동 내역에 대한 분개를 하시오.

(2) 20×2년 말의 재무상태표상 자본의 내역을 설명하시오.

(3) 20×2년도의 자본변동표를 작성하시오.

제4부

재무제표의 작성 및 활용

재무제표의 작성과정에 대해서는 제2부 회계의 순환과정에서 살펴보았고, 그 중 결산 절차에 대해서는 제5장과 제6장에서 간단히 설명하였다. 여기서는 제3부 계정과목별 회계처리의 내용 중 결산정리사항만을 묶어 요약 · 설명하고자 한다. 이는 제3부에서 다룬 각 계정과목별 회계처리의 내용을 제2부에서 설명한 회계순환과정이라는 틀과 연결시킴으로써 지금까지의 내용을 복습하기 위함이다.

재무제표의 작성과정을 이해하고 나면 재무제표에 담긴 정보를 활용할 수 있어야 한다. 여기서는 재무제표에 나타나는 수치들이 상호 어떠한 관련이 있으며, 외부이용자들이 어떠한 방법으로 분석할 것인지를 살펴보기로 한다.

14 장

결산 및 재무제표의 작성(종합)

14 장

결산 및 재무제표의 작성(종합)

제1절 결산정리의 필요성

결산절차에 대해서는 제5장과 제6장에서 간단히 살펴보았다. 한 회계기간에 나타나는 모든 거래는 분개장이나 분개전표에서 분개가 이루어지고 분개 내용은 모두 원장에 전기되기 때문에 결산은 원장의 각 계정을 기초로 하여 이루어진다. 이와 같이 기록된 자산 · 부채의 계정 잔액이 각각 실제액과 일치하고, 수익 · 비용계정이 동 기간에 발생한 금액을 바르게 나타내고 있다면 결산정리는 필요하지 않을 것이다.

그러나 한 회계기간이 끝나고 난 뒤의 계정잔액은 기록의 결과에 불과한 것이다. 따라서 자산 · 부채의 각 계정잔액이 실제액을 나타내고 수익 · 비용의 각 계정잔액이 수익 · 비용의 발생액을 나타내고 있는 것으로는 볼 수 없다.

예를 들면, 건물이나 비품과 같은 자산은 사용이나 시간의 경과에 따라 그 가치가 감소되므로 기초의 자산금액과 기말의 자산금액이 일치하는 것으로 볼 수 없다. 또한 상품계정을 매입계정, 매출계정, 상품계정의 세 계정으로 분할하여 회계처리하고 있는 경우에는 결산 시에 이들 계정을 정리하여 상품매매이익을 산정할 필요가 있다. 뿐만 아니라 수익과 비용에 속하는 각 계정의 잔액도 당기의 실제 발생액을 나타내지 않는 경우가 있다.

이와 같은 원장의 계정잔액을 수정하지 않고 그대로 집계하여 재무상태표와 포괄손익계산서를 작성하게 되면 재무상태표는 기업의 재무상태를 올바로 나타내지 못하며, 포괄손익계산서도 기업의 경영성과를 제대로 나타내지 못하는 것이다. 따라서 결산 시에 이들 각 계정을 정리하여 기말의 자산 · 부채의 실제액과 당기의 수익 · 비용의 발생액을 제대로 표시할 수 있도록 수정하지 않으면 안 된다.

이러한 필요에 따라 결산 시점에 원장의 각 계정을 수정하는 절차를 결산정리라 하고, 결산정리를 위한 분개를 정리분개라 하는 것이다.

제2절 결산정리사항

결산정리사항으로는 크게 자산 · 부채 · 자본에 속하는 계정의 결산정리사항과 수익 · 비용에 속하는 계정의 결산정리사항으로 나누어 볼 수 있다.

1. 자산 · 부채 · 자본계정의 결산정리사항

(1) 현금과부족의 결산정리

회계기간 중에 현금계정의 장부잔액이 실제잔액과 일치하지 않을 경우에는 그 차이를 일단 현금과부족계정에 대체하여 실제잔액과 일치시켜 둔다. 추후 현금과부족의 원인이 발견되면 해당 계정에 대체하여 현금과부족계정을 제거시킨다. 그러나 결산 시점까지 현금과부족의 원인이 발견되지 않으면 이를 잡손실 또는 잡이익계정에 대체하는 결산정리분개가 필요하다.

예제 14-1 결산 시점에 현금과부족계정으로 처리하여 두었던 현금부족액 ₩10,000의 원인이 발견되지 않아 잡손실계정에 대체하다.

(차)	잡 손 실	10,000	(대)	현금과부족	10,000

(2) 당좌예금의 결산정리

기업 측의 당좌예금 계정 기말잔액과 은행 측의 당좌예금 계정 기말잔액이 일치하지 않는 경우가 있다. 기업은 은행계산서상의 예금거래내역과 자신의 당좌예금계정의 기록 내용을 대조하여 불일치의 원인을 찾고 이에 기초하여 은행계정조정표를 작성하여야 한다. 이때 불일치의 원인 중 기업의 당좌예금계정 잔액을 수정해야 할 부분은 결산정리분개가 필요하다.

예제 14-2 불일치의 원인 중 거래처에 대한 외상매출 대금이 은행의 당좌계정에 입금되었으나 회사에서는 아직 통보를 받지 못한 금액 ₩10,000이 있다.

(차)	당좌예금	10,000	(대)	외상매출금	10,000

(3) 수취채권의 결산정리

외상매출금 · 받을어음 · 대여금 · 미수금 등 수취채권의 기말잔액은 차기 이후에 회수될 금액을 정확히 나타내고 있는 것으로 볼 수 없다. 왜냐 하면 이들 수취채권 중에는 아직 확실하지는 않으나 차기에 회수되지 못하고 대손될 것도 포함되어 있기 때문이다. 따라서 결산 시점에 그 회수가능성을 검토하여 회수가 불확실한 채권에 대하여 합리적이고 객관적인 기준에 따라 대손을 추정하여야 한다. 이를 위해서 차변에 대손상각비라는 비용을 계상하고 대변에 대손충당금이라는 수취채권의 차감계정을 설정하는 결산정리분개가 필요하다.

예제 14-3 기말의 대손추산액이 ₩50,000인데, 대손충당금계정의 잔액이 ₩30,000이다.

(차)	대손상각비	20,000	(대)	대손충당금	20,000

(4) 상품의 결산정리

제6장에서 살펴본 바와 같이 상품 계정의 결산정리에는 여러 가지 방법이 있다. 계속기록법에 의하면 특정 기간의 매출원가를 장부상에서 항상 파악할 수 있으므로 결산정리분개가 필요 없지만, 실지재고조사법을 사용하는 경우에는 이를 파악할 수 없기 때문에 결산정리분개가 필요하다.

실지재고조사법에 의하면 기초재고액으로 기록된 상품계정, 당기 중에 매입한 상품의 원가를 기록한 매입계정, 그리고 판매가격으로 기록된 매출계정이 존재한다. 여기서 다음과 같은 결산정리분개가 필요하다.

첫째, 기초재고액으로 기록된 상품계정을 기말재고액으로 바꾸어야 한다.

둘째, 매입과 매출계정만으로 매출원가를 알 수 없기 때문에 이를 파악하기 위한 결산정리분개가 필요하다.

이러한 상품매매회사의 매출원가를 파악하기 위한 결산정리분개로는 매출원가를 매입계정에서 파악하는 방법과 매출원가계정을 설정하여 파악하는 방법이 있다. 매출원가계정을 설정하는 방법만을 설명하면, 기초상품재고액과 매입계정의 잔액을 매출원가계정의 차변으로 대체하고, 기말상품재고액을 매출원가계정의 대변에 대체하는 결산정리분개가 필요하다.

예제 14-4 기초상품재고액 ₩10,000, 당기상품매입액 ₩50,000, 기말상품재고액 ₩30,000인 경우 상품매매이익을 계산하기 위한 결산정리분개를 하시오.

(차)	매출원가	10,000	(대)	상　　품	10,000
	매출원가	50,000		매　　입	50,000
	상　　품	30,000		매출원가	30,000

(5) 유형자산의 결산정리

토지를 제외한 모든 유형자산은 시간의 경과 또는 사용에 의하여 그 가치가 감소한다. 따라서 기간손익을 올바로 산정하기 위해서는 결산 시점에 당기의 가치 감소액을 비용으로 계상함과 동시에 당해 유형자산의 금액을 감소시키는 결산정리분개가 필요하다. 이를 감가상각이라 하고, 감가상각에 의해 비용으로 계상되는 금액을 감가상각비라 한다.

예제 14-5 정액법에 의한 건물의 당기 감가상각비가 ₩10,000이다.

(차)	감가상각비	10,000	(대)	감가상각누계액	10,000

(6) 무형자산의 결산정리

무형자산은 물리적 실체가 없는 자산으로서 장기간에 걸쳐 기업에 미래 경제적 효익을 제공하는 자산이다. 무형자산도 유형자산과 마찬가지로 결산 시점에 취득원가를 내용연수 동안 합리적인 방법으로 비용으로 배분하는 결산정리분개가 필요하다.

예제 14-6 당기의 특허권상각비가 ₩10,000이다.

(차)	특허권상각비	10,000	(대)	특 허 권	10,000

(7) 유가증권의 결산정리

유가증권은 당기손익인식금융자산, 기타포괄손익인식금융자산, 상각후원가측정금융자산 및 관계기업투자주식으로 구분된다. 이러한 유가증권은 취득

후 시가가 변동하는 경우 기말에 시가로 평가하는 결산정리분개가 필요하다. 유가증권 중 당기손익인식금융자산과 기타포괄손익인식금융자산은 공정가치로 평가하며, 상각후원가측정금융자산은 상각후원가로 평가한다. 한편, 관계기업투자주식은 지분법을 적용하여 회계처리 한다.

예제 14-7 시장성이 있는 주식의 취득원가는 ₩10,000이고, 당기 말 공정가치는 ₩15,000이다. 이 주식이 당기손익인식금융자산일 경우와 기타포괄손익인식금융자산일 경우로 나누어 결산정리분개를 하시오.

① 당기손익인식금융자산일 경우

(차)	당기손익인식금융자산	5,000	(대)	당기손익인식금융자산평가이익	5,000

② 기타포괄손익인식금융자산일 경우

(차)	기타포괄손익인식금융자산	5,000	(대)	기타포괄손익인식금융자산평가이익	5,000

(8) 사채의 결산정리

사채의 액면금액과 발행금액에 차이가 있는 경우 이를 사채할인발행차금 또는 사채할증발행차금으로 계상한다. 결산 시점이 되면 이 사채할인발행차금 또는 사채할증발행차금을 사채의 상환기간 동안 매기 일정한 방법으로 상각하여 만기일에는 사채의 액면금액과 장부금액이 일치되도록 하는 결산정리분개가 필요하다. 이러한 사채발행차금의 상각방법은 유효이자율법에 의한다. 유효이자율법이란 사채의 장부금액에 유효이자율을 곱하여 계산한 유효이자와 액면이자율에 의해 계산된 현금이자와의 차액을 매기 상각하는 방법을 말한다.

예제 14-8 유효이자율법에 의한 사채할인발행차금의 당기 상각비용은 ₩10,000이다.

(차)	이자비용	10,000	(대)	사채할인발행차금	10,000

2. 수익 · 비용계정의 결산정리사항

(1) 선급비용

당기에 이미 현금을 지급하여 비용으로 계상하였는데, 이 비용 중에 차기의 비용으로 인식하여야 할 부분이 포함되어 있는 경우가 있다. 이때에는 차기에 속하는 비용을 당기의 비용에서 차감하고, 미리 지급한 선급분은 선급비용으로서 자산으로 계상하는 결산정리분개가 필요하다. 자산으로 계상하는 선급비용에는 선급보험료, 선급임차료, 선급이자 등이 있다.

예제 14-9 결산 시점에 비용으로 계상된 보험료 중 선급분은 ₩10,000이다.

(차)	선급보험료	10,000	(대)	보 험 료	10,000

(2) 선수수익

당기에 이미 현금을 수령하고 수익으로 계상하였는데, 이 수익 중에 차기의 수익으로 인식하여야 할 부분이 포함되어 있는 경우가 있다. 이때에는 차기에 속하는 수익을 당기의 수익에서 차감하고, 미리 받은 선수분을 선수수익으로서 부채로 계상하는 결산정리분개가 필요하다. 부채로 계상하는 선수수익에는 선수임대료, 선수이자 등이 있다.

예제 14-10 결산 시점에 수익으로 계상된 이자수익 중 선수분은 ₩10,000이다.

(차)	이자수익	10,000	(대)	선수이자	10,000

(3) 미지급비용

당기에 속하는 비용으로서 아직 지급되지 않은 부분이 있는 경우에 해당한다. 이때에는 이를 당기의 비용에 가산하는 동시에, 아직 지급되지 않은 부분을 미지급비용으로서 부채로 계상하는 결산정리분개가 필요하다. 부채로 계상하는 미지급비용으로는 미지급급여, 미지급임차료, 미지급이자 등이 있다.

예제 14-11 결산 시점에 당기에 속하는 비용으로서 아직 지급하지 않은 이자비용 ₩10,000이 있다.

(차)	이자비용	10,000	(대)	미지급이자	10,000

(4) 미수수익

당기에 속하는 수익으로서 아직 수령되지 않은 부분이 있는 경우에 해당한다. 이때에는 이를 당기의 수익에 가산하는 동시에, 아직 수령되지 않은 부분을 미수수익으로서 자산으로 계상하는 결산정리분개가 필요하다. 자산으로 계상하는 미수수익으로는 미수수수료, 미수임대료, 미수이자 등이 있다.

예제 14-12 결산 시점에 당기에 속하는 수익으로서 아직 수령하지 않은 이자수익 ₩10,000이 있다.

(차)	미수이자	10,000	(대)	이자수익	10,000

제3절 종합예제

결산일이 12월 31일인 (주)한국의 20×1년 말 총계정원장의 계정잔액과 결산정리사항은 다음과 같다. 이를 바탕으로 결산정리분개를 하고, 정산표(8위식)를 작성한 후, 재무상태표(계정식)와 포괄손익계산서(보고식)를 작성하시오.

〈계정잔액〉

현 금	₩60,000	당좌예금	₩80,000
당기손익인식금융자산	130,000	외상매출금	300,000
대손충당금	10,000	상 품	60,000
건 물	500,000	감가상각누계액	50,000
특 허 권	200,000	기타포괄손익인식금융자산	150,000
기타포괄손익인식금융자산평가이익	10,000	외상매입금	250,000
사 채	300,000	사채할인발행차금	30,000
퇴직급여채무	180,000	자 본 금	500,000
이익잉여금	50,000	매 출	600,000
이자수익	30,000	임 대 료	20,000
매 입	300,000	급 여	120,000
보 험 료	40,000	이자비용	30,000

〈결산정리사항〉

(1) 현금의 실제 잔액 ₩40,000(차이는 원인 불명)

(2) 은행계산서를 통해 거래처에 대한 외상매출대금 ₩10,000이 입금되었음을 알게 됨

(3) 당기손익인식금융자산의 기말 공정가치 ₩140,000

(4) 외상매출금 기말 잔액의 5%를 대손 추정

(5) 기말상품재고액 ₩80,000

(6) 건물에 대한 감가상각비는 정액법(내용연수 10년, 잔존가치 ₩0)으로 계산

(7) 특허권은 5년에 걸쳐 상각함. 특허권은 20×0년 초에 취득하였음

(8) 기타포괄손익인식금융자산의 기말 공정가치 ₩130,000

(9) 유효이자율법에 의한 당기의 사채할인발행차금 상각액 ₩10,000

(10) 당기에 계상해야 할 퇴직급여채무의 금액 ₩20,000

(11) 이자 선수액 ₩10,000

(12) 임대료 미수액 ₩15,000

(13) 급여 미지급액 ₩20,000

(14) 보험료 선급액 ₩10,000

[해답]

〈결산정리분개〉

(1)	(차)	잡 손 실	20,000	(대)	현 금	20,000
(2)	(차)	당좌예금	10,000	(대)	외상매출금	10,000
(3)	(차)	당기손익인식금융자산	10,000	(대)	당기손익인식금융자산평가이익	10,000
(4)	(차)	대손상각비	5,000	(대)	대손충당금	5,000
(5)	(차)	매출원가	60,000	(대)	상 품	60,000
		매출원가	300,000		매 입	300,000
		상 품	80,000		매출원가	80,000
(6)	(차)	감가상각비	50,000	(대)	감가상각누계액	50,000
(7)	(차)	특허권상각비	50,000	(대)	특 허 권	50,000

* 전년도에 한 번 상각하였으므로 남은 금액(₩200,000)을 4년에 걸쳐 상각한다.

(8)	(차)	기타포괄손익인식금융자산평가이익	10,000	(대)	기타포괄손익인식금융자산	20,000
		기타포괄손익인식금융자산평가손실	10,000			
(9)	(차)	이자비용	10,000	(대)	사채할인발행차금	10,000
(10)	(차)	퇴직급여	20,000	(대)	퇴직급여채무	20,000
(11)	(차)	이자수익	10,000	(대)	선수이자	10,000
(12)	(차)	미수임대료	15,000	(대)	임 대 료	15,000
(13)	(차)	급 여	20,000	(대)	미지급급여	20,000
(14)	(차)	선급보험료	10,000	(대)	보 험 료	10,000

〈정산표〉

정 산 표

(주)한국 20×1. 1. 1 – 12. 31 (단위 : 천원)

계정과목	잔액시산표		결산정리분개		포괄손익계산서		재무상태표	
	차변	대변	차변	대변	차변	대변	차변	대변
현 금	60			20			40	
당좌예금	80		10				90	
당기손익인식금융자산	130		10				140	
외상매출금	300			10			290	
대손충당금		10		5				15
상 품	60		80	60			80	
건 물	500						500	
감가상각누계액		50		50				100
특 허 권	200			50			150	
기타포괄손익인식금융자산	150			20			130	
외상매입금		250						250
사 채		300						300
사채할인발행차금	30			10			20	
퇴직급여채무		180		20				200
자 본 금		500						500
기타포괄손익인식금융자산평가이익		10	10					
이익잉여금		50						50
매 출		600				600		
이자수익		30	10			20		
임 대 료		20		15		35		
매 입	300			300				
급 여	120		20		140			
보 험 료	40			10	30			
이자비용	30		10		40			
계	2,000	2,000						
잡 손 실			20		20			
당기손익인식금융자산평가이익				10		10		
대손상각비			5		5			
매출원가			60	80	280			
			300					
감가상각비			50		50			
특허권상각비			50		50			
기타포괄손익인식금융자산평가손실			10		10			
퇴직급여			20		20			
선수이자				10				10
미수임대료			15				15	
미지급급여				20				20
선급보험료			10				10	
당기순이익					30			30
기타포괄손익						10	10	
합 계			690	690	675	675	1,475	1,475

〈재무상태표〉

재무상태표

(주)한국 20×1. 12. 31 (단위 : 원)

과 목	금 액	과 목	금 액
현 금	40,000	외상매입금	250,000
당좌예금	90,000	미지급급여	20,000
당기손익인식금융자산	140,000	선수이자	10,000
외상매출금	290,000	사 채	300,000
대손충당금	(15,000)	사채할인발행차금	(20,000)
선급보험료	10,000	퇴직급여채무	200,000
미수임대료	15,000	부채총계	760,000
상 품	80,000	자 본 금	500,000
기타포괄손익인식금융자산	130,000	기타포괄손익인식금융자산평가손실	(10,000)
건 물	500,000	이익잉여금	80,000
감가상각누계액	(100,000)	(당기순이익 : 30,000)	
특 허 권	150,000	자본총계	570,000
자산총계	1,330,000	부채 및 자본총계	1,330,000

〈당기순이익을 이익잉여금계정에 대체분개〉

(차) 손 익 30,000 (대) 이익잉여금 30,000

〈포괄손익계산서〉

포괄손익계산서

(주)한국 20×1. 1. 1 ~ 12. 31 (단위 : 원)

과 목	금 액	
Ⅰ. 매 출 액		600,000
Ⅱ. 매 출 원 가		
1. 기초상품재고액	60,000	
2. 당기상품매입액	300,000	
3. 기말상품재고액	(80,000)	(280,000)
Ⅲ. 매출총이익		320,000
Ⅳ. 판매비와 관리비		
급 여	140,000	
퇴직급여	20,000	
보 험 료	30,000	
대손상각비	5,000	
감가상각비	50,000	
특허권상각비	50,000	(295,000)
Ⅴ. 영업이익		25,000
Ⅵ. 영업외수익		
이자수익	20,000	
임 대 료	35,000	
당기손익인식금융자산평가이익	10,000	65,000
Ⅶ. 영업외비용		
이자비용	40,000	
잡손실	20,000	(60,000)
Ⅷ. 당기순이익		30,000
Ⅸ. 기타포괄손익		
기타포괄손익인식금융자산평가손실	10,000	(10,000)
Ⅹ. 총포괄손익		20,000

연습문제 주관식

14-1 결산일이 12월 31일인 (주)경성의 20×1년 말 총계정원장의 계정잔액과 결산정리사항은 다음과 같다.

〈계정잔액〉

현 금	₩120,000	당좌예금	₩150,000
당기손익인식금융자산	500,000	외상매출금	800,000
대손충당금	50,000	상 품	200,000
토 지	300,000	비 품	400,000
감가상각누계액	80,000	기타포괄손익인식금융자산	350,000
기타포괄손익인식금융자산평가손실	30,000	단기차입금	450,000
사 채	800,000	사채할증발행차금	50,000
퇴직급여채무	270,000	자 본 금	600,000
이익준비금	100,000	사업확장적립금	120,000
미처분이익잉여금	180,000	매 출	900,000
이자수익	80,000	임 대 료	50,000
매 입	500,000	급 여	250,000
보 험 료	70,000	이자비용	60,000

〈결산정리사항〉

(1) 현금의 실제 잔액 ₩150,000(차이는 원인 불명)

(2) 은행계산서를 통해 당좌차월이자 ₩20,000이 발생되었음을 알게 됨

(3) 당기손익인식금융자산의 기말 공정가치 ₩450,000

(4) 외상매출금 기말잔액의 5%를 대손 추정

(5) 기말상품재고액 ₩250,000

(6) 비품에 대한 감가상각비는 정액법(내용연수 5년, 잔존가액 ₩0)으로 계산

(7) 기타포괄손익인식금융자산의 기말 공정가치 ₩400,000

(8) 유효이자율법에 의한 당기의 사채할증발행차금 상각액 ₩10,000

(9) 당기에 계상해야 할 퇴직급여채무의 금액 ₩30,000

연습문제 주관식

(10) 당기분 이자수익 ₩60,000

(11) 당기분 임대료 ₩80,000

(12) 당기분 보험료 ₩100,000

(13) 당기분 이자비용 ₩50,000

〈물음〉

(1) 결산정리분개를 하시오.

(2) 정산표를 작성한 후, 재무상태표와 포괄손익계산서를 작성하시오.

(3) 20×2년 3월 15일 주주총회에서 다음과 같이 이익잉여금을 처분하기로 결의하였다. 이에 대한 분개를 하고, 이익잉여금처분계산서를 작성하시오.

사업확장적립금 이입	₩50,000
이익준비금 적립	30,000
현금배당	100,000

연습문제 주관식

14-2 결산일이 12월 31일인 (주)대연의 20×1년 말 잔액시산표와 결산정리사항은 다음과 같다.

〈잔액시산표〉

잔액시산표

(단위 : 원)

차 변	계정과목	대 변
150,000	현 금	
30,000	현금과부족	
1,600,000	외상매출금	
200,000	단기대여금	
300,000	상 품	
3,000,000	관계기업투자주식	
800,000	건 물	
	외상매입금	100,000
	단기차입금	300,000
	대손충당금	30,000
	감가상각누계액	240,000
	사 채	500,000
50,000	사채할인발행차금	
	자 본 금	2,000,000
	이익준비금	300,000
	사업확장적립금	200,000
	미처분이익잉여금	450,000
	매 출	7,000,000
	이자수익	80,000
4,000,000	매 입	
600,000	급 여	
200,000	보 험 료	
120,000	소모품비	
150,000	이자비용	
11,200,000		11,200,000

연습문제 주관식

〈결산정리사항〉

(1) 현금과부족계정의 잔액 ₩30,000은 기말 현재 차이 원인불명

(2) 외상매출금 기말잔액의 3%를 대손 추정

(3) 기말상품재고액 ₩400,000

(4) 관계기업투자주식(30% 보유)의 피투자회사가 당기순이익 ₩100,000을 보고하다.

(5) 건물에 대한 감가상각비는 정률법(상각률 0.3)으로 계산

(6) 유효이자율법에 의한 당기의 사채할인발행차금 상각액 ₩10,000

(7) 당기분 이자수익 ₩50,000

(8) 당기분 보험료 ₩150,000

(9) 미사용 소모품 ₩30,000

(10) 당기분 이자비용 ₩180,000

〈물음〉

(1) 결산정리분개를 하시오.

(2) 정산표를 작성한 후, 재무상태표와 포괄손익계산서를 작성하시오.

(3) 20×2년 3월 15일 주주총회에서 다음과 같이 이익잉여금을 처분하기로 결의하였다. 이에 대한 분개를 하고, 이익잉여금처분계산서를 작성하시오.

사업확장적립금 이입	₩100,000
이익준비금 적립	150,000
배당평균적립금 적립	50,000
현금배당	500,000
주식배당	500,000

15 장

재무제표의 분석

15 장

재무제표의 분석

제1절 재무제표분석의 의의

우리는 지금까지 회계의 순환과정을 통한 재무제표의 작성방법에 대해 공부하였다. 이와 같이 재무제표가 작성되고 나면 이를 이해하고 활용하는 것이 중요하다. 재무제표의 이해와 활용은 재무제표의 분석을 통해 이루어지므로 재무제표분석은 회계원리의 마지막 학습 단계로서 중요한 의미를 가진다고 할 수 있다.

재무제표분석(financial statement analysis)이란 기업이 작성 · 공표하는 재무제표를 토대로 기업의 재무상태와 경영성과를 평가하고, 재무제표의 자료를 이용하여 기업경영에 대한 여러 가지 분석을 수행하는 것이다. 재무제표분석은 기업의 이해관계자가 기업의 과거 및 현재의 재무상태와 경영성과를 파악하는 데 이용되고 있으며, 또한 기업의 미래를 예측하여 보다 나은 의사결정을 하는 데에도 이용되고 있다.

재무제표분석과 유사한 의미로 재무분석과 경영분석이 있다.

재무분석(financial analysis)은 기업의 재무자료를 분석하는 것으로, 재무자료에는 재무제표뿐만 아니라 기업경영과 관련이 있는 모든 자료를 포함한다. 재무제표분석은 주로 재무제표와 관련된 자료를 다루는 데 비하여, 재무분석은 자금의 조달과 관리, 투자분석, 자본비용 등 재무관리의 분야도 다루게 된다. 또한 재무분석에서는 기업의 재무문제를 분석하기 위해 재무제표뿐만 아니라 주가자료를 이용하기도 하고, 분석방법으로 회귀분석, 시계열분석 등 통계적 방법을 사용하기도 하며, 포트폴리오이론, 자본자산가격결정모형, 효율적 시장가설 등의 이론도 이용한다.

경영분석(business analysis)은 기업의 경영자료를 분석하여 경영실태를 분석하고 미래의 재무적 성과를 예측하고자 하는 것이다. 경영분석은 기업의 재무자료뿐만 아니라 비재무자료도 이용하며, 기업의 경영에 영향을 미치는 모든 자료가 분석의 대상이 된다. 경영분석은 주로 재무제표분석 또는 재무분석이 중심이 되어 왔지만, 범위가 확대되어 마케팅관리, 생산관리, 인사관리 등도 분석의 대상이 되고 있다. 최근 경영진단이라는 용어가 사용되고 있는데, 이는 경영분석을 통하여 경영의 모든 분야에 대한 조사와 분석을 하고, 개선책을 제시하는 것을 의미한다.

이상의 세 가지 개념은 같은 의미로 사용되기도 하며, 구별되어 사용되기도 한다. 이 중에서 가장 넓은 의미의 개념은 경영분석이고, 그 다음은 재무분석이며, 재무제표분석은 가장 좁은 의미의 개념이다. 그러나 회계와 가장 밀접하게 관련된 개념은 재무제표분석이므로 본 장에서는 이를 중심으로 설명하기로 한다.

재무제표분석은 재무제표에 대해 분석하는 것이므로 재무상태표, 포괄손익계산서, 자본변동표, 현금흐름표가 분석의 대상이 된다. 그러나 이들 중에서 재무상태표와 포괄손익계산서가 가장 중요하므로 재무제표분석은 주로 이를 중심으로 이루어진다.

제2절 재무제표의 분석방법

재무제표의 분석방법으로는 여러 가지가 있을 수 있는데, 그 중 대표적인 것이 추세분석, 구성비분석, 비율분석의 세 가지이다.

1. 추세분석(수평적 분석)

추세분석(trend analysis)은 수평적 분석이라고도 하는 것으로 둘 이상의 연속된 회계기간에 대하여 재무제표의 계정 · 금액을 비교하는 것이다. 즉, 전기와 당기의 두 개 연도에 대한 재무제표의 계정 · 금액을 비교하거나, 기준연도를 설정하고 이후 수년간의 자료에 대하여 비교하기도 한다. 이를 위하여 추세재무상태표 또는 추세포괄손익계산서 등의 추세재무제표를 작성하여 그 증감률을 나타낸다.

두 개 연도에 대한 추세분석에서는 앞선 연도의 수치와 다음 연도의 수치와의 차이를 계산한 후, 앞선 연도를 기준연도로 하여 그 변동률(증감률)을 다음과 같이 계산한다.

$$\text{변동률(증감률)} = \frac{\text{비교연도금액} - \text{기준연도금액}}{\text{기준연도금액}} \times 100$$

A사의 20×1년도와 20×2년도의 비교재무상태표와 비교포괄손익계산서의 예에 의해 추세분석을 해 보기로 한다. 우선 A사의 비교재무상태표는 다음과 같다.

비교재무상태표

A사 (단위 : 원)

과 목	20×1년	20×2년	증감액	증감률(%)
유동자산				
당좌자산				
현금및현금성자산	1,200	1,000	−200	−16.7
매출채권(순액)	3,500	4,000	500	14.3
재고자산	2,500	3,300	800	32.0
비유동자산				
투자자산	1,800	1,500	−300	−16.7
유형자산(순액)	5,000	7,000	2,000	40.0
무형자산	1,000	1,200	200	20.0
자산총계	15,000	18,000	3,000	20.0
유동부채				
매입채무	1,600	1,700	100	6.3
단기차입금	1,400	2,500	1,100	78.6
비유동부채				
사채(순액)	3,000	4,700	1,700	56.7
퇴직급여채무	2,000	2,300	300	15.0
부채총계	8,000	11,200	3,200	40.0
자 본 금	4,000	4,000	0	0
자본잉여금	2,000	1,700	−300	−15.0
이익잉여금	1,000	1,100	100	10.0
자본총계	7,000	6,800	−200	−2.9
부채 및 자본총계	15,000	18,000	3,000	20.0

A사의 비교재무상태표로부터 다음과 같은 분석을 할 수 있을 것이다. 우선 기업의 규모를 나타내는 총자산은 ₩3,000 증가하였고, 증가율은 20%이다. 이는 기업이 어느 정도 성장하였다는 것을 의미한다. 부채와 자본 측면에서는 부채는 ₩3,200 증가(증가율 40%)하였고, 자본은 ₩200 감소(증가율 −2.9%)하였다. 이는 총자산의 증가가 부채의 증가에 의한 것임을 나타낸다.

세부항목별로 보면, 자산에서 가장 큰 증가를 보인 것은 유형자산(₩2,000 증가)이고, 다음으로 재고자산(₩800 증가), 매출채권(₩500 증가)의 순서로 증가하였다. 부채에서 가장 큰 증가를 보인 것은 사채(₩1,700 증가)이고, 다음으로 단기차입금(₩1,100 증가), 퇴직급여채무(₩300 증가)의 순서로 증가하였다.

이를 종합하여 보면, A사는 20×2년 중에 사채와 단기차입금에 의해 자금을 조달하였으며, 이를 대부분 유형자산과 재고자산의 취득에 사용하고, 매출채권의 추가 허용에 투입하였다고 볼 수 있다.

다음으로 A사의 비교포괄손익계산서는 다음과 같다.

비교포괄손익계산서

A사 (단위 : 원)

과 목	20×1년	20×2년	증감액	증감률(%)
매 출 액	8,000	9,700	1,700	21.3
매출원가	6,000	7,500	1,500	25.0
매출총이익	2,000	2,200	200	10.0
판매비와 관리비	1,300	1,800	500	38.5
영업이익	700	400	−300	−42.9
영업외수익	500	500	0	0
영업외비용	300	800	500	166.7
법인세비용차감전순이익	900	100	−800	−88.9
법인세비용	300	20	−280	−93.3
당기순이익	600	80	−520	−86.7

A사의 비교포괄손익계산서로부터 다음과 같은 분석을 할 수 있을 것이다. 매출액은 전년도에 비해 21.3% 증가하였지만, 매출원가의 증가율이 25%에 달하여 매출총이익의 증가율은 10%에 불과하다. 이는 매출액은 증가하였지만 매출원가의 상승으로 매출이익률이 부진함을 나타내는 것이다.

영업이익이 42.9% 감소하였는데, 이는 판매비와 관리비가 38.5% 대폭 증가한데서 기인한 것이다. 또한 법인세비용차감전순이익이 88.9% 감소하였는데, 이는 차입금에 의한 이자비용 등 영업외비용의 증가에 기인한 것이다.

종합하면, A사는 20×2년 중에 매출은 증가하였으나, 매출원가와 판매비와 관리비의 증가로 영업이익이 감소하였고, 이자비용 등 영업외비용의 증가로 법인세비용차감전순이익도 감소하였다. 따라서 판매비와 관리비 및 이자비용의 세부내역을 조사하여 그 증가원인을 면밀히 분석할 필요가 있을 것이다.

한편, 두 개 연도 이상의 수년간의 자료에 대한 추세분석에서는 우선 기준연도를 설정하고 기준연도의 재무제표의 항목에 대하여 100%의 가중치를 둔다. 다음으로 기준연도 이후의 해당 재무제표의 항목을 기준연도의 항목에 대한 비율로 표시한다.

예컨대 20×1년부터 20×5년까지의 A사의 포괄손익계산서에 대한 추세분석을 해 보면 다음과 같다.

추세포괄손익계산서

A사 (단위 : %)

과 목	20×1년	20×2년	20×3년	20×4년	20×5년
매 출 액	100	113.5	123.5	135.3	140.4
매출원가	100	110.3	120.3	132.5	138.2
매출총이익	100	112.3	122.4	133.4	139.3
판매비와 관리비	100	123.5	135.8	148.6	160.5
영업이익	100	98.5	95.3	90.3	85.6
영업외수익	100	103.2	103.5	105.3	107.5
영업외비용	100	108.3	112.3	120.3	130.7
당기순이익	100	95.3	92.5	90.2	86.7

이 표에서 매년 매출액이 증가함에 따라 매출원가도 비슷하게 증가함을 알 수 있다. 따라서 매출총이익도 같은 수준으로 꾸준히 증가하였다. 그러나 매출액

의 증가에 비해 판매비와 관리비가 더 빠른 속도로 증가하여 영업이익은 계속 감소하고 있다. 또한 영업외수익은 매년 비슷한데, 영업외비용이 빠른 속도로 증가하여 당기순이익도 매년 감소 추세에 있는 것을 알 수 있다.

그런데 추세분석에 있어 주의하여야 할 것은 변동률의 계산에 있어서 기준연도의 금액이 적을 경우, 다음 해 비교적 적은 금액의 변동이 있더라도 변동률이 크게 나타날 수 있다는 점이다. 이 경우의 변동률은 중요한 변동으로 생각하지 않아도 될 것이다.

2. 구성비분석(수직적 분석)

구성비분석(component ratio analysis)은 수직적 분석 또는 백분비 분석이라고도 하는 것으로 어느 한 기간의 재무제표의 계정 · 금액을 백분비 재무제표의 작성을 통하여 비교 · 분석하는 것이다. 백분비 재무제표는 특정 항목을 100%로 하여 이 항목의 금액에 대하여 개별 항목의 금액을 비율로 표시하는 것이다. 여기서 특정 항목은 재무상태표의 경우는 총자산이 되고, 포괄손익계산서의 경우는 매출액이 된다.

추세분석에서 예시했던 A사의 20×1년도와 20×2년도 재무상태표와 포괄손익계산서에 대한 구성비분석의 결과는 다음과 같다. 우선 A사의 백분비 재무상태표는 다음과 같다.

백분비 재무상태표

A사 (단위: 원)

과 목	20×1년		20×2년	
	금 액	구성비(%)	금 액	구성비(%)
유동자산				
당좌자산				
현금및현금성자산	1,200	8.0	1,000	5.6
매출채권(순액)	3,500	23.3	4,000	22.2
재고자산	2,500	16.7	3,300	18.3
비유동자산				
투자자산	1,800	12.0	1,500	8.3
유형자산(순액)	5,000	33.3	7,000	38.9
무형자산	1,000	6.7	1,200	6.7
자산총계	15,000	100.0	18,000	100.0
유동부채				
매입채무	1,600	10.7	1,700	9.4
단기차입금	1,400	9.3	2,500	13.9
비유동부채				
사채(순액)	3,000	20.0	4,700	26.1
퇴직급여채무	2,000	13.3	2,300	12.8
부채총계	8,000	53.3	11,200	62.2
자 본 금	4,000	26.7	4,000	22.2
자본잉여금	2,000	13.3	1,700	9.5
이익잉여금	1,000	6.7	1,100	6.1
자본총계	7,000	46.7	6,800	37.8
부채 및 자본총계	15,000	100.0	18,000	100.0

이 표에서 우선 자산에서는 유형자산의 구성비가 20×1년에 33.3%에서 20×2년에 38.9%로 5.6% 증가하였음을 알 수 있다. 부채에서는 단기차입금과 사채의 구성비가 증가하였음을 알 수 있다. 따라서 추세분석에서 본 바와 같이, A사는 20×2년 중에 사채와 단기차입금에 의한 자금조달에 의해 유형자산에 많은 투자를 한 것을 알 수 있다.

다음으로 A사의 백분비 포괄손익계산서는 다음과 같다.

백분비 포괄손익계산서

A사 (단위: 원)

과 목	20×1년		20×2년	
	금 액	구성비(%)	금 액	구성비(%)
매 출 액	8,000	100.0	9,700	100.0
매출원가	6,000	75.0	7,500	77.3
매출총이익	2,000	25.0	2,200	22.7
판매비와 관리비	1,300	16.3	1,800	18.6
영업이익	700	8.7	400	4.1
영업외수익	500	6.3	500	5.1
영업외비용	300	3.8	800	8.2
법인세비용차감전순이익	900	11.2	100	1.0
법인세비용	300	3.7	20	0.2
당기순이익	600	7.5	80	0.8

이 표에서 우선 매출원가의 구성비가 20×1년에 75%에서 20×2년에 77.3%로 2.3% 증가하여, 매출총이익이 2.3% 감소한 것을 알 수 있다. 판매비와 관리비의 구성비도 2.3% 증가하여 영업이익의 구성비는 4.6% 감소하였다. 또한 영업외비용의 구성비도 4.4% 증가하여 결국 당기순이익의 매출액 대비 구성비는 0.8%로 떨어지게 된 것을 알 수 있다.

이러한 구성비분석은 특정회사의 백분비 재무제표를 동종 업종의 다른 회사의 백분비 재무제표와 비교하여 분석하면 더욱 유용할 것이다.

3. 비율분석

비율분석이란 재무제표를 계정별로 대비시켜 재무비율을 계산하고, 이 재무비율을 어떤 기준과 비교하여 기업의 경영성과를 평가하는 것이다. 보통 재무비율은 유동성 비율, 안전성 비율, 활동성 비율, 수익성 비율로 분류된다.

(1) 유동성 비율(liquidity ratios)

유동성이란 기업이 부채를 상환하기 위한 현금을 조달할 수 있는 능력을 의미하는데, 특히 단기유동성으로 단기부채를 현금으로 신속히 상환할 수 있는 능력을 의미한다. 즉 유동성 비율은 단기지급능력을 평가하는 비율이다. 이는 채권자들이 중시하는 비율로 기업에 대한 신용분석에 이용된다. 유동성 비율에는 유동비율, 당좌비율 등이 있다.

① 유동비율(current ratio)

유동비율은 유동자산을 유동부채로 나누어 측정하는데, 기업의 유동성을 평가하는 데 가장 중시되는 비율이다.

$$\text{유동비율} = \frac{\text{유동자산}}{\text{유동부채}} \times 100(\%)$$

일반적으로 유동비율은 200%를 이상적인 표준비율로 하고 있다. 그러나 이러한 유동비율의 해석에는 다음과 같은 점을 주의하여야 한다.

첫째, 채권자는 기업의 유동비율이 높을수록 좋다고 해석한다. 그러나 경영자의 입장에서는 반드시 그런 것은 아니다. 왜냐 하면 유동비율이 너무 높다는 것은 기업이 자산을 효율적으로 이용하고 있지 못하다는 것을 의미할 수 있기 때문이다.

둘째, 유동비율의 측정은 기말에 이루어지므로 유동비율이 기업의 연중 유동성을 나타내는 것은 아니다. 특히 기업의 영업활동에 계절성이 있는 경우에는 더욱 그렇다. 또한 경영자는 채권자가 유동비율에 관심을 가지고 있다는 것을 염두에 두고 유동비율을 조작할 가능성이 있다. 예컨대 기말에 외상매입을 고의로 연기시켜 유동부채를 줄이거나, 임원 및 관계회사에 대한 대여금을 회수하여 유동자산을 늘림으로써 유동비율을 높일 수 있다.

셋째, 유동비율은 그 금액과 함께 평가하는 것이 바람직하다. 예컨대 A사는 유동자산이 ₩200,000이고 유동부채가 ₩100,000이며, B사는 유동자산이 ₩2,000,000이고 유동부채가 ₩1,000,000이면 A사와 B사는 모두 유동비율이 200%로 같다. 그러나 두 회사가 모두 같은 금액인 ₩100,000을 차입하면 A사는 유동비율이 200%에서 100%로 급격히 하락하지만, B사는 상대적으로 작은 유동비율의 변동을 보일 뿐이다.

② 당좌비율(quick ratio)

당좌비율은 산성시험비율(acid test ratio)이라고도 하는 것으로 유동자산 중에서 재고자산과 기타유동자산을 차감한 부분을 유동부채로 나누어 측정한다. 재고자산을 차감하는 이유는 재고자산이 가장 유동성이 낮은 자산일 뿐만 아니라 재고자산의 매각에는 손실의 위험도 있을 수 있기 때문이다. 따라서 이 비율은 기업이 재고자산을 처분하지 않고서 단기부채를 상환할 수 있는 능력을 평가하는 비율로서 유동비율보다 엄격한 기업 유동성의 평가방법이 된다.

$$\text{당좌비율} = \frac{\text{당좌자산}}{\text{유동부채}} \times 100 = \frac{\text{유동자산} - \text{재고자산}}{\text{유동부채}} \times 100(\%)$$

일반적으로 당좌비율은 100%를 이상적인 표준비율로 하고 있다. 그러나 이의 해석에는 유동비율과 마찬가지의 유의점이 있다.

(2) 안전성 비율(stability ratios)

안정성 비율은 레버리지 비율(leverage ratios) 또는 보상비율(coverage ratios)이라고도 하는데, 이는 주주들에 의해 조달된 자기자본과 채권자들로부터 조달된 타인자본 간의 구성비를 나타내는 것으로서 기업의 부채의존도를 나타내는 비율이다. 즉 기업이 조달할 수 있는 자본 중 타인자본에 대한 의존도를 나타내는 비율로, 타인자본으로부터 발생하는 이자비용에 대한 부담능력을 평가하는 비율이다.

따라서 이는 기업의 장기지급능력을 평가하는 데 사용된다. 기업은 장기부채에 대해 원금과 이자를 지급일에 예정대로 지급하여야 하는데, 만일 지급일에 지급하지 못하면 지급불능이 되고, 사태가 악화되면 부도 또는 파산이 된다. 안전성 비율은 이러한 사태를 사전에 파악할 수 있는 지표가 된다. 안전성 비율에는 부채비율, 이자보상비율, 자기자본비율 등이 있다.

① 부채비율(debt-equity ratio)

부채비율은 타인자본(부채총계)을 자기자본(자본총계)으로 나누어 측정한다. 이는 총자본을 구성하는 자기자본과 타인자본의 비율로 자기자본에 비하여 타인자본의 비율이 얼마인지를 나타낸다.

$$\text{부채비율} = \frac{\text{타인자본}}{\text{자기자본}} \times 100(\%)$$

부채비율은 기업의 재무구조를 평가하는 중요한 비율로서 가급적 낮은 것이 바람직하다고 하겠으나, 언제나 낮은 것이 이상적인 것은 아니다. 부채비율이 지나치게 높으면 기업은 부채를 상환하지 못하거나 이자부담 때문에 자금부족의 어려움을 겪게 되고, 채권자는 원금과 이자를 제대로 지급기일에 회수하지 못하게 되거나 청산이나 파산 시의 손실을 입을 위험이 있기 때문에 일반적으로 부채비율은 낮은 것이 바람직하다고 할 수 있다.

그러나 부채비율이 높은 것이 기업이나 주주의 입장에서 유리할 때가 있는데, 경기상승 내지는 기업성장기에는 타인자본의 의존도가 높을수록 기업에 돌아가는 이익이 확대되어 나타날 수 있기 때문이다. 이를 재무레버리지 효과라 한다.

② 이자보상비율(times interest earned ratio or interest coverage ratio)

이자보상비율은 이자비용 및 법인세비용차감전순이익을 이자비용으로 나누어 측정한다. 이는 타인자본의 사용으로 발생하는 금리가 기업에 어느 정도의 압박을 가져오는지를 보기 위한 것이다. 분자를 이자비용과 법인세비용을 차감하기 전의 순이익으로 하는 이유는 이자비용은 납세 전 이익에서 지출되고, 법인세는 이자가 지급된 후에 납부되기 때문이다. 이 비율은 높을수록 안전성이 있다고 판단된다.

$$이자보상비율 = \frac{이자비용 및 법인세비용차감전순이익}{이자비용} \times 100(\%)$$

③ 자기자본비율(shareholder's equity to total assets ratio)

자기자본비율은 자기자본을 총자본으로 나누어 측정한다. 이는 총자본 중에서 자기자본의 비중이 어느 정도인 지를 나타내는 비율이다. 총자본은 자기자본에 타인자본인 부채를 가산한 금액으로 총자산과 동일하다. 이 비율은 정부기관에서 상장법인이나 금융기관을 규제할 때 많이 사용되고 있다. 자기자본비율은 위의 부채비율과 역의 관계에 있으므로 높을수록 바람직하다.

$$자기자본비율 = \frac{자기자본}{총자본} \times 100(\%)$$

(3) 활동성 비율(activity ratios)

활동성 비율이란 기업이 소유하고 있는 자산을 어느 정도 효율적으로 이용하고 있는 지를 측정하는 비율로서 대개 매출액에 대한 각 중요자산의 회전율로 표시된다. 활동성 비율은 수익성의 평가와 관련되는 비율로서 회전율이 빠를수록 더 많은 수익을 창출한다고 볼 수 있다.

여기서의 회전율은 물리적 효율성(physical efficiency)을 말하는 것으로 자산의 효율적 이용으로 인한 화폐적 결과를 나타내는 것은 아니다. 기업의 경영성과를 화폐가치로 환산하는 효율성은 다음에 설명하는 수익성 비율에 해당한다. 활동성 비율에는 총자산회전율, 매출채권회전율, 재고자산회전율, 유형자산회전율 등이 있다.

① 총자산회전율(total asset turnover ratio)

총자산회전율은 매출액을 평균총자산으로 나누어 측정하며, 평균총자산은 기초와 기말의 총자산을 평균한 것이다(이하, 평균의 의미는 동일). 이 비율은 기업이 보유하고 있는 총자산이 수익을 창출하는 데 얼마나 효율적으로 이용되고 있는 지를 나타내며, 기업이 사용한 총자산의 활용도를 종합적으로 나타내는 것이다. 총자산회전율이 높으면 자산이 효율적으로 이용되고 있는 것을 의미하며, 낮으면 과대투자나 비효율적 투자를 하고 있다는 것을 나타낸다.

$$\text{총자산회전율} = \frac{\text{매출액}}{\text{평균총자산}} \text{(회)}$$

② 매출채권회전율(receivable turnover ratio)

매출채권회전율은 매출액을 평균매출채권으로 나누어 측정한다. 분자인 매출액은 신용매출액만이 되어야 하나, 신용매출액과 신용매출이 아닌 매출액과의 구별이 곤란한 경우에는 매출액을 사용한다. 분모인 매출채권은 외상매출금과 받을어음을 포함하며, 대손충당금을 차감한 순액으로 계산한다.

$$\text{매출채권회전율} = \frac{\text{매출액 또는 신용매출액}}{\text{평균매출채권}} \text{(회)}$$

매출채권회전율은 매출채권의 질을 나타내는 것으로, 기업이 매출채권을 회수하는데 얼마나 걸리는지를 나타낸다. 매출채권회전율이 빠를수록 유동비율이나 당좌비율에 더 많은 신뢰를 할 수 있음을 나타낸다.

여기서 1년, 즉 365일을 매출채권회전율로 나누면, 매출채권이 한 번 회수되는 데 소요되는 기간이 측정된다. 이를 매출채권회수기간이라 하는데, 이는 기업의 신용기간에 대한 정책에 활용되어 신용판매관리의 효율성을 기할 수 있다.

$$\text{매출채권회수기간} = \frac{\text{365일}}{\text{매출채권회전율}} \text{ (일)}$$

③ 재고자산회전율(inventory turnover ratio)

재고자산회전율은 매출원가를 평균재고자산으로 나누어 측정하는데, 이는 재고자산이 얼마만큼 빨리 판매되어 회전하는가를 나타낸다. 분자를 매출원가 대신에 매출액으로 하는 경우도 있으나, 이론적으로는 매출원가로 하는 것이 타당하다. 왜냐 하면 분모가 재고자산인 원가로 표시되므로 분자를 매출원가로 하여 분모와 분자의 측정단위를 통일시킬 수 있기 때문이다.

$$\text{재고자산회전율} = \frac{\text{매출원가}}{\text{평균재고자산}} \text{ (회)}$$

재고자산회전율이 낮다는 것은 매출액에 비하여 과다한 재고자산을 소유하고 있다는 것을 나타내며, 높다는 것은 적은 재고자산으로 생산 및 판매활동을 효율적으로 수행하고 있다는 것을 나타낸다. 이도 365일을 재고자산회전율로 나누어 평균재고기간을 구할 수 있다.

$$\text{평균재고기간} = \frac{\text{365일}}{\text{재고자산회전율}} \text{ (일)}$$

④ 유형자산회전율(plant asset turnover ratio)

유형자산회전율은 매출액을 평균유형자산으로 나누어 측정하는데, 이는 유형자산이 어느 정도 효율적으로 이용되는지를 파악하는 데 사용된다. 유형자산은 취득원가에서 감가상각누계액을 차감한 순액으로 계산한다.

$$\text{유형자산회전율} = \frac{\text{매출액}}{\text{평균유형자산}} \ (\text{회})$$

유형자산회전율은 높을수록 유형자산의 이용도가 양호하다고 할 수 있지만, 업종과 기업의 규모에 따라 많은 차이가 있고, 시설투자가 많이 필요한 기업에서는 이 비율이 낮게 나타나는 경향이 있다. 또한 시설투자는 신축하는 시설에서는 신제품을 생산하여 판매하기까지 수년이 걸릴 수 있어 유형자산회전율이 낮게 나타날 수도 있다.

(4) 수익성 비율(profitability ratios)

수익성 비율은 기업이 회계기간 중에 어느 정도의 경영성과를 거두었는가, 즉 기업의 수익성 여부를 측정하는 비율이다. 기업의 수익성은 기업의 여러 정책과 의사결정의 종합적인 결과로서 나타난다. 앞의 여러 비율들은 기업이 어떻게 운영되고 있는지를 부분적으로 고려하는 데 비하여, 수익성 비율은 모든 기업의 활동이 복합적으로 어떠한 결과를 나타내고 있는지를 측정하는 비율이다. 수익성 비율에는 총자산이익률, 매출액이익률, 자기자본이익률 등이 있다.

① 총자산이익률(rate of return on assets: ROA)

총자산이익률은 총자본이익률이라고도 하는데, 당기순이익을 평균총자산으로 나누어 측정한다. 이는 수익성 비율 중에서 가장 대표적인 것으로 흔히 투자수익률(rate of return on investment : ROI)이라고도 하며, 총투자에 대한 회수비율을 나타내는 것이다.

$$\text{총자산이익률} = \frac{\text{당기순이익}}{\text{평균총자산}} \times 100(\%)$$

총자산이익률은 높을수록 좋다. 그러나 기업이 더 많은 이익을 얻기 위하여 새로운 시설투자를 할 경우에는 이 비율은 낮아진다. 이러한 새로운 투자가 있을 경우에는 자산의 증가와 함께 순이익의 증가도 있어야 그 의미가 있을 것이다. 총자산이익률은 분자에 당기순이익 대신 영업이익을 사용하기도 한다. 이는 총자산의 활용에 의한 영업활동의 수익성을 파악하는 것으로, 총자산영업이익률이라고도 한다.

② 매출액이익률(rate of profit margin on sales)

매출액이익률은 당기순이익을 매출액으로 나누어 측정한다. 이는 기업의 경영성과를 총괄적으로 파악하는 비율이라 할 수 있으며, 경쟁기업 또는 타기업과 비교 · 분석함으로써 기업의 경영합리화를 위한 문제점을 발견할 수 있다. 여기서 매출액은 순매출액으로 총매출액에서 매출에누리와 환입 및 매출할인을 차감한 금액이다.

$$\text{매출액이익률} = \frac{\text{당기순이익}}{\text{매출액}} \times 100(\%)$$

③ 총자산이익률의 분해

앞의 ①에서 설명한 총자산이익률(투자수익률: ROI)은 다음의 두 가지 요인으로 분해할 수 있다.

$$\text{총자산이익률} = \frac{\text{당기순이익}}{\text{평균총자산}} = \frac{\text{당기순이익} \times \text{매출액}}{\text{평균총자산} \times \text{매출액}}$$

$$= \frac{\text{당기순이익}}{\text{매출액}} \times \frac{\text{매출액}}{\text{평균총자산}}$$

$$= \text{매출액이익률} \times \text{총자산회전율}$$

즉, 총자산이익률은 매출액이익률과 총자산회전율로 분해할 수 있다. 앞에서 설명한 바와 같이, 매출액이익률은 기업의 재무비율분석에 있어 수익성을 대표하는 비율 중의 하나이며, 총자산회전율은 활동성을 나타내는 대표적인 비율의 하나이다. 따라서 총자산이익률은 수익성 비율과 활동성 비율을 통합한 것으로 볼 수 있다.

총자산이익률을 높이기 위해서는 매출액이익률과 총자산회전율을 높여야 한다. 매출액이익률을 높이기 위해서는 판매량의 증대, 판매가격의 인상, 총비용의 절감 등의 방법이 있을 수 있으며, 총자산회전율을 높이기 위해서는 자산을 효율적으로 관리하여 그 회전을 빠르게 하여야 할 것이다. 총자산회전율을 높이기 위해서는 시설투자를 억제하는 방법도 있을 수 있으나, 기업이 사업을 확장하기 위해서는 어느 정도의 총자산이익률의 하락은 감수하여야 할 것이다.

④ 자기자본이익률(rate of return on common stock equity: ROE)

자기자본이익률은 당기순이익에서 우선주배당금을 차감한 금액을 평균보통주자본으로 나누어 측정한다. 여기서 우선주식이 없으면 당기순이익을 평균자기자본으로 나눈 것이 된다. 자기자본이익률은 보통주주의 관점에서 이익률을 산출하는 것으로 보통주주가 소유하고 있는 지분에 대한 이익의 증가폭을 나타낸다.

$$\text{자기자본이익률} = \frac{\text{당기순이익}}{\text{평균자기자본}} \times 100(\%)$$

⑤ 주당순이익(earnings per share: EPS)

주당순이익은 당기순이익에서 우선주배당금을 차감한 금액을 보통주의 연간 평균 유통주식수로 나누어 측정한다. 주당순이익은 보통주 1주에 분배할 수 있는 이익의 크기를 나타내며, 투자자가 기업의 경영성과를 측정하는 가장 보편적인 지표로 활용된다.

$$\text{주당순이익} = \frac{\text{당기순이익} - \text{우선주배당금}}{\text{연간평균유통주식수}}$$

⑥ 주가수익비율(price earnings ratio: PER)

주가수익비율은 보통주의 1주당 주식가격을 주당순이익으로 나누어 측정한다. 주가수익비율은 기업의 주가가 이익에 비하여 얼마나 높은 수준인 지를 나타내는 지표이다. 일반적으로 투자자들은 주가수익률이 낮은 주식을 저평가된 주식(undervalued stocks)으로 분류하고 이러한 주식을 매수하는 전략을 사용하기도 한다. 왜냐 하면 주가수익률이 낮은 주식은 이익에 비하여 아직 주가가 낮기 때문에 향후 주가상승의 여력이 있다고 믿기 때문이다. 그러나 무조건 주가수익비율이 낮다고 추가적인 주가상승이 기대되는 것은 아님에 유의하여야 한다.

$$\text{주가수익비율} = \frac{\text{1주당 주식가격}}{\text{주당순이익}}$$

⑦ 배당성향(payout ratio)

배당성향은 총배당액을 당기순이익으로 나누어 측정한다. 이는 당기순이익 중에서 배당으로 지급된 비율로, 기업의 배당정책을 나타내며, 미래 수익의 불확실성에 대한 경영자의 태도를 나타낸다. 예컨대 경영자가 미래 수익에 대한 확신을 가지고 있지 못하면 당기의 배당을 적게 하여 이익을 유보할 것이기 때문에 배당성향이 낮아지는 경향이 있다.

$$배당성향 = \frac{총배당액}{당기순이익} \times 100(\%)$$

⑧ 배당수익률(dividend yield)

배당수익률은 1주당 배당액을 1주당 주식가격으로 나누어 측정한다. 이는 주주가 배당수익으로 얻은 수익률을 나타낸다. 분모를 주식의 시가가 아닌 액면금액으로 한 비율을 배당률이라 하는데, 주식의 시가가 액면금액보다 훨씬 높은 기업의 경우에는 배당률 자체가 무의미하기 때문에 배당수익률을 사용해야 할 것이다.

$$배당수익률 = \frac{1주당\ 배당액}{1주당주식가격} \times 100(\%)$$

제3절 재무제표분석의 한계

이상의 재무제표분석은 기업이 작성 · 공표하는 재무제표를 토대로 기업의 재무상태와 경영성과에 대한 정보를 간편하게 얻을 수 있는 장점이 있지만, 다음과 같은 한계가 있기 때문에 그 결과의 해석이나 이용에 신중해야 한다.

1. 재무제표의 분석은 과거의 자료에 의존하여 분석하기 때문에 기업의 미래를 예측하는 데는 한계가 있다. 이를 보완하기 위해서는 전문적인 재무

분석가의 예측치를 참고하거나 통계적인 방법을 사용하여 예상 재무제표를 작성해 보기도 한다.

② 재무제표에 근거하여 분석을 하므로 만약 재무제표에 결함이 있다면 그 분석은 아무 의미가 없을 것이다. 예컨대 재무제표의 작성기준인 회계기준이 잘못 정립되어 있다든가 기업의 재무제표가 신뢰할 수 없는 경우에는 그러한 재무제표를 근거로 분석을 하는 것은 문제가 있는 것이다.

③ 기업 간의 회계처리방법이 서로 다른 경우에는 그 기업 간의 비교는 무의미하다. 또한 한 기업의 경우에도 기간에 따라 회계처리방법이 서로 다른 경우에는 기간별 비교가 무의미하게 된다. 예컨대 감가상각방법이나 재고자산평가방법이 상이할 경우 기업 간 또는 기간별 분석은 무의미할 것이다.

④ 기업의 환경 · 규모 · 업종 · 정책에 따라 해석이 달라져야 하는데, 획일적으로 분석하는 것은 문제가 있다. 예컨대 고급품을 취급하는 업종에서는 신용거래가 많으나, 저급품을 취급하는 업종에서는 신용거래가 거의 없다고 하자. 그러면 이들 기업 간의 매출채권회수기간을 비교하는 것은 별로 의미가 없을 것이다.

⑤ 재무제표는 역사적 원가로 평가되어 물가변동의 영향을 반영하고 있지 않다. 물가변동이 심할 경우 유형자산 및 재고자산의 실제 가치는 장부금액과 큰 차이를 보일 수 있으며, 이는 감가상각비 및 매출원가에 영향을 주어 이익을 왜곡시킬 수 있다.

⑥ 비율분석에서 표준비율의 산정이 어렵다. 표준비율은 상황에 다라 여러 비율이 될 수 있으며, 특정 기업에 맞는 표준비율을 객관적으로 산출하기는 어렵다. 따라서 비율분석의 결과를 어떤 표준비율과 비교하여 경영평가를 한다는 것 자체에 문제가 있다.

⑦ 비율분석에서 대부분의 재무비율은 상호 밀접한 관련을 가진다. 앞서 언

급한 총자산이익률이 매출액이익률과 총자산회전율로 구성된다는 것은 이를 잘 말해 준다. 또한 모든 비율을 일일이 계산할 필요는 없을 것이다. 따라서 분석목적에 따라 적절한 비율선택 및 활용은 전문가의 판단이 필요한 부분이다.

8 재무제표의 분석은 계량화된 재무자료를 중심으로 분석을 하게 된다. 그러나 재무제표를 중심으로 한 계량적 평가에 의해서만 기업의 재무상태와 경영성과를 속단해서는 안 될 것이다. 기업의 올바른 경영을 위해서는 재무제표뿐만 아니라 재무자료 이외의 비재무자료 등 기업의 경영에 영향을 미치는 모든 자료가 분석의 대상이 되어야 할 것이다.

요약하면, 지금까지의 재무제표 분석방법에 의한 결과만을 가지고 기업경영의 평가에 관한 총괄적인 결론을 내려서는 안 될 것이다. 지금까지의 재무제표 분석방법은 총괄적인 경영분석을 지원하는 도구일 뿐이지 결코 경영분석가나 경영자 등의 의사결정자를 대신할 수는 없는 것이다. 왜냐하면 기업의 경영은 기업을 둘러싼 모든 환경을 고려한 종합예술이기 때문이다.

이상의 재무비율분석을 요약하면 〈표 15-1〉과 같다.

표 15-1
비율분석의 요약

구분	비 율	계산방법	의 미
유동성	유동비율	$\frac{\text{유동자산}}{\text{유동부채}} \times 100(\%)$	단기부채 지급능력
	당좌비율	$\frac{\text{유동자산} - \text{재고자산}}{\text{유동부채}} \times 100(\%)$	단기 유동성
안전성	부채비율	$\frac{\text{타인자본}}{\text{자기자본}} \times 100(\%)$	타인자본 의존도
	이자보상비율	$\frac{\text{영업이익}}{\text{이자비용}} \times 100(\%)$	이자지급 능력
	자기자본비율	$\frac{\text{자기자본}}{\text{총자본}} \times 100(\%)$	자기자본 조달수준
활동성	총자산회전율	$\frac{\text{매출액}}{\text{평균총자산}}$ (회)	총자산의 수익창출능력
	매출채권회전율	$\frac{\text{매출액 또는 신용매출액}}{\text{평균매출채권}}$ (회)	매출채권의 질
	매출채권회수기간	$\frac{\text{365일}}{\text{매출채권회전율}}$ (일)	매출채권의 질
	재고자산회전율	$\frac{\text{매출원가}}{\text{평균재고자산}}$ (회)	재고자산의 질
	평균재고기간	$\frac{\text{365일}}{\text{재고자산회전율}}$ (일)	재고자산의 질
	유형자산회전율	$\frac{\text{매출액}}{\text{평균유형자산}}$ (회)	유형자산의 질
수익성	총자산이익률	$\frac{\text{당기순이익}}{\text{평균총자산}} \times 100(\%)$	총자산의 효율성
	매출액이익률	$\frac{\text{당기순이익}}{\text{매출액}} \times 100(\%)$	매출단위당 수익성
	자기자본이익률	$\frac{\text{당기순이익}}{\text{평균자기자본}} \times 100(\%)$	자기자본에 대한 수익성
	주당순이익	$\frac{\text{당기순이익} - \text{우선주배당금}}{\text{연간평균유통주식수}}$	1주당 순이익의 크기
	주가수익비율	$\frac{\text{1주당 주식가격}}{\text{주당순이익}}$	주가와 순이익의 상관관계
	배당성향	$\frac{\text{총배당액}}{\text{당기순이익}} \times 100(\%)$	순이익 중 배당비율
	배당수익률	$\frac{\text{1주당 배당액}}{\text{1주당 주식가격}} \times 100(\%)$	주주의 배당수익률

연습문제 주관식

15-1 본문의 추세분석에서 제시한 A사의 비교재무상태표와 비교포괄손익계산서는 다음과 같다.

비교재무상태표

A사 (단위 : 원)

과 목	20×1년	20×2년	증감액	증감률(%)
유동자산				
당좌자산				
현금및현금성자산	1,200	1,000	−200	−16.7
매출채권(순액)	3,500	4,000	500	14.3
재고자산	2,500	3,300	800	32.0
비유동자산				
투자자산	1,800	1,500	−300	−16.7
유형자산(순액)	5,000	7,000	2,000	40.0
무형자산	1,000	1,200	200	20.0
자산총계	15,000	18,000	3,000	20.0
유동부채				
매입채무	1,600	1,700	100	6.3
단기차입금	1,400	2,500	1,100	78.6
비유동부채				
사채(순액)	3,000	4,700	1,700	56.7
퇴직급여채무	2,000	2,300	300	15.0
부채총계	8,000	11,200	3,200	40.0
자 본 금	4,000	4,000	0	0
자본잉여금	2,000	1,700	−300	−15.0
이익잉여금	1,000	1,100	100	10.0
자본총계	7,000	6,800	−200	−2.9
부채 및 자본총계	15,000	18,000	3,000	20.0

연습문제 주관식

비교포괄손익계산서

A사 (단위 : 원)

과　　목	20×1년	20×2년	증감액	증감률(%)
매 출 액	8,000	9,700	1,700	21.3
매출원가	6,000	7,500	1,500	25.0
매출총이익	2,000	2,200	200	10.0
판매비와 관리비	1,300	1,800	500	38.5
영업이익	700	400	−300	−42.9
영업외수익	500	500	0	0
영업외비용(이자비용)	300	800	500	166.7
법인세비용차감전순이익	900	100	−800	−88.9
법인세비용	300	20	−280	−93.3
당기순이익	600	80	−520	−86.7

〈물음〉 A사의 20×2년도 다음의 재무비율들을 계산하시오.

1. 유동비율
2. 당좌비율
3. 부채비율
4. 이자보상비율
5. 자기자본비율
6. 총자산회전율
7. 매출채권회전율
8. 매출채권회수기간
9. 재고자산회전율
10. 평균재고기간
11. 유형자산회전율
12. 총자산이익률
13. 매출액이익률
14. 자기자본이익률

부록

현가계산표

현가계산표

〈부표 1〉 단일금액 1원의 미래가치

$FV(n, r) = (1+r)^n$

이자율(*r*)

기간(*n*)	1%	2%	3%	4%	5%	6%	7%	8%	9%	10%
1	1.0100	1.0200	1.0300	1.0400	1.0500	1.0600	1.0700	1.0800	1.0900	1.1000
2	1.0201	1.0404	1.0609	1.0816	1.1025	1.1236	1.1449	1.1664	1.1881	1.2100
3	1.0303	1.0612	1.0927	1.1249	1.1576	1.1910	1.2250	1.2597	1.2950	1.3310
4	1.0406	1.0824	1.1255	1.1699	1.2155	1.2625	1.3108	1.3605	1.4116	1.4641
5	1.0510	1.1041	1.1593	1.2167	1.2763	1.3382	1.4026	1.4693	1.5386	1.6105
6	1.0615	1.1262	1.1941	1.2653	1.3401	1.4185	1.5007	1.5869	1.6771	1.7716
7	1.0721	1.1487	1.2299	1.3159	1.4071	1.5036	1.6058	1.7138	1.8280	1.9487
8	1.0829	1.1717	1.2668	1.3686	1.4775	1.5938	1.7182	1.8509	1.9926	2.1436
9	1.0937	1.1951	1.3048	1.4233	1.5513	1.6895	1.8385	1.9990	2.1719	2.3579
10	1.1046	1.2190	1.3439	4.4802	1.6289	1.7908	1.9672	2.1589	2.3674	2.5937
11	1.1157	1.2434	1.3842	1.5395	1.7103	1.8983	2.1049	2.3316	2.5804	2.8531
12	1.1268	1.2682	1.4258	1.6010	1.7959	2.0122	2.2522	2.5182	2.8127	3.1384
13	1.1381	1.2936	1.4685	1.6651	1.8856	2.1329	2.4098	2.7196	3.0658	3.4523
14	1.1495	1.3195	1.5126	1.7317	1.9799	2.2609	2.5785	2.9372	3.3417	3.7975
15	1.1610	1.3459	1.5580	1.8009	2.0789	2.3966	2.7590	3.1722	3.6425	4.1772
16	1.1726	1.3728	1.6047	1.8730	2.1829	2.5404	2.9522	3.4259	3.9703	4.5950
17	1.1843	1.4002	1.6528	1.9479	2.2920	2.6928	3.1588	3.7000	4.3276	5.0545
18	1.1961	1.4282	1.7024	2.0258	2.4066	2.8543	3.3799	3.9960	4.7171	5.5599
19	1.2081	1.4568	1.7535	2.1068	2.5270	3.0256	3.6165	4.3157	5.1417	6.1159
20	1.2202	1.4859	1.8061	2.1911	2.6533	3.2071	3.8697	4.6610	5.6044	6.7275
21	1.2324	1.5157	1.8603	2.2788	2.7860	3.3996	4.1406	5.0338	6.1088	7.4002
22	1.2447	1.5460	1.9161	2.3699	2.9253	3.6035	4.4304	5.4365	6.6586	8.1403
23	1.2572	1.5769	1.9736	2.4647	3.0715	3.8197	4.7405	5.8715	7.2579	8.9543
24	1.2697	1.6084	2.0328	2.5633	3.2251	4.0489	5.0724	6.3412	7.9111	9.8497
25	1.2824	1.6406	2.0938	2.6658	3.3864	4.2919	5.4274	6.8485	8.6231	10.835
26	1.2953	1.6734	2.1566	2.7725	3.5557	4.5494	5.8074	7.3964	9.3992	11.918
27	1.3082	1.7069	2.2213	2.8834	3.7335	4.8223	6.2139	7.9881	10.245	13.110
28	1.3213	1.7410	2.2879	2.9987	3.9201	5.1117	6.6488	8.6271	11.167	14.421
29	1.3345	1.7758	2.3566	3.1187	4.1161	5.4184	7.1143	9.3173	12.172	15.863
30	1.3478	1.8114	2.4273	3.2434	4.3219	5.7435	7.6123	10.063	13.268	17.449
35	1.4166	1.9999	2.8139	3.9461	5.5160	7.6861	10.676	14.785	20.414	28.102
40	1.4889	2.2080	3.2620	4.8010	7.0400	10.286	14.974	21.725	31.409	45.259
45	1.5648	2.4379	3.7816	5.8412	8.9850	13.765	21.002	31.920	48.327	72.891
50	1.6446	2.6916	4.3839	7.1067	11.467	18.420	29.457	46.902	74.358	117.39
60	1.8167	3.2810	5.8916	10.520	18.679	32.988	57.946	101.26	176.03	304.48

이자율(r)

기간(n)	11%	12%	13%	14%	15%	16%	17%	18%	19%	20%
1	1.1100	1.1200	1.1300	1.1400	1.1500	1.1600	1.1700	1.1800	1.1900	1.2000
2	1.2321	1.2544	1.2769	1.2996	1.3225	1.3456	1.3689	1.3924	1.4161	1.4400
3	1.3676	1.4094	1.4429	1.4815	1.5209	1.5609	1.6016	1.6430	1.6852	1.7280
4	1.5180	1.5735	1.6305	1.6890	1.7490	1.8106	1.8739	1.9388	2.0053	2.0736
5	1.6851	1.7623	1.8424	1.9254	2.0114	2.1003	2.1924	2.2878	2.3864	2.4883
6	1.8704	1.9738	2.0820	2.1950	2.3131	2.4364	2.5652	2.6996	2.8398	2.9860
7	2.0762	2.2107	2.3526	2.5023	2.6600	2.8262	3.0012	3.1855	3.3793	3.5832
8	2.3045	2.4760	2.6584	2.8526	3.0590	3.2784	3.5115	3.7589	4.0214	4.2998
9	2.5580	2.7731	3.0040	3.2519	3.5179	3.8030	4.1084	4.4355	4.7854	5.1598
10	2.8394	3.1058	3.3946	3.7072	4.0456	4.4114	4.8068	5.2338	5.6947	6.1917
11	3.1518	3.4785	3.8359	4.2262	4.6524	5.1173	5.6240	6.1759	6.7767	7.4301
12	3.4985	3.8960	4.3345	4.8179	5.3503	5.9360	6.5801	7.2876	8.0642	8.9161
13	3.8833	4.3635	4.8980	5.4924	6.1528	6.8858	7.6987	8.5994	9.5964	10.699
14	4.3104	4.8871	5.5348	6.2613	7.0757	7.9875	9.0075	10.147	11.420	12.839
15	4.7846	5.4736	6.2543	7.1379	8.1371	9.2655	10.539	11.974	13.589	15.407
16	5.3109	6.1304	7.0673	8.1372	9.3576	10.748	12.330	14.129	16.172	18.488
17	5.8951	6.8660	7.9861	9.2765	10.761	12.468	14.427	16.672	19.244	22.186
18	6.5436	7.6900	9.0243	10.575	12.375	14.463	16.879	19.673	22.901	22.623
19	7.2633	8.6128	10.197	12.056	14.232	16.777	19.748	23.214	27.252	31.948
20	8.0623	9.6463	11.523	13.743	16.367	19.461	23.106	27.393	32.429	38.338
21	8.9492	10.804	13.021	15.668	18.822	22.574	27.034	32.324	38.591	46.005
22	9.9336	12.100	14.714	17.861	21.645	26.186	31.629	38.142	45.923	55.206
23	11.026	13.552	16.626	20.362	24.891	30.376	37.006	45.008	54.648	66.247
24	12.239	15.179	18.788	23.212	28.625	35.236	43.297	53.109	65.032	79.497
25	13.586	17.000	21.231	26.462	32.919	40.874	50.658	62.669	77.388	95.396
26	15.080	19.040	23.991	30.167	37.857	47.414	59.270	73.949	92.092	114.48
27	16.738	21.325	27.109	34.390	34.535	55.000	69.345	87.260	109.56	137.37
28	18.580	23.884	30.634	39.204	50.066	63.800	81.134	102.97	130.41	164.84
29	20.624	26.750	34.617	44.693	57.575	74.009	94.927	121.50	155.19	197.81
30	22.892	29.960	39.116	50.950	66.212	85.850	111.06	143.37	184.67	237.38
35	38.575	52.800	72.068	98.100	133.18	180.31	243.56	327.99	440.70	590.67
40	65.001	93.051	132.78	188.88	267.86	378.72	533.86	750.38	1051.6	1469.8
45	109.53	163.99	244.64	363.68	538.77	795.44	1170.5	1716.7	2509.6	3657.3
50	184.56	289.00	450.74	700.23	1083.7	1670.7	2566.2	3927.4	5988.9	9100.4
60	524.06	897.60	1530.1	2595.9	4384.0	7370.2	12335.	20555.	34105.	56347.

〈부표 2〉 단일금액 1원의 현재가치

$$PV(n, r) = \frac{1}{(1+r)^n}$$

이자율(r)

기간(n)	1%	2%	3%	4%	5%	6%	7%	8%	9%	10%
1	.9901	.9704	.9709	.9615	.9524	.9434	.9346	.9259	.9174	.9091
2	.9803	.9612	.9426	.9246	.9070	.8900	.8734	.8573	.8417	.8264
3	.9706	.9423	.9151	.8890	.8638	.8396	.8163	.7938	.7722	.7513
4	.9610	.9238	.8885	.8548	.8227	.7921	.7629	.7350	.7084	.6830
5	.9515	.9057	.8626	.8219	.7835	.7473	.7130	.6806	.6499	.6209
6	.9420	.8880	.8375	.7903	.7462	.7050	.6663	.6302	.5963	.5645
7	.9327	.8706	.8131	.7599	.7107	.6651	.6227	.5835	.5470	.5132
8	.9235	.8535	.7894	.7307	.6768	.6274	.5820	.5403	.5019	.4665
9	.9143	.8368	.7664	.7026	.6446	.5919	.5439	.5002	.4604	.4241
10	.9053	.8203	.7441	.6756	.6139	.5584	.5083	.4632	.4224	.3855
11	.8963	.8043	.7224	.6496	.5847	.5268	.4751	.4289	.3875	.3505
12	.8874	.7885	.7014	.6246	.5568	.4970	.4440	.3971	.3555	.3186
13	.8787	.7730	.6810	.6006	.5303	.4688	.4150	.3677	.3262	.2897
14	.8700	.7579	.6611	.5775	.5051	.4423	.3878	.3405	.2992	.2633
15	.8613	.7430	.6419	.5553	.4810	.4173	.3624	.3152	.2745	.2394
16	.8528	.7284	.6232	.5339	.4581	.3936	.3387	.2919	.2519	.2176
17	.8444	.7142	.6052	.5134	.4363	.3714	.3166	.2703	.2311	.1978
18	.8360	.7002	.5874	.4936	.4155	.3503	.2959	.2502	.2120	.1799
19	.8277	.6864	.5703	.4746	.3957	.3305	.2765	.2317	.1945	.1635
20	.8195	.6730	.5537	.4564	.3769	.3118	.2584	.2145	.1784	.1486
21	.8114	.6598	.5375	.4388	.3589	.2942	.2415	.1987	.1637	.1351
22	.8034	.6468	.5219	.4220	.3418	.2775	.2257	.1839	.1502	.1228
23	.7954	.6324	.5067	.4057	.3256	.2618	.2109	.1703	.1378	.1117
24	.7876	.6217	.4919	.3901	.3101	.2470	.1971	.1577	.1264	.1015
25	.7798	.6095	.4776	.3751	.2953	.2330	.1842	.1460	.1160	.0923
26	.7720	.5976	.4637	.3604	.2812	.2198	.1722	.1352	.1064	.0839
27	.7644	.5859	.4502	.3468	.2678	.2074	.1609	.1252	.0976	.0763
28	.7568	.5744	.4371	.3335	.2551	.1956	.1504	.1159	.0895	.0693
29	.7493	.5631	.4243	.3207	.2429	.1846	.1406	.1073	.0822	.0630
30	.7419	.5521	.4120	.3083	.2314	.1741	.1314	.0994	.0754	.0573
35	.7059	.5000	.3554	.2534	.1813	.1301	.0937	.0676	.0490	.0356
40	.6717	.4529	.3066	.2083	.1420	.0972	.0668	.0460	.0318	.0221
45	.6391	.4102	.2644	.1712	.1113	.0727	.0476	.0313	.0207	.0137
50	.6080	.3715	.2281	.1407	.0872	.0543	.0339	.0213	.0134	.0085
60	.5504	.3048	.1697	.0951	.0535	.0303	.0173	.0099	.0057	.0033

이자율(r)

기간(n)	11%	12%	13%	14%	15%	16%	17%	18%	19%	20%
1	.9009	.8929	.8850	.8772	.8696	.8621	.8547	.8475	.8403	.8333
2	.8116	.7972	.7831	.7695	.7561	.7432	.7305	.7182	.7062	.6944
3	.7312	.7118	.6931	.6750	.6575	.6407	.6244	.6086	.5934	.5787
4	.6587	.6355	.6133	.5921	.5718	.5523	.5337	.5158	.4987	.4323
5	.5935	.5674	.5428	.5194	.4972	.4761	.4561	.4371	.4190	.4019
6	.5346	.5066	.4803	.4556	.4323	.4104	.3898	.3704	.3521	.3349
7	.4817	.4523	.4251	.3996	.3759	.3538	.3332	.3139	.2959	.2791
8	.4339	.4039	.3762	.3506	.3269	.3050	.2848	.2660	.2487	.2326
9	.3909	.3606	.3329	.3075	.2843	.2630	.2434	.2255	.2090	.1938
10	.3522	.3220	.2946	.2697	.2472	.2267	.2080	.1911	.1756	.1615
11	.3173	.2875	.2607	.2366	.2149	.1954	.1773	.1619	.1476	.1346
12	.2858	.2567	.2307	.2076	.1869	.1685	.1520	.1372	.1240	.1122
13	.2575	.2292	.2042	.1821	.1625	.1452	.1299	.1163	.1042	.0935
14	.2320	.2046	.1807	.1597	.1413	.1252	.1110	.0985	.0876	.0779
15	.2090	.1827	.1599	.1401	.1229	.1079	.0949	.0835	.0736	.0649
16	.1883	.1631	.1415	.1229	.1069	.0930	.0811	.0708	.0618	.0541
17	.1696	.1456	.1252	.1073	.0929	.0802	.0693	.0600	.0520	.0451
18	.1523	.1300	.1103	.0946	.0803	.0691	.0592	.0508	.0437	.0376
19	.1377	.1161	.0981	.0829	.0703	.0596	.0506	.0431	.0367	.0313
20	.1240	.1037	.0863	.0723	.0611	.0514	.0433	.0365	.0303	.0261
21	.1117	.0926	.0768	.0633	.0531	.0443	.0370	.0309	.0259	.0217
22	.1007	.0326	.0680	.0560	.0462	.0382	.0316	.0262	.0218	.0181
23	.0907	.0738	.0601	.0491	.0402	.0329	.0270	.0222	.0183	.0151
24	.0817	.0659	.0532	.0431	.0349	.0284	.0231	.0188	.0154	.0126
25	.0736	.0588	.0471	.0378	.0304	.0245	.0197	.0160	.0129	.0105
26	.0663	.0525	.0417	.0331	.0264	.0211	.0169	.0135	.0109	.0087
27	.0597	.0469	.0369	.0291	.0230	.0182	.0144	.0115	.0091	.0073
28	.0538	.0419	.0325	.0255	.0200	.0157	.0123	.0097	.0077	.0061
29	.0485	.0374	.0289	.0224	.0174	.0135	.0105	.0082	.0064	.0051
30	.0437	.0334	.0256	.0196	.0151	.0116	.0090	.0070	.0054	.0042
35	.0259	.0189	.0139	.0102	.0075	.0055	.0041	.0030	.0023	.0017
40	.0154	.0107	.0075	.0053	.0037	.0026	.0019	.0013	.0010	.0007
45	.0091	.0061	.0041	.0027	.0019	.0013	.0009	.0006	.0004	.0003
50	.0054	.0035	.0022	.0014	.0009	.0006	.0004	.0003	.0002	.0001
60	.0019	.0011	.0007	.0004	.0002	.0001	.00008	.00005	.00003	.00002

〈부표 3〉 정상연금 1원의 미래가치

$$FVA(n,\ r) = \frac{(1+r)^n - 1}{r}$$

이자율(r)

기간(n)	1%	2%	3%	4%	5%	6%	7%	8%	9%	10%
1	1.0000	1.0000	1.0000	1.0000	1.0000	1.0000	1.0000	1.0000	1.0000	1.0000
2	2.0100	2.0200	2.0300	2.0400	2.0500	2.0600	2.0700	2.0800	2.0900	2.1000
3	3.0301	3.0604	3.0909	3.1216	3.1525	3.1836	3.2149	3.2464	3.2781	3.3100
4	4.0604	4.1216	4.1836	4.2465	4.3101	4.3746	4.4399	4.5061	4.5731	4.6410
5	5.1010	5.2040	5.3091	5.4163	5.5256	5.6371	5.7507	5.8666	5.9847	6.1051
6	6.1520	6.3081	6.4684	6.6330	6.8019	6.9753	7.1533	7.3359	7.5233	7.7156
7	7.2135	7.4343	7.6625	7.8983	8.1420	8.3938	8.6540	8.9228	9.2004	9.4872
8	8.2857	8.5830	8.8923	9.2142	9.5491	9.8975	10.260	10.637	11.028	11.436
9	9.3685	9.7546	10.159	10.583	11.027	11.491	11.978	12.488	13.021	13.579
10	10.462	10.950	11.464	12.006	12.578	13.181	13.816	14.487	15.193	15.937
11	11.567	12.169	12.808	13.486	14.207	14.972	15.784	16.645	17.560	18.531
12	12.683	13.412	14.192	15.026	15.917	16.870	17.888	18.977	20.141	21.384
13	13.809	14.680	15.618	16.627	17.713	18.882	20.141	21.495	22.953	24.523
14	14.947	15.974	17.086	18.292	19.599	21.015	22.550	24.215	26.019	27.975
15	16.097	17.293	18.599	20.024	21.579	23.276	25.129	27.152	29.361	31.772
16	17.258	18.639	20.157	21.825	25.657	25.673	27.888	30.324	33.003	35.950
17	18.430	20.012	21.762	23.698	25.840	28.213	30.840	33.750	36.974	40.545
18	19.615	21.412	23.414	25.645	28.132	30.906	33.999	37.450	41.301	45.599
19	20.811	22.841	25.117	27.671	30.539	33.760	37.379	41.446	46.018	51.159
20	22.019	24.297	26.870	29.778	33.066	36.786	40.995	45.762	51.160	57.275
21	23.239	25.783	28.676	31.969	35.719	39.993	44.865	50.423	56.765	64.002
22	24.472	27.299	30.537	34.248	38.505	43.392	49.006	55.457	62.873	71.403
23	25.716	28.845	32.453	36.618	41.430	46.996	53.436	60.893	69.532	79.543
24	26.973	30.422	34.426	39.083	44.502	50.816	58.177	66.765	76.790	88.497
25	28.243	32.030	36.459	41.646	47.727	54.865	63.249	73.106	84.701	98.347
26	29.526	33.671	38.553	44.312	51.113	59.156	68.676	79.954	93.324	109.18
27	30.821	35.344	40.710	47.084	54.669	63.706	74.484	87.351	102.72	121.10
28	32.129	37.051	42.931	49.968	58.403	68.528	80.698	95.339	112.97	134.21
29	33.450	38.792	45.219	52.966	62.323	73.640	87.347	103.97	124.14	148.63
30	34.785	40.568	47.575	56.085	66.439	79.058	94.461	113.28	136.31	164.49
35	41.660	49.994	60.462	73.652	90.320	111.43	138.24	172.32	215.71	271.02
40	48.886	60.402	75.401	95.026	120.80	154.76	199.64	269.06	337.88	442.59
45	56.481	71.893	92.720	121.03	159.70	212.74	285.75	386.51	525.86	718.90
50	64.463	84.579	112.80	152.67	209.35	290.34	406.53	573.77	815.08	1163.9
60	81.671	114.05	163.05	237.99	353.58	533.13	813.52	1253.2	1944.8	3034.8

이자율(r)

기간(n)	11%	12%	13%	14%	15%	16%	17%	18%	19%	20%
1	1.0000	1.0000	1.0000	1.0000	1.0000	1.0000	1.0000	1.0000	1.0000	1.0000
2	2.1100	2.1200	2.1300	2.1400	2.1500	2.1600	2.1700	2.1800	2.1900	2.2000
3	3.3421	3.3744	3.4069	3.4396	3.4725	3.5056	3.5389	3.5724	3.6061	3.6400
4	4.7097	4.7793	4.8498	4.9211	4.9934	5.0665	5.1405	5.2154	5.2913	5.3680
5	6.2278	6.3528	6.4803	6.6101	6.7424	6.8771	7.0144	7.1542	7.2966	7.4416
6	7.9130	8.1152	8.3230	8.5355	8.7537	8.9775	9.2068	9.4420	9.6830	9.9299
7	9.7830	10.089	10.405	10.730	11.067	11.414	11.772	12.142	12.523	12.916
8	11.859	12.300	12.757	13.233	13.727	14.240	14.773	15.327	15.902	16.499
9	14.163	14.776	15.416	16.085	16.786	17.519	18.285	19.086	19.923	20.799
10	16.722	17.549	18.419	19.337	20.304	21.321	22.393	23.521	24.709	25.959
11	19.561	20.655	21.814	23.045	24.349	25.733	27.199	28.755	30.404	32.150
12	22.713	24.133	25.650	27.271	29.002	30.850	32.823	34.931	37.180	39.581
13	26.211	28.029	29.984	32.089	34.352	36.786	39.404	42.219	45.244	48.497
14	30.095	32.393	34.883	37.581	40.505	43.672	47.103	50.818	54.841	59.196
15	34.405	37.280	40.418	43.842	47.580	51.660	56.110	60.965	66.261	72.035
16	39.199	42.753	46.672	50.980	55.717	60.925	66.649	72.939	79.850	87.442
17	44.501	48.884	53.739	59.118	65.075	71.673	78.979	87.068	96.022	105.93
18	50.396	55.750	61.725	68.394	75.836	84.141	93.406	103.74	115.26	128.12
19	56.939	63.440	70.749	78.969	88.212	98.603	110.29	123.41	138.16	154.74
20	64.203	70.052	80.947	91.025	102.44	115.38	130.03	146.63	165.42	186.69
21	72.265	81.699	92.469	104.77	118.81	134.84	153.14	174.02	197.85	225.03
22	81.214	92.503	105.49	120.44	137.63	157.41	180.17	206.34	236.44	271.03
23	91.148	104.60	120.20	138.30	159.28	183.60	211.80	244.49	282.36	326.24
24	102.17	118.16	136.83	158.66	184.17	213.98	248.81	289.49	337.01	392.48
25	114.41	133.33	155.62	181.87	212.79	249.21	292.10	342.60	402.04	471.98
26	127.99	150.33	176.85	208.33	245.71	290.09	342.76	405.27	497.43	567.38
27	143.08	169.37	200.84	238.50	283.57	337.50	402.03	479.22	571.52	681.85
28	159.82	190.70	227.95	272.89	327.10	392.50	471.38	566.48	681.11	819.22
29	178.39	214.58	258.58	312.09	377.17	456.30	552.51	669.45	811.52	984.07
30	199.02	241.33	293.19	356.79	434.75	530.31	647.44	790.95	966.71	1181.9
35	341.59	431.66	546.68	693.57	881.17	1120.7	1426.4	1816.7	2314.2	2948.3
40	581.83	767.09	1013.7	1342.0	1779.1	2360.8	3134.5	4163.2	5529.8	7343.9
45	986.64	1358.3	1874.2	2590.6	3585.1	4965.3	6879.2	9531.6	13203.	18281.
50	1668.7	2400.0	3459.5	4994.5	7217.7	10436.	15089.	21813.	31515.	45497.
60	4755.1	7471.6	11762.	18535.	29220.	46057.	72555.	114189.	179494.	281737.

〈부표 4〉 정상연금 1원의 현재가치

$$PVA = \frac{1-(1+r)^{-n}}{r}$$

이자율(r)

기간(n)	1%	2%	3%	4%	5%	6%	7%	8%	9%	10%
1	0.9901	0.9804	0.9616	0.9615	0.9524	0.9434	0.9346	0.9259	0.9174	0.9091
2	1.9704	1.9416	1.9165	1.8861	1.8594	1.8334	1.8080	1.7833	1.7591	1.7355
3	2.9410	2.8839	2.8286	2.7751	2.7232	2.6730	2.6243	2.5771	2.5313	2.4868
4	3.9020	3.8077	3.7171	3.6299	3.5460	3.4651	3.3872	3.3121	3.2397	3.1699
5	4.8534	4.7135	4.5797	4.4518	4.3295	4.2124	4.1002	3.9927	3.8897	3.7908
6	5.7955	5.6014	5.4172	5.2421	5.0757	4.9173	4.7665	4.6229	4.4859	4.3553
7	6.7282	6.4720	6.2303	6.0021	5.7864	5.5824	5.3893	5.2064	5.0330	4.8684
8	7.6517	7.3255	7.0197	6.7327	6.4632	6.2098	5.9713	5.7466	5.5348	5.3349
9	8.5660	8.1622	7.7861	7.4353	7.1078	6.8017	6.5152	6.2469	5.9952	5.7590
10	9.4713	8.9826	8.5302	8.1109	7.7217	7.3601	7.0236	6.7101	6.4177	6.1446
11	10.368	9.7868	9.2526	8.7605	8.3064	7.8869	7.4987	7.1390	6.8052	6.4951
12	11.255	10.575	9.9540	9.3851	8.8633	8.3838	7.9427	7.5361	7.1607	6.8137
13	12.134	11.348	10.635	9.9856	9.3936	8.8527	8.3577	7.9038	7.4869	7.1034
14	13.004	12.106	11.296	10.563	9.8986	9.2950	8.7455	8.2442	7.7862	7.3667
15	13.865	12.849	11.938	11.118	10.380	9.7122	9.1079	8.5595	8.0607	7.6061
16	14.718	13.578	12.561	11.652	10.838	10.106	9.4466	8.8514	8.3136	7.8237
17	15.562	14.292	13.166	12.166	11.274	10.477	9.7632	9.1216	8.5436	8.0216
18	16.398	14.992	13.756	12.659	11.690	10.828	10.059	9.3719	8.7556	8.2014
19	17.226	15.679	14.324	13.134	12.085	11.158	10.336	9.6036	8.9501	8.3649
20	18.046	16.351	14.877	13.590	12.462	11.470	10.594	9.8181	9.1285	8.5136
21	18.857	17.011	15.415	14.029	12.821	11.764	10.835	10.017	9.2922	8.6487
22	19.660	17.658	15.937	14.451	13.163	12.042	11.061	10.201	9.4424	8.7715
23	20.456	18.292	16.444	14.857	13.489	12.303	11.272	10.371	9.5802	8.8832
24	21.243	18.914	16.935	15.247	13.799	12.550	11.469	10.529	9.7066	8.9847
25	22.023	19.524	17.413	15.622	14.094	12.783	11.654	10.675	9.8266	9.0770
26	22.795	21.121	17.877	15.983	14.375	13.003	11.826	10.810	9.9290	9.1609
27	23.560	20.707	18.327	16.330	14.643	13.210	11.987	10.935	10.027	9.2372
28	24.316	21.281	18.764	16.663	14.898	13.406	12.137	11.051	10.116	9.3066
29	25.066	21.844	19.188	16.984	15.141	13.591	12.278	11.158	10.198	9.3696
30	25.808	22.397	19.600	17.292	15.373	13.765	12.409	11.258	10.274	9.4269
35	29.409	24.999	21.487	18.665	16.374	14.498	12.948	11.655	10.567	9.6442
40	32.835	27.356	23.115	19.793	17.159	15.046	13.332	11.925	10.757	9.7791
45	36.095	29.490	24.519	20.720	17.774	15.456	13.605	12.108	10.881	9.8628
50	39.196	31.424	25.730	21.482	18.256	15.762	13.801	12.233	10.962	9.9148
60	44.955	34.761	27.676	22.623	18.929	16.161	14.039	12.376	11.048	9.9671

이자율(r)

기간(n)	11%	12%	13%	14%	15%	16%	17%	18%	19%	20%
1	0.9009	0.8929	0.8850	0.8772	0.8696	0.8621	0.8547	0.8475	0.8403	0.8333
2	1.7125	1.6901	1.6681	1.6467	1.6257	1.6052	1.5852	1.5656	1.5465	1.5278
3	2.4437	2.4018	2.3612	2.3216	2.2832	2.2459	2.2096	2.1743	2.1399	2.1065
4	3.1024	3.0373	2.9745	2.9137	2.8550	2.7982	2.7432	2.6901	2.6386	2.5887
5	3.6959	3.6048	3.5172	3.4331	3.3522	3.2743	3.1993	3.1272	3.0576	2.9906
6	4.2305	4.1114	3.9975	3.8887	3.7845	3.6847	3.5892	3.4976	3.4098	3.3255
7	4.7122	4.5638	4.4226	4.2883	4.1604	4.0386	3.9224	3.8115	3.7057	3.6046
8	5.1461	4.9676	4.7988	4.6389	4.4873	4.3436	4.2072	4.0776	3.9544	3.8372
9	5.5370	5.3282	5.1317	4.9464	4.7716	4.6065	4.4506	4.3030	4.1633	4.0310
10	5.8892	5.6502	5.4262	5.2161	5.0188	4.8332	4.6586	4.4941	4.3389	4.1925
11	6.2065	5.9377	5.6869	5.4527	5.2337	5.0286	4.8364	4.6560	4.4865	4.3271
12	6.4924	6.1944	5.9176	5.6603	5.4206	5.1971	4.9884	4.7932	4.6105	4.4392
13	6.7499	6.4235	6.1218	5.8424	5.5831	5.3423	5.1183	4.9095	4.7147	4.5327
14	6.9819	6.6282	6.3025	6.0021	5.7245	5.4675	5.2293	5.0081	4.8023	4.6106
15	7.1909	6.8109	6.4624	6.1422	5.8474	5.5755	5.3242	5.0916	4.8759	4.6755
16	7.3792	6.9740	6.6039	6.2651	5.9542	5.6685	5.4053	5.1624	4.9377	4.7296
17	7.5488	7.1196	6.7291	6.3729	6.0472	5.7487	5.4746	5.2223	4.9897	4.7746
18	7.7016	7.2497	6.8399	6.4674	6.1280	5.8178	5.5339	5.2732	5.0333	4.8122
19	7.8393	7.3658	6.9380	6.5504	6.1982	5.8775	5.5845	5.3162	5.0700	4.8435
20	7.9633	7.4694	7.0248	6.6231	6.2593	5.9288	5.6278	5.3527	5.1009	4.8696
21	8.0751	7.5620	7.1015	6.6870	6.3125	5.9731	5.6648	5.3837	5.1263	4.8913
22	8.1757	7.6446	7.1695	6.7429	6.3587	6.0113	5.6964	5.4099	5.1486	4.9094
23	8.2664	7.7184	7.2297	6.7921	6.3988	6.0442	5.7234	5.4321	5.1668	4.9245
24	9.3481	7.7843	7.2829	6.8351	6.4338	0.0726	6.7465	5.4509	5.1822	4.9371
25	8.4217	7.8431	7.3300	6.8729	6.4641	6.0971	5.7662	5.4669	5.1951	4.9476
26	8.4881	7.8957	7.3717	6.9061	6.4906	6.1182	5.7831	5.4804	5.2060	4.9563
27	8.5478	7.9426	7.4086	6.9352	6.5135	6.1364	5.7975	5.4919	5.2151	4.9636
28	8.6016	7.9844	7.4412	6.9607	6.5335	6.1520	5.8099	5.5016	5.2223	4.9697
29	8.6501	8.0218	7.4701	6.9830	6.5509	6.1656	5.8024	5.5093	5.2292	4.9747
30	8.6938	8.0552	7.4957	7.0027	6.5660	6.1772	5.8294	5.5168	5.2347	4.9789
35	8.8552	8.1755	7.5856	7.0700	6.6166	6.2153	5.8582	5.5386	5.2512	4.9915
40	8.9511	8.2433	7.6344	7.1050	6.6418	6.2335	5.8713	5.5482	5.2582	4.9966
45	9.0079	8.2825	7.6609	7.1232	6.6543	6.2421	5.8773	5.5523	5.2611	4.9986
50	9.0417	8.3045	7.6572	7.1327	6.6605	6.2463	5.8801	5.5541	5.2623	4.9995
60	9.0736	8.3240	7.6873	7.1401	6.6651	6.2491	5.8819	5.5553	5.2630	4.9999

찾아보기

국 문

ㄱ

ㄴ

ㄷ

ㄹ

ㅁ

ㅂ

ㅅ

ㅈ

영 문

A

B

C

D

I

J

K

L

M

N

O

P

Q

R

저자약력

이 종 태

부산대학교 상과대학 경영학과(경영학 학사)

일본 와세다대학 대학원 상학연구과(상학 석사)

일본 와세다대학 대학원 상학연구과(상학 박사)

미국 University of Illinois at Urbana-Champaign 객원교수

세무사시험 출제위원

사법시험 출제위원

현재 경성대학교 상경대학 회계학과 교수

〈주요 논문 및 저서〉

資金計算書の諸問題に關する研究(와세다대학 상학박사 학위논문)

현금흐름회계의 이점과 한계

일본의 회계기준 설정주체와 설정과정

국제회계기준 도입의 문제점

유가증권의 시가평가에 대한 비판적 고찰

환서태평양 지역에서의 회계기준의 조화

영업활동현금흐름의 예측능력에 관한 직접법과 간접법의 비교

자산부채접근법에 의한 현금흐름표의 의미 외 논문 다수

회계학과 재무론의 연구방법론(공역, 석정)

법인세무회계(저서, 신지서원)

최신 회계원리

2017년 3월 5일 1판 1쇄 인쇄
2017년 3월 10일 1판 1쇄 발행

저 자 • 이종태
발행자 • 한정주
발행처 • 교육과학사

경기도 파주시 광인사길 71
전화 • 031) 955-6956~8 / 팩스 031) 955-6037
Home-page • http://www.kyoyookbook.co.kr
E-mail • kyoyook@chol.com
등록 • 1970년 5월 18일 제2-73호

정가 23,000원
ISBN 978-89-254-1106-4